古代美術史研究

二編

第 8 冊

漢代草書的產生

郭伯佾 著

花木蘭文化出版社

國家圖書館出版品預行編目資料

漢代草書的產生／郭伯佾 著 — 初版 — 新北市：花木蘭文化
出版社，2017〔民 106〕
目 4+236 面；19×26 公分
（古代美術史研究 二編；第 8 冊）
ISBN：978-986-254-614-7（精裝）
1. 草書　2. 歷史　3. 漢代
618　　　　　　　　　　　　　　　　　　　100015467

ISBN-978-986-254-614-7

9 789862 546147

古代美術史研究
二 編　第 八 冊　　　　　　ISBN：978-986-254-614-7

漢代草書的產生

作　　者　郭伯佾
總 編 輯　杜潔祥
副總編輯　楊嘉樂
編　　輯　許郁翎、王筑　美術編輯　陳逸婷
出　　版　花木蘭文化出版社
社　　長　高小娟
聯絡地址　235 新北市中和區中安街七二號十三樓
　　　　　電話：02-2923-1455／傳眞：02-2923-1452
網　　址　http://www.huamulan.tw 信箱 hml810518@gmail.com
印　　刷　普羅文化出版廣告事業
初　　版　2017 年 3 月
全書字數　178952 字
定　　價　二編 28 冊（精裝）新台幣 75,000 元　　　版權所有・請勿翻印

漢代草書的產生

郭伯佾 著

作者簡介

　　郭伯佾，臺灣省臺南市人，民國四十四年生。中國文化大學新聞系學士、藝術研究所碩士、史學研究所博士。曾任中國文化大學學務處僑外組主任、實踐大學高雄校區主任、應用中文系主任；現為實踐大學博雅學部專任副教授兼副主任、國立臺灣美術館書法類典藏委員。

　　主要研究領域為文字學與書法藝術，亦旁及臺灣移民史與原住民文化藝術。教學研究之餘，或從事書法與陶藝創作──民國九十九年四月，曾假臺北市之時空藝術中心舉辦個展。

提　要

　　本文旨在探討漢代草書產生之相關問題，屬於中國書法史中之書體研究。全文除〈前言〉與〈結論〉外，共有六章。

　　第一章〈草書由萌發至形成之年代〉，下分三節，分別討論中國文字自初造即開始潦草化、春秋戰國時期草書特徵之出現以及草書書體出現之年代。

　　第二章〈漢代草書諸名釋義〉，下分三節，分別討論「草書」、「章草」與「今草」三名之取義及其指謂對象。

　　第三章〈促成漢代草書產生之原因〉，下分五節，分別討論促進草書書體產生之五種動力，包括：心理輕忽、時間緊迫、字數繁多、一味求快與草化成熟。

　　第四章〈漢代草書的字形淵源〉，下分三節，分別討論漢代草書源於大篆或小篆、源於秦隸或漢隸以及源於篆書與隸書之例字。

　　第五章〈漢代草書之筆畫演變〉，下分四節，分別討論漢代草書縮短筆畫、減省筆畫、連接筆畫以及牽帶筆畫之各種途徑。

　　第六章〈草書在漢代的流行盛況〉，下分三節，分別討論漢代著名的草書能人與可能使用草書的佐史級文書人員、法帖、磚刻與簡牘三方面的漢代草書書蹟以及崔瑗〈草書勢〉與趙壹〈非草書〉兩篇草書專論之內容及其價值。

　　本文所使用的資料，包括甲骨文、金文、磚文、石刻文字與簡牘書蹟之圖錄與論著；與本研究相關之經籍與史冊，亦多所參考。

目次

圖版目次

前　言

　　本文旨在探討漢代草書的產生之相關問題，屬於中國書法史中的書體研究。
許慎〈說文解字敘〉云：

> 自爾秦書有八體，一曰大篆，二曰小篆，三曰刻符，四曰蟲書，五
> 曰摹印，六曰署書，七曰殳書，八曰隸書。〔註1〕

其中，「秦『書』有八『體』」一句，可視爲「書體」一詞的根源。而據歷代
典籍所載，「書體」一詞的用法可歸納爲兩種：其一指文字的體類，其二則指
文字的體勢。前者如：江式〈論書表〉云：

> 北平侯張倉獻《春秋左氏傳》，書體與孔氏相類，即前代之古文矣。

〔註2〕

其中，「書體與孔氏相類」的「書體」，即作爲「文字的體類」使用。後者如：
衛恆〈四體書勢〉云：

> 杜氏殺字甚安，而書體微瘦。〔註3〕

其中，「書體微瘦」的「書體」，則作爲「文字的體勢」使用。

　　而剋就「文字的體類」此一意義言之，中國的書體究竟有多少種，迄今並
無定論。惟無論是將中國的書體分爲「百體」，〔註4〕或「五十六種」，〔註5〕或

〔註 1〕丁福保，《說文解字詁林》冊一一，頁 901，臺北，鼎文書局，民國 72 年 4
　　　月二版。

〔註 2〕李延壽，《北史》，卷三四，〈江式傳〉引，臺北，鼎文書局，民國 69 年 12 月
　　　三版。

〔註 3〕房玄齡等，《晉書》，卷三六，〈衛恆傳〉引，臺北，鼎文書局，民國 69 年 8
　　　月三版。

〔註 4〕庾元威〈論書〉自謂：「余經爲正階侯書十牒屏風，作百體，間以采墨；當時

「三十六種」，〔註6〕或「十體」，〔註7〕或「八體」，〔註8〕或「五體」，〔註9〕或「四體」，〔註10〕或「兩種」，〔註11〕草書都列名其中。

草書是中國書體中點畫最為簡略的一種。崔瑗〈草書勢〉云：

書契之興，始自頡皇，寫彼鳥跡，以定文章。爰暨末葉，典籍彌繁。
時之多僻，政之多權。官事荒蕪，勦其墨翰。惟作佐隸，舊字是刪。
草書之法，蓋又簡略。〔註12〕

其中，「惟作佐隸，舊字是刪」，意指隸書為中國文字第一次大幅度簡化的結果；而「草書之法，蓋又簡略」，則謂草書繼隸書之後，再一次加以省易。

草書的點畫既然最為簡略，揮運時自亦最為迅疾。張懷瓘《書斷》卷上〈草書・贊〉云：

草法簡略，省繁錄微。譯言宣事，如矢應機。霆不暇發，電不及飛。

〔註13〕

其中，「霆不暇發，電不及飛」，乃所以擬狀草書揮運之迅疾。

眾所驚異，自爾絕筆，惟留草本而已。」見：張彥遠，《法書要錄》，卷二，《藝術叢編》，第一集，第一冊之二，臺北，世界書局，民國64年4月四版。惟所列書體並不合百數，當有脫漏。其中，純墨書有「飛白草」，采色書有「龍草書」、「蛇草書」。

〔註5〕韋續，《墨藪》卷一，〈五十六種書〉，其四十一為「章草書」，五十一為「草書」。《藝術叢編》，第一集，第一冊之三，臺北，世界書局，民國64年4月四版。

〔註6〕王愔，《文字志》卷上，〈古書有三十六種〉，其中之一為「草書」。王書已佚，張彥遠，前引書，卷一存其目。

〔註7〕張懷瓘《書斷》卷上〈序〉云：「爰自黃帝史蒼頡，迄於皇朝黃門侍郎盧藏用，凡三千二百餘年，書有十體源流。」其中的兩體為「章草」和「草書」。見張彥遠，前引書，卷七。

〔註8〕周越〈論八體書〉：「自倉、史逮皇朝，以古文、大篆、小篆、隸書、飛白、八分、行書、草書通為八體，附以雜書。」見：孫岳頒等，《佩文齋書畫譜》，卷一，臺北，新興書局，民國71年9月出版。

〔註9〕宋高宗《翰墨志》云：「士人作字，有真、行、草、隸、篆五體。」《藝術叢編》，第一集，第二冊之八，臺北，世界書局，民國61年10月再版。

〔註10〕衛恆，〈四體書勢〉，以「古文」、「篆書」、「隸書」和「草書」為「四體書」；見房玄齡等，前引書，卷三六，〈衛恆傳〉引。

〔註11〕劉熙載《藝概》卷五〈書概〉云：「書凡兩種，篆、分、正為一種，皆詳而靜者也；行、草為一種，皆簡而動者也。」臺北，華正書局，民國74年6月初版。

〔註12〕房玄齡等，前引書，卷三六，〈衛恆傳〉引。

〔註13〕張彥遠，前引書，卷七。「如矢應機」，宋高宗《翰墨志》引作「如矢發機」；「霆不暇發」則引作「霆不暇激」。

　　草書不僅點畫簡略，揮運迅疾，其字形亦極為多樣。梁武帝〈草書狀〉
云：

> 體有疏密，意有倜儻。或有飛走流注之勢，驚竦峭絕之氣，滔滔閑雅
> 之容，卓犖調宕之志。百體千形而呈其巧，豈可一概而論哉！〔註14〕

姜夔《續書譜・草》則云：

> 草書之體，如人坐臥行立，揖遜忿爭，乘舟躍馬，歌舞蹺踊；一切
> 變態，非苟然者。又一字之體，率有多變，有起有應。如此起者，
> 當如此應，各有義理。〔註15〕

皆極言草書字形結構之變化巧妙，意態豐富。

　　而正由於草書的點畫簡略，揮運迅疾，且字形結構變化巧妙，意態豐富，
故在實用方面固然可以發揮省時省力的赴急功效；在藝術表現方面的自由度
和強度，也遠大於其他書體。崔瑗〈草書勢〉云：

> 應時諭指，周於卒迫，兼功並用，愛日省力。〔註16〕

即是肯定草書的實用功能。至如張懷瓘〈書議〉云：

> 然草與真有異。真則字終意亦終，草則行盡勢未盡。或煙收霧合，
> 或電激星流：以風骨為體，以變化為用。有類雲霞聚散，觸遇成形；
> 龍威虎神，飛動增勢。巖谷相傾於峻險，山水各務於高深。囊括萬
> 殊，裁成一相。或寄以騁縱橫之志，或託以散鬱結之懷。雖至貴不
> 能抑其高。雖妙算不能量其力。是以無為而用，同自然之功；物類
> 其形，得造化之理，皆不知其然也。可以心契，不可以言宣。觀之
> 者似入廟見神，如窺谷無底。俯猛獸之爪牙，逼利劍之鋒芒；肅然
> 危然，方知草之微妙也。〔註17〕

則在強調草書的藝術價值。

　　而正因為草書兼具了省時省力的赴急功能，以及極大的藝術表現自由度
和強度，是以自漢代以來，草書即受到包括皇室在內的眾多人士之喜好；在

〔註14〕陳思，《書苑菁華》，卷三，《文淵閣四庫全書》，第八一四冊，臺北，臺灣商務印書館，民國72年10月初版。
〔註15〕姜夔，《續書譜》，《藝術叢編》，第一集，第二冊之九，臺北，世界書局，民國61年10月再版。
〔註16〕同註2。「周於卒迫」，《晉書》原作「用於卒迫」；依章如愚《山堂考索》卷一一一改。參見本文第六章第三節。
〔註17〕張彥遠，前引書，卷四。

東漢末年的漢陽郡，甚至造成了一股草書的流行熱潮。〔註18〕從此之後，草書便一直是由中國書法藝術之一重要書體。以北宋末年宣和御府所藏的書法名蹟為例：寫篆書的能書人有七位，寫隸書（含八分）的有五位，寫正書的有五十六位，寫行書的有四十八位，寫草書的則有七十位；〔註19〕草書作者的人數為各種書體之冠，草書受歡迎的程度，可見一斑。

對於現代書法界而言，草書仍是受矚目的焦點之一；而現代的書法家當中，對於草書投注心力最多的，莫過於于右任。于右任有感於「今者世界之大，人事之繁，國家建設之艱鉅，生存競爭之劇烈，時之足珍，千百倍於往昔」，〔註20〕爰於民國廿一年，招徠同志，成立「標準草書社」，共同為推廣草書而努力。〔註21〕先將歷代的草書書蹟加以整理排比，建立了草書的「標準」，〔註22〕及代表符號；再根據「易識」、「易寫」、「準確」和「美麗」四項原則，〔註23〕與草書社同志，自歷代草書法帖中選字，編成標準草書千字文。于右任所倡導整理的「標準草書」，主要是以實用為目的，希望藉由草書的標準化，使草書成為國人日常習用的書體，透過草書的快速書寫，能為國人節省時間和精力。可惜，由於標準草書的六十九種代表符號與所代表的三三九種部首的組合關係仍然太過繁複難記，〔註24〕于右任等人的願望迄今仍未實現。

于右任以外的現代書法界人士，則多注意到草書的藝術價值。例如：在民國廿二年加入標準草書社的劉延濤，除了一再強調草書的實用功能之外，〔註25〕還表示：

> 中國文字為世界文字中之最美者，而草書尤居於美之至高境界！草

〔註18〕 參見：本文第六章。

〔註19〕 參見：北宋宣和官修，《宣和書譜》，卷二至二〇，《藝術叢編》，第一集，第一冊之四，臺北，世界書局，民國64年4月四版。

〔註20〕 于右任，〈標準草書自序〉，《標準草書》，第八次修正本，臺北，中央文物供應社，民國42年6月出版。

〔註21〕 劉延濤，〈標準草書後序一〉，于右任，前引書。

〔註22〕 劉延濤云：「主部首同一部位不得異式，主部首必須準確，代表符號之施用須不淆於他字，這才真的是標準草書的標準。」《草書通論》，頁101，臺北，中國文化大學出版部，民國72年12月修訂版。

〔註23〕 同註20。

〔註24〕 參見：郭伯佾，〈標準草書的實用價值〉，《現代美術》，第34期（民國80年2月），頁90至94。

〔註25〕 見：劉延濤，〈標準草書後序一〉、〈標準草書後序二〉，于右任，前引書。

書之美可分爲動態美與綜合美：

（一）動態美——篆、隸、楷，皆屬於靜態美，行書雖有動態，然較之草書，仍如馴馬緩彎，不可與草書之天馬行空相比擬，……。

（二）綜合美——以音樂爲例，篆、隸、楷，皆如音樂中之獨奏，草書則爲合奏（交響樂）。……以四時爲例，他體書皆僅季節之美，而草書則俱備春夏秋冬四時之美，……。故草書有風雨陰晴之美，有晨夕晝夜之美，有廊廟山林之美，有古服時裝之美，有顧碩娉婷之美，有勇士拔劍、美女簪花之美，約而言之，有宇宙萬象、人生百態之美！〔註26〕

劉延濤所謂「動態美」和「綜合美」，其實是以兩個新名詞將古人對於草書之藝術價值的討論作一歸納，仍屬於傳統書論的範圍。另外有人則是從現代美學的角度來談草書，如：王冬齡云：

草書通過線條運動的律感、張力，布白章法虛實節奏，經過書家心靈洗鍊之後，來表現其精神世界與意象。〔註27〕

而在中國歷代的草書中，漢代的草書無疑是居於津梁地位。一方面，漢代草書是從古代篆書的潦草書寫進一步衍化而來，它總結了古代文字的草法，而爲中國文字第一次草化成熟的產物。因此，在漢代草書中，可以看到許多古代草法的遺跡。例如：「口」字，篆書作「ㅂ」，〔註28〕其筆順爲：一、先寫左方曲畫（ㄴ），二、再寫右方曲畫（ㄩ），三、最後寫上方橫畫（ㅂ）。「口」字篆書潦草書寫作「ᴗ」，〔註29〕漢代草書從口諸字，如：「告」、「名」、「吾」、「君」、「召」、「和」……，其所從之口一作「ᴗ」或「い」，〔註30〕

〔註26〕劉延濤，〈略論草書之美〉，原載於《中原文獻》，第 12 期（民國 70 年 12 月），頁 23 至 25；後收爲劉氏《草書通論》之〈代序〉。宋后玲，〈草書與寫意畫〉，對草書之「動態美」與「綜合美」有進一步闡述：《故宮文物》，第三卷第 10 期（民國 75 年 1 月），頁 107 至 111。

〔註27〕王冬齡，〈論草書藝術的現代表現力〉，《書法研究》，民國 76 年，第 1 期，頁 82 至 90。

〔註28〕參見：藝文印書館，《校正甲骨文編》，卷二・七，臺北，民國 63 年 10 月再版。

〔註29〕如：望山楚簡「吉」字所從之「口」，見：湖北省文物考古研究所、北京大學中文系，《望山楚簡》，頁 30，圖版五四，北京，中華書局，民國 84 年 6 月第一版第一次印刷。

〔註30〕參見：陸錫興，《漢代簡牘草字編》，頁 18 至 22，上海，上海書畫出版社，民國 78 年 12 月第一版第一次印刷。

即是自古代篆書的潦草書寫而來。另一方面，後代的草書則又是在漢代草書的基礎上繼續衍化，後代草書的許多特殊寫法，都根源於漢代草書。例如：「天」字，漢代草書作「飞」，〔註31〕後代草書作「飞」；〔註32〕「卿」字，漢代草書作「ʔ」，〔註33〕後代草書作「ʔ」；〔註34〕「武字」，漢代草書作「𡗗」，〔註35〕後代草書作「𡗗」〔註36〕……，不勝枚舉。誠如陸錫興〈論漢代草書〉所說：

> 漢代草書上承古文草字，舊蹟可尋，下啓今草草法，新軌已設。因此，研究漢代草書，如據草書發展的橋梁，上窺古文奇字奧妙，下探今草狂草遞邅玄理，其重要性自不言可喻。〔註37〕

對於習用楷書的現代人而言，漢代草書的研究另有其重要性。從識字方面來說，漢代的草書乃是楷書的兩大源頭之一。虞世南〈筆髓論、釋真〉云：

> 體約八分，勢同章草。〔註38〕

意思是說：楷書（「真」）的形體是從漢代隸書（「八分」）簡化而來，其筆勢則與漢代草書（「章草」）相同。〔註39〕因此，瞭解了漢代的隸書和草書，對於楷書的字形來歷，自能掌握得較爲精到。而從習書方面來說，在書寫楷書時，如能參酌漢代的隸書和草書，將會有更出色的表現。（傳）王羲之〈題衛夫人筆陣圖後〉云：

> 夫書，先須引八分、章草入隸字中，發人意氣；若直取俗字，不能

〔註31〕陸錫興，前引書，頁1。

〔註32〕二玄社，《隋·智永·關中本千字文》，頁3，《書跡名品叢刊》九九，東京，民國52年1月初版，73年5月二〇刷。

〔註33〕陸錫興，前引書，頁184。

〔註34〕二玄社，前引書，頁23。

〔註35〕陸錫興，前引書，頁237。

〔註36〕二玄社，前引書，頁25。

〔註37〕陸錫興，前引書，〈代序〉，頁19。

〔註38〕韋續，前引書，第十三。

〔註39〕唐代之前的書論，經常將文字的形體與筆勢並舉，前者論結字的疏密美醜，後者論用筆之巧拙強弱。如：衛恆〈四體書勢〉云：「崔氏甚得其筆勢，而結字小疏。」見：房玄齡等，前引書，卷三六，〈衛恆傳〉引。即是分別從筆和結字兩方面評論崔瑗的草書。另如：王僧虔〈論書〉云：「謝綜……書法有力，恨少媚好。」又云：「郗超草書亞於二王，緊媚過其父，骨力不及也。」見：張彥遠，前引書，卷一。其中，「有力」和「骨力」指筆勢，「媚好」和「緊媚」則指形體。再如：梁武帝〈觀鍾繇書法十二意〉云：「逸少至學鍾書，勢巧形密。」見：張彥遠，前引書，卷二。其中，「勢」應指筆勢，「形」則指形體。

先發。〔註40〕

　　本文研究漢代草書的產生，不僅討論草書書體出現的年代，也探察草書書體所以產生的歷史背景，以及其形成的衍化過程。所探討的子題大致包括：

一、草書於何時萌發？於何時形成書體？

二、與漢代草書相關的各項名稱，包括：草書、章草和今草，其所指稱的對象為何？其取名的原由為何？

三、那些動力促使中國文字由最初的書體衍化成為漢代草書？

四、漢代草書的字形淵源為何？

五、漢代草書的筆畫演變法則為何？

六、草書在漢代流行的情形如何？

　　上述問題，在歷代的書論和近人的研究中，或多或少都曾觸及；只是其所討論的廣度和深度猶嫌不足，且亦缺乏系統性。故本文除了綜合歷代的書論和近人的研究成果，更以漢代和漢代之前的大量簡牘等書蹟做為依據，再參以筆者的一得之愚，期望對於漢代草書的產生做一番較為寬廣和深入的系統性研究。

〔註40〕張彥遠，前引書，卷一。其中的「隸字」，與又名「八分」的漢代隸書有別，指楷書而言。晉唐間人，多以「隸書」指楷書，參見：李郁周，〈楷書稱名及其書體源起淺探〉（上、下），《美育》，第 37 期，頁 34 至 43；第 38 期，頁 18 至 26（民國 82 年 7 月、8 月）。

第一章　草書由萌發至形成之年代

事物的產生，蓋皆經歷發端、醞釀及顯現三個階段，逐漸從無到有，由微而著。

草書的產生也不例外。在草書書體出現之前，也經歷過萌發和衍化的過程。起初只是潦草書寫，繼而明顯草化，終於形成草書書體。而由潦草書寫以迄草書書體的形成，則經歷了數千年的漫長歲月。

本章下分三節，討論中國文字之由潦草書寫經明顯草化到形成草書書體的年代，及其相關事項。

第一節　草書之萌發：文字的潦草書寫

張栻《南軒文集》云：

> 草書不必近代有之，必自筆箚已來便已有之；但寫得不謹，便成草書，其傳已久。〔註1〕

張栻這段話有兩項要點，其一爲「草書……必自筆箚已來便已有之」；其二爲「但寫得不謹，便成草書」。

一、「草書……必自筆箚已來便已有之」。「筆箚」通作「筆札」；〔註2〕「筆」

〔註 1〕 據孫岳頒等，《佩文齋書畫譜》，卷二引《南軒文集》，臺北，新興書局，民國71 年 9 月初版。唯經檢視張栻《南軒文集》，廿八卷，臺北，故宮博物院影印明刻本，及張栻《南軒集》，四十卷，臺北，商務印書館影印文淵閣四庫全書本：皆未見有此段文字。

〔註 2〕 「筆箚」與「筆札」二者可通用，如：劉勰著、王更生注譯，《文心雕龍讀本·書記第二十五》云：「漢來筆札，辭氣紛紜。」又云：「筆箚雜名，古今多品。」

為毛筆,「札」指簡札,乃中國古代書寫文字的兩項主要用具。此處「筆箚」一詞當作「文字」的代稱,蓋由書寫文字的用具而引申為所書寫的文字。因此,所謂「草書……必自筆箚已來便已有之」,意即,草書自從有文字時便已經存在了。

二、「但寫得不謹,便成草書」。「寫」原指用筆書寫,此處應包括刀錐契刻等其他製作文字的方法;故所謂「但寫得不謹,便成草書」,意即:只要書寫或刻劃得不夠謹飭的字蹟,就算是草書。

很顯然地,張栻所謂的「草書」,乃是一種廣義的用法,不但指作為書體專稱的草書,還涵蓋了行書以及各式各樣的潦草書蹟,包括:篆書、隸書和楷書等各種書體的潦草書寫或刻劃;而張栻所謂「必自筆箚已來便已有之」的「草書」,則非指草書書體,而是指中國文字始造之初「寫得不謹」的潦草書蹟。

果如張栻所言,則草書書體固然是後代方才出現,然而,草書的端緒則在文字始造之初便已萌發。為了檢證張栻的說法,有必要先探討中國文字的起源,再看看是否在人們剛開始使用文字之時,就已經存在著「寫得不謹」的草書。

案:中國的文字究竟創制於何時,這是中國文字學者至今猶待解決的一個問題。在歷代的文獻中,有不少提及中國文字的起源時代以及其作者的資料,比較重要的有以下四種——

一、不確定為何時、何人所造

《周易・繫辭、下》云:

上古結繩而治,後世聖人易之以書契,百官以治,萬民以察,蓋取諸夬。〔註3〕

這是目前可見最早討論中國文字起源的文獻,只是籠統地說:中國文字乃是晚於「上古」的「後世聖人」所造,而沒有確指何時或何人。

二、倉頡之前已有文字

《荀子・解蔽篇》云:

注:「箚,……亦作札。筆箚,筆記,謂一切書翰之文。」臺北,文史哲出版社,民國72年11月初版。

〔註3〕 王弼、韓康伯注、孔穎達等正義,《周易正義》,卷八,《十三經注疏》,第一冊,臺北,藝文印書館,民國65年5月六版。

> 好書者眾矣，而倉頡獨傳者，壹也；好稼者眾矣，而后稷獨傳者，
>
> 壹也；好樂者眾矣，而夔獨傳者，壹也；好義者眾矣，而舜獨傳者，
>
> 壹也。〔註4〕

《荀子》這段話本在強調專壹其志的重要性，以倉頡等人的事蹟來說明「好而壹之神以成」〔註5〕的道理。荀子應該是認爲：在倉頡之前，中國就已經有文字了；好比后稷之前就有稼穡，夔之前就有音樂，舜之前就有理義一般。〔註6〕

三、蒼頡作書

《呂氏春秋·君守篇》云：

> 蒼頡作書。〔註7〕

這是目前所知最早提出「蒼頡作書」的文獻，根據其下文「作者憂，因者平」，可知此處所謂「作」，乃創始、初造之意，即謂中國文字爲蒼頡（即倉頡）所創造；至於倉頡的時代和身份，則未交待。

四、黃帝之史倉頡初造書契

〈說文解字敘〉云：

> 黃帝之史倉頡，見鳥獸蹄迒之跡，知分理之可相別異也，初造書契。
>
> 〔註8〕

不但肯定中國的文字爲倉頡所造，且明白交待：倉頡是黃帝時代的史官。〔註9〕

〔註4〕 王先謙集解、久保愛增注、豬飼彥博補遺，《增補荀子集解》，卷一五，臺北，蘭臺書局，民國61年9月初版。

〔註5〕 《荀子·成相篇》，王先謙等，前引書，卷一八。

〔註6〕 荀子應該是認爲：在倉頡之前，中國就已經有文字了。證據有二：一、據「好書者眾矣，而倉頡獨傳者，壹也」；則只說倉頡是眾多「好書者」之一，而未說倉頡是中國文字的創造者。二、據《荀子》書中其他地方的記載，如：〈成相篇〉云：「（舜）得后稷，五穀殖；夔爲樂正，鳥獸服。」〈大略篇〉云：「義與利者，人之所兩有也，雖堯、舜，不能去民之欲利，然而能使其欲利不克其好義。」都只強調后稷等人的專擅其業，而未提及他們有創造之功。

〔註7〕 陳奇猷，《呂氏春秋校釋》，卷一七，臺北，華正書局，民國77年8月初版。

〔註8〕 丁福保，《說文解字詁林》，冊一一，頁912，臺北，鼎文書局，民國72年4月二版。

〔註9〕 孔穎達〈尚書序〉疏云：「蒼頡，則說者不同。……司馬遷、班固、韋誕、宋忠、傅玄皆云：『蒼頡，黃帝之史官也。』崔瑗、曹植、蔡邕、索靖皆直云：『古之王也。』徐整云：『在神農、黃帝之間。』譙周云：『在炎帝之世。』衛氏云：『當在庖犧、蒼帝之世。』慎到云：『在庖犧之前。』張揖云：『蒼頡爲帝王，生於禪通之紀。』」見：孔安國傳、孔穎達等正義，《尚書正義》，卷一，《十三經注疏》，第一冊，臺北，藝文印書館，民國65年5月六版。

　　越來越多的考古新資料顯示：在黃帝時代之前，也就是在「黃帝之史倉頡」之前，中國應該就已經發明文字了。茲根據各項考古資料出土先後，分述於下：

　　一、清光緒二十五年（西元 1899 年），劉鶚、王懿榮發現商代刻字甲骨，其後迭經私人與公家的發掘；〔註 10〕至民國七十一年所出版的《甲骨文合集》，共收錄了四萬一千九百五十六片。〔註 11〕而在民國四十一年，董作賓曾根據殷商的甲骨文和金文，作了一個自稱「只有少不會多的」推求，亦即：中國文字的創造，最遲「當為西元前 2884 年，大約距今四千八百多年」，比「黃帝初年」，還早了「二百多年」。〔註 12〕

　　二、民國四十三年至四十六年之間，陝西西安半坡仰韶文化遺址出土一一三件有刻劃記號的陶器，根據同位素碳十四測定，其年代最早距今六○八○加減一一○年，最晚距今五六○○加減一○五年，報告者表示：

　　　我們推測，這些符號可能是代表器物所有者或器物製造者的專門記
　　　號，……與我們文字有密切的關係，也很可能是我國古代文字原始
　　　形態之一。〔註 13〕

民國五十八年，李孝定率先提出「半坡陶文是已知的最早的中國文字，與甲骨文同一系統」的觀點。〔註 14〕民國六十一年，郭沫若提出「半坡遺址的年代，距今約有六千年左右。我認為，這也是漢字發展的歷史」的主張。〔註 15〕民國六十二年，于省吾對西安半坡陶文作了考釋，並謂：

〔註 10〕參見：董作賓，《甲骨學六十年》，頁 17 至 45，及附錄，〈甲骨年表〉，臺北，
　　　　藝文印書館，民國 54 年 6 月初版。
〔註 11〕見：郭沫若等，《甲骨文合集》，〈編輯凡例〉，頁 1，上海，中華書局，民國
　　　　71 年 10 月第一版第一次印刷。
〔註 12〕董作賓在〈中國文字的起源〉一篇演講稿中云：「中國文字到了殷代，距離圖
　　　　畫已遠了，造字的方法六書都有了，已完全演進到用線條寫出的符號了。……
　　　　接上去殷虛文字的年代，一千年是符號，五百年是圖畫，這估計只有少不會
　　　　多的。這樣算，殷虛的初年是西元前 1384 年，加上一五○○年，當為西元前
　　　　2884 年，大約距今四千八百多年。……黃帝的元年，才不過是西元前的 2665
　　　　年，……還比前面的估計晚了二百多年。」《大陸雜誌》，第五卷，第 10 期，
　　　　（民國 41 年 11 月），頁 37 至 38。
〔註 13〕中國社會科學院考古研究所，《西安半坡》，頁 196 至 198，北京，文物出版社，
　　　　民國 52 年。
〔註 14〕李孝定，〈從幾種史前及有史早期陶文的觀察蠡測中國文字的起源〉，《南洋大
　　　　學學報》，民國 58 年，第 3 期，頁 15。
〔註 15〕郭沫若，〈古代文字之辨證的發展〉，《考古》，民國 61 年，第 3 期，頁 2。

這些陶器上的簡單文字，考古工作者以爲是符號，我認爲這是文字

起源階段所產生的一些簡單文字。〔註16〕

此外，尚有鄭德坤、何炳棣……等多人，陸續發表類似的看法。〔註17〕

　　三、民國四十八年，山東省莒縣陵陽河出土四件有刻劃記號的陶器，屬於大汶口文化晚期遺物，其年代約爲距今四千五百年前。〔註18〕高明認爲：西安半坡的陶器刻劃爲「陶符」，不是文字；莒縣陵陽河的陶器刻劃才是「陶文」，而且是「從現有資料來看，時代最早的陶文」。並且加以解釋，云：

此種陶文是以事物的形象來表示，它的結構同早期漢字同屬一個系

統。它以自身的圖形表達詞義，從所象物的名稱吸取讀音，它包括

了形、音、義三種成分，代表語言中一個完整的詞義。〔註19〕

許進雄呼應高明的主張，他表示：

以大汶口陶文爲漢字的雛形，……要較之以西安半坡仰韶文化一類

的純記號刻劃爲中國文字之始，是較平實而可靠得多。〔註20〕

　　四、民國六十七年至六十九年，甘肅省秦安縣大地灣出土二十多件有彩繪記號的陶器，屬於老官台文化，其年代約爲距今七千八百五十至七千四百年前，發掘簡報認爲：這些陶器彩繪記號是「介於圖畫與文字之間的一種記事符號」。〔註21〕應該也是屬於所謂的「陶符」範圍。

　　五、民國七十三年至七十六年，在河南省舞陽縣賈湖發現刻有文字的龜甲三片，各一字，其年代約爲距今七千至八千年之前，「很可能具有原始文字的性質，其中如『◁▷』形符號等與安陽殷墟甲骨卜辭中的目字極爲相似」。〔註22〕許進雄認爲：舞陽甲骨文比仰韶的陶器刻劃「更爲複雜」，「比大汶口

〔註16〕 于省吾，〈關于古文字研究的若干問題〉，《文物》，民國62年，第3期，頁32。

〔註17〕 參見：陳昭容，〈從陶文探索漢字起源問題的總檢討〉，《中央研究院歷史語言研究所集刊》，五十七本第四分，（民國75年12月），頁673。

〔註18〕 山東文物管理處、濟南市博物館，《大汶口》，北京，文物出版社，民國63年。高廣仁，〈大汶口文化的社會性質與年代〉，《光明日報》，民國67年4月27日。

〔註19〕 高明，〈論陶符兼談漢字的起源〉，《北京大學學報》，民國73年，第6期，頁52。

〔註20〕 許進雄，《中國古代社會——文字與人類學的透視》，頁9，臺北，臺灣商務印書館，民國84年2月修訂版第一次印刷。

〔註21〕 甘肅省博物館、秦安縣博物館大地灣發掘組，〈一九八〇年大地灣一期文化遺存發掘簡報〉，《考古與文物》，民國71年，第3期，頁4。

〔註22〕 參見：河南文物研究所，〈河南舞陽賈湖新石器時代遺址第二至第六次發掘簡報〉，《文物》，民國78年，第1期，頁1至14。

的象形字更抽象、進步」。〔註23〕只是許進雄卻不敢因此就將中國文字的起源推至七千至八千年以前，他的疑慮是：

> 從演進的過程看，它（指舞陽甲骨文）與仰韶或大汶口的符號的承
> 繼關係不但中斷，而且也似是走回頭路，演變到更原始的階段。所
> 以宜暫時存疑，不宜把它們當作中國使用文字之始。〔註24〕

筆者認爲：既然舞陽甲骨文是目前所知最早的中國文字，則中國文字的起源，當在七千至八千以前。至於時代較早的舞陽甲骨文何以反較時代在後的西安半坡和大汶口陶器刻劃成熟，則可以從兩方面加以解釋——

一、陶符與文字不同

高明云：

> 陶符自新石器時仰韶文化開始，中間經過商代，直到春秋戰國時期，
> 仍然繼續出現。……自商代到春秋戰國時，漢字已有很大的發展和
> 變化，春秋戰國時代漢字已相當成熟。可是陶符仍非常原始，形體
> 亦然如舊。〔註25〕

又云：

> 文字隨著語言不斷發展，陶符孤立存在停滯不前。〔註26〕

而西安半坡的陶器刻劃既屬「陶符」，爲「停滯不前」的，自有可能較年代更早的舞陽甲骨文字「更原始」。

二、圖畫文字與符號文字不同

董作賓云：

> 殷代有通用的符號文字，如甲骨文，是他們的「今文」，而刻在精美
> 花紋銅器上的文字，是他們的「古文」，殷人愛美，用在美術品上的
> 字，要寫美術體；這種文字也如今人喜歡寫篆字。也就是遠古傳下
> 來的原始圖畫文字，可能是甲骨文字的前身。〔註27〕

李孝定則進一步云：

> 一般說來，甲骨文的時代早於金文，但甲骨文裡所保留的圖畫文字，

〔註23〕同註20。
〔註24〕同註23。
〔註25〕高明，前引文，頁51。
〔註26〕高明，前引文，頁55。
〔註27〕董作賓，前引文，頁36。

遠不如金文來得多，這是因爲甲骨卜辭在當時已是日用文字，而銅
器的鑄造，以當時的工藝技術而言，仍非易易，故在製范時往往刻
意求工的寫古字，象容庚編的金文編附錄上所收圖形文字均是，它
們的時代最早只是商末，較多數甲骨文爲晚，但從文字發生過程的
觀點説，這批金文上的圖形文字，在當時正是古文字，較之日用的
甲骨文字遠爲古老。〔註28〕

而大汶口的陶文很可能就是「圖畫文字」，也就是當時的「美術體」或「古文」，
故反較早了三千多年、屬於「日用文字」的舞陽甲骨文顯得「更原始」。

　　總之，根據上述的考古發現，河南舞陽出土的七千至八千年前的甲骨文，
應爲目前所知中國最早的文字；而且，舞陽甲骨文顯然不是中國最原始的文
字。因此，中國文字的起源，應該在七、八千年之前相當長的年代。

　　舞陽甲骨文共三片、三個字（圖一），每個字都有「寫得不謹」之處——

圖一　舞陽甲骨文（摹本）

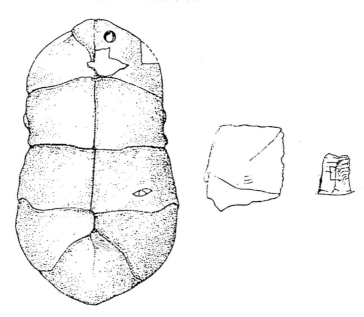

一、「◁」，中央兩縱向筆畫所區隔出來的三個空間大小不一致，尤其左、
　　右兩個空間相差更大，稍顯凌亂。

二、「屮」，右方縱向長畫略向左下傾斜，且其末端所接的兩斜畫高底不

〔註28〕李孝定，《漢字史話》，頁5，臺北，聯經出版公司，民國66年7月初版，68
　　年5月第三次印行。

一，有重心不穩之感。

三、「日」，三個橫向筆畫都由左下往右上傾斜，中央橫畫所區隔出來的
兩個空間，上大下小，整個字形不夠端正。

由於舞陽甲骨文已經不是「圖畫文字」，應該不是中國最初的文字。因此，
它的潦草刻劃對於張栻所謂「必自筆箚已來」就有「寫得不謹」的「草書」
之主張，尚不能作為直接的證據；不過，也許可以作為間接的支持，至少不
是不利的證據。

舞陽甲骨文的潦草刻劃，無論是空間凌亂，重心不穩或者是字形不夠端
正，大概都是技法生疏或散漫為之的結果，而不是刻意求快所造成的。中國
文字當中，真正屬刻意求快而造成的潦草書蹟，以目前所知的資料顯示，要
到距今三千多年之前的殷墟甲骨文才有。例如——

一、「屯」字，商代甲骨文作「屯」、「屯」、「屯」……等形；〔註29〕本義不
明，〔註30〕周代金文一作「屯」，〔註31〕當為「屯」字初形；〔註32〕
則商代甲骨文此字乃是將左右相搭黏的兩斜畫簡化為一橫畫。

二、「牛」字，商代甲骨文作「牛」、「牛」……等形，〔註33〕象牛頭、角
形，〔註34〕第一形的下方兩斜畫為牛頭之簡化，第二形則又再進一
步簡化，將兩斜筆改作一平畫。

三、「臣」字，商代甲骨文作「臣」、「臣」、「臣」……等形，〔註35〕郭沫
若謂「象豎目之形」；〔註36〕董作賓認為：「臣象瞋目之形」，高鴻縉

〔註29〕藝文印書館，《校正甲骨文編》，卷一・九，臺北，民國63年10月再版。

〔註30〕參見：李孝定，《甲骨文字集釋》，卷一，頁171，臺北，中央研究院歷史語言
研究所，民國71年6月四版。

〔註31〕容庚，《金文編》，卷一・一三，臺北，洪氏出版社，民國63年9月再版。

〔註32〕中國古文字的衍化，有實心形改畫其匡廓的作法，如：「丁」字之由「●」改
為「口」，「天」字之由「夨」改為「夨」……；此外，亦有將相搭黏的兩斜
畫改為一橫畫或斜畫的作法，如：「子」之由「子」之由「子」改作「子」，「牛」
字之由「牛」改作「牛」……，故「屯」字之作「屯」當係由「屯」所改作。

〔註33〕藝文印書館，前引書，卷二・三。

〔註34〕參見：李孝定，《甲骨文字集釋》，卷二，頁287。及戴靜山，〈部份代表全體
的象形〉，臺灣大學，《文史哲學報》，第10期，頁39至43。

〔註35〕藝文印書館，前引書，卷三・二〇。

〔註36〕郭沫若，《甲骨文字研究》，上冊，〈釋臣宰〉香港，中華書局，民國65年5
月港版。

以爲即「瞋」字初文。〔註37〕甲骨文第一形點出瞳孔，第二形則無，此只是象形時繁簡不同；至於第三形將下眼眶的兩縱向斜畫連接，貫穿眼珠，則爲了加快刻劃的速度所致。

四、「羊」字，商代甲骨文作「 」、「 」、「 」、「 」……等形，〔註38〕象羊頭、角之形，〔註39〕第三形下方之兩斜畫爲羊面部之省，第四形則又將兩斜畫連作一橫畫，其衍化過程與「牛」字同。

五、「木」字，商代甲骨文作「 」、「 」……等形，〔註40〕象樹木之形；〔註41〕而從「木」的許多字，如：「杞」字一作「 」、「析」字一作「 」、「休」字一作「 」、「林」字一作「 」〔註42〕……，都是把上下相近的兩斜畫作一長斜。

六、「禾」字，商代甲骨文作「 」、「 」、「 」……等形，〔註43〕象禾稼之形；〔註44〕第二、第三兩形將上下兩相近的斜畫連成一長斜，其衍化的方式與從「木」諸字相同。

七、「帚」字，商代甲骨文作「 」、「 」……等形，〔註45〕象植物之形，〔註46〕第二形將上下相近的兩斜畫作一長斜，與「禾」、「木」同。

八、「我」字，商代甲骨文作「 」、「 」、「 」、「 」……等形，〔註47〕筆者認爲係象釘耙之形，即「鋙」字初文。〔註48〕第二、

〔註37〕董作賓和高鴻縉兩人的說法，並見高鴻縉：《中國字例》，頁232，臺北，呂青士，民國58年9月。

〔註38〕藝文印書館，前引書，卷四‧一二。

〔註39〕李孝定，《甲骨文字集釋》，卷四，頁1315。

〔註40〕藝文印書館，前引書，卷六‧一。

〔註41〕李孝定，《甲骨文字集釋》，卷六，頁1937。

〔註42〕藝文印書館，前引書，卷六‧一、六‧二、六‧三、六‧五。

〔註43〕藝文印書館，前引書，卷七‧一三。

〔註44〕李孝定，《甲骨文字集釋》，卷七，頁2349。

〔註45〕藝文印書館，前引書，卷七‧二七。

〔註46〕李孝定，《甲骨文字集釋》，卷七，頁2587。

〔註47〕藝文印書館，前引書，卷一二‧一八。

〔註48〕朱芳圃云：「我象長柄而有三齒之器，即錡之初文，原爲兵器，……自農業發達後，利用之以爲耕具。」見：《殷周文字釋叢》，頁173，臺北，學生書局，民國61年8月景印初版。筆者認爲：「我」字原象釘耙之形，或三齒，或四齒，或更多齒；今本省農具中，猶有名喚「四齒仔」之釘耙，即「我」之實物也。「我」後借爲稱自身的吾我字，乃另造從金，吾聲的「鋙」字，以作爲釘耙的代表。「鋙」與「鉏」（一作「鋤」）同爲農具，而鋙爲多尖刃，鉏爲平

第三、第四三形，皆有連接相近的兩橫畫作一橫的情形。

九、「末」字，商代甲骨文作「米」、「米」、「米」……等形，〔註49〕「象木重枝葉也」，〔註50〕第二形將左、右兩旁之各兩斜畫連作一曲畫，第三形則連接相近的上下兩斜畫作一長斜。

十、「巳」字，商代甲骨文作「𢀳」、「𢀳」、「𢀳」……等形，〔註51〕象幼兒之形，〔註52〕第二、第三兩形將左右相搭黏的兩斜畫省作一曲畫或斜畫。

上舉商代甲骨文十例，大概都是為了加快刻劃的速度而造成的書蹟潦草化。

商代甲骨文之後，中國文字的潦草化持續進行，甚至在有計劃要傳之子孫的青銅器的銘文裡，一樣可以找到潦草的書蹟。陳振濂云：

> 西周中期金文在達到較為成熟的狀態後，就有一種草率疏放的趨勢，《趞曹鼎銘》不但字體草率，行款疏放，在短短六十字的銘文裡竟有三個衍文。〔註53〕

陳氏接著說：

> 西周晚期的銘文……沿著實用的兩個方向發展：一類以《虢季子白盤銘》為代表，通篇氣韻整束劃一，富於節奏感；線條雄健，佈白至疏至闊，縱橫成行，有嶄新的藝術風格。……另一種則是為了書寫便利，在符合文字規範的前提下簡省行筆的文字的「草書」。如《散氏盤》就是在規整的形態、熟練的書寫技巧、成熟的範鑄工藝基礎之上，字形束倒西歪，隨態生勢而又呼應連貫、造型變化多端、佈白樸茂而空靈的求「生」作品。〔註54〕

將西周中、晚期金文的潦草化，歸因於「為了書寫便利」。則西周金文的潦草化和甲骨文的潦草化一般，都是有心求快所造成的結果。

根據歷代的書蹟分析，文字形體之所以潦草化，其具體原因可以歸納為

刃，兩者放置一起，狀似扞格。故以「鉏鋙」謂人與人之有爭鬩；「鉏鋙」後亦作「齟齬」。

〔註49〕藝文印書館，前引書，卷一四·一○。
〔註50〕許慎說；丁福保，前引書，冊一一，頁777。
〔註51〕藝文印書館，前引書，卷一四·一九。
〔註52〕李孝定，《甲骨文字集釋》，卷一四，頁4309、4359。
〔註53〕陳振濂，《書法學》，頁236，臺北，建宏出版社，民國83年4月初版一刷。
〔註54〕同前註。

五項，包括：技法生疏、心理輕忽、時間緊迫、字數繁多和一味求快——

　　一、技法生疏。書寫（或契刻）的技法之不熟練，往往會造成文字筆畫的歪斜扭曲或形體的傾仄支離。例如：《殷契粹編》的一四六八片甲骨（圖二），據郭沫若所說——

　　　　內容乃將甲子至癸酉之十日，刻而又刻者。中第四行，字細而精美整齊，蓋先生刻之以為範本。其餘歪斜刺劣者，蓋學刻者所為。〔註55〕

圖二　《殷契粹編》第一四六八片甲骨

「學刻者所為」之所以會「歪斜刺劣」，就是因為契刻的技法生疏所致。

　　二、心理輕忽。寫字時，如果認為重要的，一般會較為認真書寫，寫出

〔註55〕郭沫若，《殷契粹編》，頁734，北京，科學出版社，民國54年5月新一版第一次印刷。

來的字蹟往往較爲謹飭；如果認爲不重要的，則難免較散漫書寫，寫出來的
字蹟往往較爲潦草。例如：傳世的商代書蹟中，甲骨刻辭（圖三）一般就比
青銅器上的銘文（圖四）來得潦草；原因應該是：青銅器是相當貴重之物，
其上的銘文大多具有紀念性質，故須鄭重爲之；甲骨則是日常用品，其上的
刻辭大多屬於實用性質，故可以簡率爲之。〔註56〕

圖三　商代甲骨文：《殷虛書契菁華》六　　圖四　商代金文：〈小臣艅尊銘〉

　　三、時間緊迫。書寫的時間緊迫，書寫必須求快，自然無暇講究書蹟之
端謹。例如：山西省侯馬晉國遺址所出土的〈侯馬盟書〉（圖五），係盟誓典
禮當場要誦讀以告神明者，〔註57〕其書寫時間應該相當短促，故除了有不少
脫字和衍字及錯誤之外，〔註58〕其字蹟也較春秋末年當時的青銅器銘文顯得

〔註56〕 李孝定云：「一般說來，甲骨文的時代早於金文，但甲骨文裡所保留的圖畫文
　　　　字，遠不如金文來得多，這是因爲甲骨卜辭在當時已是日用文字，而銅器的
　　　　鑄造，以當時的工藝技術而言，仍非易易，故在製范時往往刻意求工的寫古
　　　　字。」見《漢字史話》頁5。金文的「刻意求工」，其主要原因應該不在「工
　　　　藝技術」的問題，而是在其傳之子孫的紀念性質。此從青銅器銘文多有「子
　　　　子孫孫永寶之」一類的詞句可證。
〔註57〕 《周禮・司寇刑官之職・司盟》：「司盟，掌盟載之法，凡邦國有疑會同，則
　　　　掌其盟約之載及其禮儀，北面詔明神，既盟則貳之。」東漢鄭玄注：「盟者，
　　　　書其辭於策，殺牲取血，坎其牲，加書於上而埋之，謂之載書。……詔之者，
　　　　讀其載書以告之也。」見：鄭玄注、賈公彥疏，《周禮注疏》，卷三六，《十三
　　　　經注疏》第三冊，臺北，藝文印書館，民國65年5月六版。
〔註58〕 〈侯馬盟書及其發掘與整理〉云：「『盟書』上還發現不少脫字和衍字，例如

潦草許多。

　　四、字數繁多。高尚仁根據實驗而發現：

　　　　書蹟的後半部及終端部分，因爲手臂控制逐漸不穩，及動作加快，

　　　　個別字體的書寫，會產生潦草或更草的現象。〔註59〕

也就是說，字寫得越多，一方面由於體能不繼而造成「手臂控制逐漸不穩」，另一方面則由於心力不耐而「動作加快」，因此越寫到後面會越潦草。例如：河南洛陽出土的東漢〈急就磚〉（圖六），一開始的「急就」兩字寫得較大、較端正，「奇觚」以下各字則越寫越小，越寫越潦草。

圖五　春秋晉國侯馬盟書一九五：一（摹本）　　圖六　東漢〈急就磚〉

　　五、一味求快。「時間緊迫」或「字數繁多」固然都會導致書寫速度加快，而使書蹟較爲潦草；然而，有些時候，時間並不緊迫，字數並不繁多，書寫的速度卻相當迅疾，此即所謂的一味求快。這種不須快卻求快的書寫行爲，主要是由於習慣了較爲快速的節奏，遂不易安於徐緩的運筆。例如：戰國末

「而」、「者」、「之」、「及」等字，時有增省。有的字句漏掉或略去。被詛咒對象的名字先後有參錯。參盟人名偶而誤寫在主盟人名的位置上。個別盟辭中脫漏了重要的單字，使文字變成了相反。」見：里仁書局，《侯馬盟書——新出土春秋時期晉國盟誓玉石片》，頁3及頁9之註4至註7。臺北，民國69年10月初版。

〔註59〕高尚仁，《書法心理學》，頁279，臺北，東大圖書公司，民國75年4月初版。

期的〈楚王盦㤓鼎銘〉（圖七），全部字數才卅三字，並不繁多；且此件青銅器爲供楚王室使用之物，其製作應極講究，銘文寫刻之時間應不致過於緊迫。然而，〈楚王盦㤓鼎銘〉的書蹟卻比同時期別國的金文潦草得多，[註60] 很容易讓人聯想起戰國初期的望山楚簡（圖八）和包山楚簡（圖九）。筆者推斷：戰國時期楚國的文字書寫者，大概逐漸習慣於較爲迅疾的書寫節奏，因此，才會連製作青銅器銘文，都沒能寫得更爲端謹。

圖七　戰國〈楚王盦　　圖八　戰國望山楚簡：　　圖九　戰國包山楚簡
　　　㤓鼎銘〉　　　　　　　二號墓四九簡　　　　　　第一八五簡

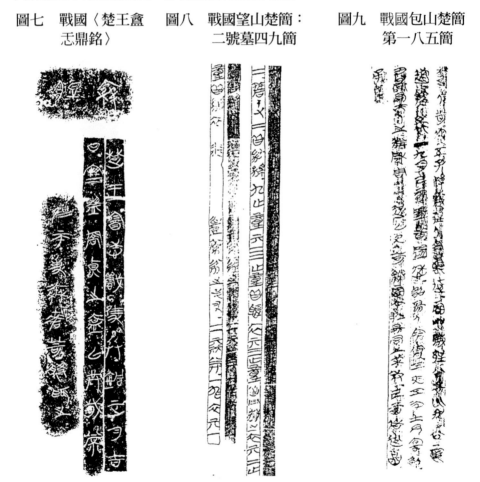

上述造成書蹟潦草的五種原因，除了第一種「技法生疏」外，其餘四種都屬於有心求快者；只是求快的動機各有不同，或者是時間緊迫，或者是字數繁多，或者是習於較爲快速的運筆節奏──這五種原因，尤其是後面四種，

〔註60〕參見：二玄社，《金文集・四・列國》，《書跡名品叢刊》一二三，東京，民國69 年 7 月初版一三刷。

促使著中國文字不斷潦草化。

根據書蹟潦草程度的不同，中國文字的潦草化過程可以分為六期——

一、自始造文字至西周，為潦草書寫期。此一時期除了技法不佳所造成的歪斜書蹟之外，尚有透過有心縮短筆畫、減省筆畫和連接筆畫而產生的草略寫法；只是尚未出現牽帶筆畫的草法。

二、春秋戰國時代，為明顯草化時期。此一時期出現牽帶筆畫的草法，運筆的節奏也明顯加快。

三、秦漢時代，為章草時期。此一時期中國文字第一次草化成熟，而出現草書書體。章草發展完成，今草也已萌芽。

四、魏晉南北朝，為今草時期。此一時期今草逐漸取代章草的地位，而狂草也在發展中。

五、隋唐至清，為狂草時期。此一時期的草書多連綿不斷，運筆速度之快，為前所未有。

六、現代，為標準草書時期。此一時期的草書，在「易寫」的前提下，也兼顧「易識」，因此，上、下字多不連綴，運筆速度反不若前期快速。

本節所討論者，即為中國文字潦草化的第一期；下二節將討論中國文化潦草化的第二和第三期。至於第四至第六期則非本文所探討的範圍。

第二節　字形之明顯草化

春秋戰國時代，中國文字的潦草化明顯地較前激烈。在此一時期的書蹟裡，不但有各種縮短筆畫、減省筆畫和連接筆畫的草略寫法，也看到了草書書體的一項重要特徵，即牽帶筆畫的作法，包括順向牽帶和逆向牽帶。〔註61〕

春秋戰國時期較為潦草的書蹟，依其年代先後順序分述如下——

一、侯馬盟書。春秋晚期晉國文物，民國五十四年至六十一年在山西省侯馬地方發掘所得，為毛筆寫於玉石片上，共約五千件；根據其文辭內容，可分為六類，包括：宗盟、委質、納室、詛咒、卜筮和其他，前三類為朱紅色書蹟，詛咒和卜筮兩類為黑墨書寫，其他類則不詳。〔註62〕侯馬盟書的筆

〔註61〕關於「順向牽帶」與「逆向牽帶」，參見本文第五章第四節。

〔註62〕參見：里仁書局，《侯馬盟書》，頁1至3，臺北，民國69年10月初版。

畫，起筆重，收筆輕，其揮運節奏較同時期金文快速。〔註 63〕字形則呈橫扁狀，多傾仄，不甚端謹。尤其「不」、「伐」、「而」、「趙」、「結」等字的若干寫法，更是潦草——

1. 「不」字，商代甲骨文作「□」、「□」、「□」、「□」、「□」……等形，〔註64〕象花苞帶蕊之形，本義爲花苞，即「柎」字初文。〔註65〕周原甲骨文作「□」、「□」、「□」……等形，〔註66〕周代金文作「□」、「□」、「□」、「□」……等形。〔註67〕侯馬盟書作「□」、「□」、「□」、「□」……等形，〔註68〕淵源於甲骨文和金文。其中，「□」一形的第一筆橫畫，爲了迅速接書寫其下的筆畫而往左下順向牽帶；「□」一形的末畫爲連接左右兩斜畫而成，且爲了快速書寫下字，亦出現往左下牽帶的跡象。

2. 「伐」字，商代甲骨文作「□」、「□」……等形，〔註69〕「象戈刃加人頸」，〔註70〕本義爲「擊也」。〔註71〕周原甲骨文作「□」和「□」，〔註72〕周代金文作「□」、「□」……等形。〔註73〕侯馬盟書作「□」、「□」、「□」……等形，〔註74〕淵源於甲骨文和金文。其中，「□」一形出現向左下順向牽帶之跡。

3. 「而」字，商代甲骨文作「□」、「□」、「□」……等形，〔註75〕「象頤下毛之形」，〔註76〕本義爲「頰毛」。〔註77〕周代金文作「□」。〔註78〕

〔註63〕 同註 60。
〔註64〕 藝文印書館，前引書，卷一二・一。
〔註65〕 參見：李孝定，《甲骨文字集釋》，卷一二，頁 3496。
〔註66〕 徐錫臺，《周原甲骨文綜述》，頁 184「丕」，西安，三秦出版社，民國 76 年 9 月初版。
〔註67〕 容庚，前引書，卷一二・一。
〔註68〕 里仁書局，前引書，頁 305。
〔註69〕 藝文印書館，前引書，卷八・三。此書另收「□」、「□」，亦釋「伐」。李孝定謂：「字在卜辭爲人名，與人之用爲征伐或殺人以祭者義別，當非一字。」見：《甲骨文字集釋》，卷八，頁 2661。
〔註70〕 李孝定，《甲骨文字集釋》，卷八，頁 2661。
〔註71〕 許慎，《說文解字》，卷八・上；丁福保，前引書，冊七，頁 272。
〔註72〕 徐錫臺，前引書，頁 195。
〔註73〕 容庚，《金文編》，卷八・六。
〔註74〕 里仁書局，前引書，頁 309。
〔註75〕 金祥恆，《續甲骨文編》卷九，頁 10・上，臺北，藝文印書館，民國 82 年 9 月初版二刷。
〔註76〕 李孝定，《甲骨文字集釋》，卷九，頁 2975。

侯馬盟書作「不」、「不」、「不」、「禾」、「禾」……等形，〔註79〕淵源於甲骨文和金文。其中，「不」一形的第一筆橫畫向左下順向牽帶，「禾」一形最左邊斜曲筆畫向右方順向牽帶。

4. 「趙」字，商代甲骨文未見；周代金文作「趙」，〔註80〕蓋「從走、肖聲」，本義為「趒趙」。〔註81〕侯馬盟書作「趙」、「趙」、「趙」、「趙」、「分」……等形，〔註82〕淵源於周代金文，其中，「趙」一形左上方斜曲筆畫向右下順向牽帶。

5. 「結」字，商代甲骨文、周代金文皆未見。侯馬盟書作「結」、「結」、「結」，〔註83〕蓋「從糸，吉聲」，本義為「締」。〔註84〕其中，「結」一形右旁寫完中央豎畫之後，似即向左上逆向牽帶，連寫上方橫畫，再向右下牽引，連寫下方橫畫，與後代草書之牽連繚繞相似。

二、曾侯乙墓竹簡。春秋晚期至戰國初期曾國文物，其年代約在周考王八年至周安王二年之間（西元前433年至400年），為民國六十七年五月至六月在湖北省隨縣城關鎮西北郊擂鼓墩附近發掘所得，共二四○枚，其文辭記載用于葬儀的車馬兵甲，為遣策，墨書，共六六九六字。字蹟比同墓出土的石磬刻文和漆衣箱上的漆書文字較為隨便，「大概可以代表當時的日用書體」。〔註85〕尤其「珛」、「找」、「盾」、「甲」、「尹」、「君」、「安」……等字，更是寫得潦草——

1. 「珛」字，商代甲骨文與金文俱未見，字書亦未收。曾侯乙墓竹簡作「珛」，〔註86〕蓋從玉、同聲，其義不詳。此字左旁中橫向左下順向牽帶，以方便書寫下橫。

2. 「找」字，商代甲骨文、金文俱缺，字書亦未收錄。曾侯乙墓竹簡作「找」，

〔註77〕許慎，《說文解字》，卷九·下；丁福保，前引書，冊八，頁273。

〔註78〕容庚，《金文編》，卷九·一八。

〔註79〕里仁書局，前引書，頁310。

〔註80〕容庚，《金文編》，卷二·一六。

〔註81〕許慎，《說文解字》，卷二·上；丁福保，前引書，冊二，頁1365。

〔註82〕里仁書局，前引書，頁349。

〔註83〕里仁書局，前引書，頁337。

〔註84〕許慎，《說文解字》，卷一三·上；丁福保，前引書，冊一○，頁568。

〔註85〕中國社會科學院考古研究所，《曾侯乙墓》，頁452至486，北京，文物出版社，民國78年7月第一版第一次印刷。

〔註86〕曾侯乙墓一號竹簡正面及四號竹簡，中國社會科學院考古研究所，前引書，圖版一六九、一七○。

〔註87〕說者謂「從『弋』聲，據文意當讀爲『飾』」；〔註88〕惟簡文實從戈，不從弋。此字左旁所從之玉，其寫法與上舉「珦」字左旁相同，其中央橫畫皆有向左下順向牽帶之跡。

3. 「扈」字，商代甲骨文、金文俱缺，字書亦未收錄。曾侯乙墓竹簡作「戽」，〔註89〕蓋從戶、巨聲，本義不詳。此字下方之「巨」，中央斜畫向左下順向牽帶，連書下橫，蓋爲「工」〔註90〕之進一步潦草化。

4. 「甲」字，商代甲骨文作「十」、「田」、「囲」……。〔註91〕「甲」字何以作「十」，尚無的論；作「田」則爲殷先公上甲字，「蓋象其主在祐中之形」。〔註92〕周原甲骨文作「十」，〔註93〕周代金文作「十」、「田」、「囲」……等形。〔註94〕曾侯乙墓作「羿」、「羿」，〔註95〕「十」外所從之「刁」與殷先公報乙字「乙」所從之「刁」同。〔註96〕其中，「羿」一形中央豎畫向左上逆向牽帶，與橫畫連書。

5. 「尹」字，商代甲骨文作「伇」、「伇」、「伇」……等形，〔註97〕「初誼當爲官尹字，殆象以手執筆之形，蓋官尹治事，必采簿書」。〔註98〕周代金文作「尹」、「尹」、「尹」、「伇」……等形。〔註99〕曾侯乙墓竹簡

〔註87〕曾侯乙墓六〇號竹簡（二見），中國社會科學院考古研究所，前引書，圖版一八九。

〔註88〕中國社會科學院考古研究所，前引書，頁 514，考釋九八。

〔註89〕曾侯乙墓六七號竹簡，中國社會科學院考古研究所，前引書，圖版一九二。

〔註90〕許慎，《說文解字》，卷五·上：「工，規巨也，從工、象手持之。……工，古文巨。」見：丁福保，前引書，冊四，頁 1194。

〔註91〕藝文印書館，前引書，卷一四·一〇。

〔註92〕李孝定《讀說文記》頁 310：「卜辭殷先公上甲字作田，蓋象其主在祐中之形，上甲爲先公之首，其主居宗廟之中，正視之作田，報乙、報丙字作乙、囚可證。……然甲字何以作『囚』，亦無的論，或取爾雅之說，謂甲象魚鱗之比次，或謂象甲坼之形，皆無確證。」臺北，中央研究院歷史語言研究所，民國 81 年 1 月初版。

〔註93〕徐錫臺，前引書，頁 315。

〔註94〕容庚，《金文編》，卷一四·二二。

〔註95〕曾侯乙墓一二二號竹簡等作「羿」，一二四號竹簡作「羿」，中國社會科學院，前引書，圖版二〇八、二〇九。

〔註96〕參見本章註 91。

〔註97〕藝文印書館，前引書，卷三·一四。

〔註98〕李孝定，《甲骨文字集釋》，卷三，頁 908。

〔註99〕容庚，《金文編》，卷三·二二。

作「![字形]」、「![字形]」，〔註100〕淵源於甲骨文與金文。其中，「![字形]」一形第一筆向右上逆向牽帶，與中央橫向斜曲筆畫連書。

6. 「君」字，商代甲骨文作「![字形]」、「![字形]」……等形，〔註101〕當是從口、尹聲，本義爲領導者。〔註102〕周代金文作「![字形]」、「![字形]」、「![字形]」……等形。〔註103〕曾侯乙墓竹簡作「![字形]」和「![字形]」，〔註104〕淵源於甲骨文和金文。其中，「![字形]」上方「![字形]」亦爲逆向之牽帶筆畫。

7. 「安」字，商代甲骨文作「![字形]」、「![字形]」……等形，〔註105〕「從女在宜下」，本義爲「靜」，〔註106〕或從「丶」，蓋象袇蓆。周原甲骨文作「![字形]」、「![字形]」，〔註107〕周代金文作「![字形]」、「![字形]」、「![字形]」……等形，〔註108〕或從厂。曾侯乙墓竹簡作「![字形]」、「![字形]」、「![字形]」，〔註109〕或者但從女在袇蓆之上。〔註110〕其中，「![字形]」一形左旁有向右上逆向牽帶筆畫之作法。

三、望山楚簡。戰國時期楚國文物，民國五十四年冬至五十五年春，於湖北省江陵縣望山楚墓發掘所得。其中，一號墓竹簡共二〇七枚，墨書，計一〇九三字，主要爲墓主卜筮祭禱的紀錄，出于多人之手，其年代約當楚懷王前期（西元前 320 年前後）。二號墓竹簡共六六枚，墨書，計九二五字，文字內容爲遣策，即隨葬器物清單，亦爲多人合書。〔註111〕整體而言，望山楚簡較曾侯乙墓竹簡更爲潦草，而望山楚簡中，二號墓簡又較一號墓簡潦草。尤其

〔註100〕曾侯乙墓一四五號簡等作「![字形]」，一五七號簡等作「![字形]」，中國社會科學院考古研究所，前引書，圖版二一五、二一九。

〔註101〕藝文印書館，前引書，卷二・七。

〔註102〕許愼，《說文解字》，卷二・上：「君，尊也，從尹，發號，故從口。」惟如王筠《說文釋例》云：「君字，尹、口二義不甚聯貫。」故當以宋保《諧聲補逸》所云：「君從口、尹聲。」爲是。參見：丁福保，前引書，冊二，頁 1160 至 1162。

〔註103〕容庚，《金文編》，卷二・七。

〔註104〕曾侯乙墓一五〇號簡等作「![字形]」，一七二號簡等作「![字形]」，中國社會科學院考古研究所，前引書，圖版二一七、二二三。

〔註105〕藝文印書館，前引書，卷七・一八。

〔註106〕許愼，《說文解字》，卷七・下；丁福保，前引書，冊六，頁 670。

〔註107〕徐錫臺，前引書，頁 307。

〔註108〕容庚，《金文編》，卷七・二五。

〔註109〕曾侯乙墓四八、五〇號簡作「![字形]」，一六四號簡作「![字形]」，一六五號簡作「![字形]」。中國社會科學院考古研究所，前引書，圖版一八五、一八六、二二一。

〔註110〕中國社會科學院考古研究所，前引書，頁 484。

〔註111〕湖北省文物考古研究所、北京大學中文系，《望山楚簡》，頁 3 至 11，北京，中華書局，民國 84 年 6 月第一版第一次印刷。

是「酉」、「巳」、「其」、「子」、「君」、「后」、「總」、「韋」等字——

1. 「酉」字，商代甲骨文作「昌」、「昌」、「昌」、「酉」、「酉」……等形，〔註112〕「實酒尊之形，上象其頸及口緣，下象其腹有花紋之形」，「爲『酒』之本字」。〔註113〕周原甲骨文作「酉」。〔註114〕周代金文作「酉」、「酉」、「酉」、「酉」……等形。〔註115〕望山楚簡作「酉」、「酉」，〔註116〕釋文作「栖（酉）」，〔註117〕蓋借「積木燎之」之「栖」（同「槱」）而爲申酉字。〔註118〕其中，「酉」一形，酒尊腹部外圍的兩筆，書寫得相當不謹，遂造成接合之處明顯相錯。

2. 「其」字，商代甲骨文作「㠱」、「㠱」、「㠱」、「㠱」……等形，〔註119〕第一、二形象簸箕之形，第三形加「匚」（匸），明其爲「受物之器」，〔註120〕第四形則並畫捧箕之雙手，爲「倚文畫物」之象形。〔註121〕周原甲骨文作「㠱」。〔註122〕周代金文作「㠱」、「㠱」、「㠱」、「㠱」、「㠱」、「㠱」……等形。〔註123〕望山楚簡作「兀」、「兀」，〔註124〕蓋省去簸箕，而只保留捧執之雙手，且由「臼」訛變爲「兀」，再於

〔註112〕藝文印書館，前引書，卷一四・二一。
〔註113〕李孝定，《甲骨文字集釋》，卷一四，頁 4394、4400。
〔註114〕徐錫臺，前引書，頁 285。
〔註115〕容庚，《金文編》，卷一四・三六。
〔註116〕望山楚簡一號墓一號簡作「酉」，二號簡作「酉」，見：湖北省文物考古研究所、北京大學中文系，前引書，頁 19。
〔註117〕湖北省文物考古研究所、北京大學中文系，前引書，頁 68。
〔註118〕許慎，《說文解字》，卷六・上：「栖，積木燎之也，從木、火，酉聲。」丁福保，前引書，冊五，頁 925。張自烈編，廖文英補，《正字通》辰集中，頁 581 則收「槱」字，而云：「同槱。」北京，國際文化出版公司，民國 85 年 1 月第一版第一次印刷。
〔註119〕藝文印書館，前引書，卷五・一。
〔註120〕許慎，《說文解字》，卷五・上：「箕，簸也，從竹、甘，象形，下其丌也。……甘，古文箕省。㠱，亦古文箕，……㠱，籀文箕。㠱，籀文箕。」又，卷一二・下：「匚，受物之器也，象形。……匚，籀文匚。」丁福保，前引書，冊四，頁 1158；冊一〇，頁 397。
〔註121〕參見：高鴻縉，前引書，頁 53。
〔註122〕徐錫臺，前引書，頁 222。
〔註123〕容庚，《金文編》，卷五・七。
〔註124〕望山楚簡一號墓二八號簡等作「兀」，其二二號簡等作「兀」，見：湖北省文物考古研究所、北京大學中文系，前引書，頁 24、25。

横畫之上加一短横。其中，「元」一形第一横末向左下順向牽帶，方便書寫下横，而遂與下横搭黏。

3. 「子」字，商代甲骨文作「子」、「子」、「子」、「子」、「子」、「子」……等形，〔註125〕前三形「象幼兒頭上有髮及兩脛之形」，後三形「則象幼兒在襁褓之中，兩手舞動，上象其頭之形」。〔註126〕周原甲骨文作「子」、「子」、「子」。〔註127〕周代金文作「子」、「子」、「子」、「子」、「子」……等形。〔註128〕望山楚簡作「子」、「子」、「子」……等形。〔註129〕原象幼兒頭部的左下斜曲筆畫和象軀幹之縱向斜曲筆畫連作一畫書寫；而象幼兒兩手之左右相連兩斜曲筆畫，亦終於簡化爲一横。

4. 「君」字，商代甲骨文及周代金文寫法，見本節二・6。望山楚簡一作「君」，〔註130〕其逆向牽帶筆畫之情形，與曾侯乙墓「君」字中之一形同。

5. 「厄」字，商周甲骨文俱缺，周代金文作「厄」、「厄」，「象車厄形」。〔註131〕望山楚簡二號墓六號簡作「厄」，〔註132〕字形潦亂，說者謂「蓋由金文厄（厄）變來」。〔註133〕其右旁末端向左上勾起，近於後代草書常見之勾畫。

6. 「總」字，商周甲、金文俱缺，字書亦未收錄。望山楚簡作「總」，〔註134〕蓋從糸、悤聲，其義不詳。〔註135〕簡文此字右旁上方横畫寫完之後，向左上繚繞，再連書其下之「目」，爲逆向之牽帶筆畫。

〔註125〕藝文印書館，前引書，卷一四・一五，「子」字但收前三形。李孝定，《甲骨文字集釋》，卷一四，頁4309，則並收後三形。

〔註126〕李孝定，《甲骨文字集釋》，卷一四，頁4312。

〔註127〕徐錫臺，前引書，頁209。

〔註128〕容庚，《金文編》，卷一四・三○。

〔註129〕望山楚簡一號墓之一一五號簡作「子」，其一一七號簡作「子」，其一一八號簡作「子」，見：湖北省文物考古研究所、北京大學中文系，前引書，頁39至41。

〔註130〕望山楚簡一號墓之一三二號簡，湖北省文物考古研究所、北京大學中文系，前引書，頁43。

〔註131〕容庚，《金文編》，卷一二・三。

〔註132〕湖北省文物考古研究所、北京大學中文系，前引書，頁52。

〔註133〕湖北省文物考古研究所、北京大學中文系，前引書，頁117。

〔註134〕湖北省文物考古研究所、北京大學中文系，前引書，頁52。

〔註135〕參見：湖北省文物考古研究所、北京大學中文系，前引書，頁118，考釋二八。

7. 「韋」字，商代甲骨文作「韋」、「艸」、「韋」……等形。〔註136〕「字實圍之本字，從口象城邑，而眾止環之，乃圍城之象」。〔註137〕周代金文作「韋」、「韋」。〔註138〕望山楚簡作「韋」、「韋」……等形，〔註139〕中央「口」之左下斜曲筆畫與下方之豎畫連書，而第二形下方豎畫爲了接寫上方筆畫而造成向左上勾起的帶筆，此與後代草書作法相同。

四、包山楚簡，戰國時期楚國文物，爲民國七十六年一月於湖北省荊門十里舖鎮王場村包山崗地所發掘的二號墓中獲得，有字竹簡共二七八枚，計一二四七二字，墨書；按其內容可分爲文書、卜筮祭禱紀錄和遣策三類；從書法看，應也是由多人書寫而成。包山二號墓葬於楚懷王十三年（西元前316年），包山楚簡的年代當相當或稍早。〔註140〕包山楚簡的潦草程度，較之望山楚簡有過之無不及。茲以「君」、「丑」、「易」、「亥」、「冒」、「尹」、「庚」、「子」爲例，說明如下——

1. 「君」字，商代甲骨文和周代金文「君」字寫法，以及「君」字的構造和本義，參見本節二·6。包山楚簡四號簡等作「君」，〔註141〕其逆向牽帶筆畫的情形，與前述曾侯乙墓竹簡及望山楚簡「君」字相同。

2. 「丑」字，商代甲骨文作「丑」、「丑」、「丑」……等形，〔註142〕「象手之形」，爲「手之古文」。〔註143〕周代金文作「丑」、「丑」、「丑」……等形。〔註144〕包山楚簡十九號簡作「丑」，〔註145〕其第二筆向右上逆向牽帶，以連書中豎。

〔註136〕藝文印書館，前引書，卷五·二六。
〔註137〕李孝定，《讀說文記》，頁153。
〔註138〕容庚，《金文編》，卷五·三七。
〔註139〕望山二號墓二號簡等作「韋」，其三六號簡等作「韋」，見：湖北省文物考古研究所、北京大學中文系，前引書，頁51、58。
〔註140〕參見：湖北省荊沙鐵路考古隊，《包山楚簡》，頁3至15，北京，文物出版社，民國80年10月第一版第一次印刷。
〔註141〕湖北省荊沙鐵路考古隊，前引書，圖版二。
〔註142〕藝文印書館，前引書，卷一四·一六。
〔註143〕許慎，《說文解字》，卷一四·下：「丑，……象手之形。」丁福保，前引書，冊一一，頁738。葉玉森云：「似即手之古文。」見：《殷虛書契前編集釋》，卷一，頁34，臺北，藝文印書館，民國55年臺一版。
〔註144〕容庚，《金文編》，卷一四·三三。
〔註145〕湖北省荊沙鐵路考古隊，前引書，圖版一〇。

3. 「易」字，商代甲骨文作「𝌆」、「𝌆」……等形，〔註146〕其構造及本義不詳。〔註147〕周代金文作「𝌆」、「𝌆」、「𝌆」、「𝌆」、「𝌆」、「𝌆」……，〔註148〕包山楚簡二七號簡作「𝌆」，〔註149〕蓋由金文第二形演變而來，而中央橫畫之下之斜畫向右上逆向牽帶，以連書右旁斜曲筆畫。

4. 「亥」字，商代甲骨文「𝌆」、「𝌆」、「𝌆」……，〔註150〕其構造與本義不詳。〔註151〕周原甲骨文作「𝌆」、「𝌆」。〔註152〕周代金文作「𝌆」、「𝌆」、「𝌆」、「𝌆」、「𝌆」、「𝌆」、「𝌆」、「𝌆」、「𝌆」……等形。〔註153〕包山楚簡二七號簡作「𝌆」，一八五號簡作「𝌆」，〔註154〕應是由金文「𝌆」一形演變而來，其第二形下方有明顯逆向牽帶筆畫的現象。

5. 「冒」字，商周甲骨文與周代金文俱缺。包山楚簡一三五號簡作「𝌆」，一三六號簡作「𝌆」，一三七號簡作「𝌆」，〔註155〕蓋爲「帽」字初文，倚「目」而畫「丨」，「𝌆」象帽形。〔註156〕第一形有明顯逆向牽帶筆畫之跡，其下之「目」則訛作「日」。

6. 「尹」字，商代甲骨文和周代金文「尹」字寫法，以及「尹」字的構造和本義，參見本節二‧5。包山楚簡二一二號簡作「𝌆」，〔註157〕其逆向牽帶筆畫的情形與曾侯乙墓「尹」字相同。

7. 「庚」字，商代甲骨文作「𝌆」、「𝌆」、「𝌆」、「𝌆」……等形，〔註158〕

〔註146〕藝文印書館，前引書，卷九‧九。
〔註147〕諸家說「易」字，皆未的當。參見：李孝定，《甲骨文字集釋》，卷九，頁 2973；周法高等，《金文詁林》，卷九，頁 5816，香港，中文大學，民國 64 年出版；丁福保，前引書，冊八，頁 270。
〔註148〕容庚，《金文編》，卷九‧一八。
〔註149〕湖北省荊沙鐵路考古隊，前引書，圖版一四。
〔註150〕藝文印書館，前引書，卷一四‧二四。
〔註151〕參見：李孝定，《甲骨文字集釋》，卷一四，頁 4426。
〔註152〕徐錫臺，前引書，頁 314。
〔註153〕容庚，《金文編》，卷一四‧四二。
〔註154〕湖北省荊沙鐵路考古隊，前引書，圖版一四、八三。
〔註155〕湖北省荊沙鐵路考古隊，前引書，圖版五九至六○。
〔註156〕徐灝《說文解字注箋》：「冒即古帽字，冒之形略，故從目作冒。」見：丁福保，前引書，冊六，頁 933。
〔註157〕湖北省荊沙鐵路考古隊，前引書，圖版九四。
〔註158〕藝文印書館，前引書，卷一四‧一三。

象「有耳可搖之樂器」形，即「鉦」字初文。〔註159〕周原甲骨文作「甬」。
〔註160〕周代金文作「甬」、「甬」、「甬」、「甬」……等形。〔註161〕包山
楚簡二一六號簡作「甬」，〔註162〕中央部分有逆向牽帶筆畫之跡。

8. 「子」字，商周甲骨文及周代金文「子」字寫法，以及「子」字的構造
和本義，參見本節三·3。包山楚簡二二五號簡作「子」，〔註163〕第一
筆與第二筆之間，有逆向牽帶之跡；而第二筆向左上勾起，亦為後代草
書常見之筆法。

　　除了上述侯馬盟書、曾侯乙墓竹簡、望山楚簡和包山楚簡之外，春秋戰
國時期的潦草書蹟，尚有：河南信陽長臺關、湖南長沙仰天湖、湖南長沙五
里牌等地的楚簡文字。〔註164〕信陽楚簡中，二一○八號簡的「房」字作「房」，
〔註165〕左旁「戶」有近似逆向牽帶筆畫的跡象，「戶」之末筆且與「方」之橫
連書。此「房」字大概是信陽楚簡中最為潦草的一個字了。仰天湖楚簡則筆
畫粗細變化較大，唯其中較為潦草的現象，大概都是運筆牽帶所造成的勾畫，
如：三號簡「紝」字（紝）、六號簡「結」字（結）、八號簡「繪」字（繪）
和「縫」字（縫）、九號簡「綏」字（綏）和「儥」字（儥）、一三號簡「章」
字（章）和「繪」字（繪）、一五號簡「總」字（總）、一六號簡「笄」字（笄）、
二一號簡「鐸」字（鐸）、三○號簡「鈁」字（鈁），都是。〔註166〕而在上
舉仰天湖楚簡諸字中，又以三號簡「紝」字為最潦草，不只左旁「糸」下方
中豎向左上勾起，右旁「疋」下方之「止」且由「止」〔註167〕而順向牽帶為
「く」。五里牌楚簡則有一「金」字作「金」，〔註168〕中央有逆向牽帶筆畫
之現象。

〔註159〕郭沫若說，見《甲骨文字研究》，下冊，《釋干支》，頁 10。

〔註160〕徐錫臺，前引書，頁 310。

〔註161〕容庚，《金文編》，卷一四·二五。

〔註162〕湖北省荊沙鐵路考古隊，前引書，圖版九六。

〔註163〕湖北省荊沙鐵路考古隊，前引書，圖版九九。

〔註164〕信陽楚簡和仰天湖楚簡摹本，見：郭若愚，《戰國楚簡文字編》，頁 49 至 57
　　　　及頁 105 至 107，上海，書畫出版社，民國 83 年 2 月第一版第一刷。五里牌
　　　　楚簡摹本，見：中國科學院考古研究所，《長沙發掘報告》，頁 57，北京，科
　　　　學出版社，民國 46 年 8 月第一版第一次印刷。

〔註165〕郭若愚，前引書，頁 51。

〔註166〕郭若愚，前引書，頁 105 至 108。

〔註167〕仰天湖楚簡一號簡「疋」字作「疋」，見：郭若愚，前引書，頁 105。

〔註168〕中國科學院考古研究所，前引書，頁 57。

　　根據以上的討論，可知：在春秋戰國以前，文字筆畫的潦草化，大概都只限於縮短筆畫、減省筆畫和連接筆畫；春秋戰國時代，則除了原有的三種作法之外，還出現了牽帶筆畫的新作法。牽帶筆畫的作法又可分爲順向牽帶和逆向牽帶，其中，順向牽帶主要是由上往下的牽帶，可能是橫向筆畫與橫向筆畫的牽帶，如：曾侯乙墓竹簡「珦」字、「玟」字、望山楚簡「其」字；也可能是橫向筆畫與縱向筆畫的牽帶，如：侯馬盟書「不」字、「伐」字、「天」字；也可能是縱向筆畫與橫向筆畫的牽帶，如：侯馬盟書「趙」字、仰天湖楚簡「絍」字。至於逆向牽帶，其筆畫原本的運筆方向往往不一致，上畫之末與下畫之首大不相鄰；因此，爲了方便筆畫的連書，甚至會改變某一筆畫的運筆方向或某些筆畫的筆順先後。在上舉春秋戰國時期潦草書蹟的例字之中，如：侯馬盟書的「結」字、曾侯乙墓竹簡的「甲」字、「尹」字（望山楚簡、包山楚簡同）、「君」字（望山楚簡、包山楚簡同）、「安」字、望山楚簡「繐」字、包山楚簡「丑」字、「易」字、「亥」字、「冒」字、「庚」字、「子」字和五里牌楚簡的「金」字，都採用了逆向連接筆畫的作法。其中，包山楚簡的「亥」字之由周代金文「𠤳」而演變爲「𠅃」，爲了連接長橫下方的第二筆和第三筆，乃將第三筆的運筆方向由原來自右上向左下書寫改爲自左下向右上書寫。而五里牌楚簡的「金」字，寫完中豎之後，即向左上連書左旁斜畫，再右折連書第二橫，再向左下連書右旁斜畫；不但改變了左旁斜畫的運筆方向，也改變了第二橫和左右兩斜畫的筆順先後。

　　春秋戰國時期的潦草書蹟增添了牽帶筆畫的新作法，固然又加快了文字書寫的運筆節奏；而由牽帶筆畫所造成的勾畫和圓圈形的帶筆，乃是草書之別於其他書體的最明顯的特徵。正因爲如此，本文才稱此一時期爲「明顯草化時期」。

　　然而，上舉春秋戰國時代的各項潦草書蹟，其書體仍然只是篆書，而不能算是眞正的草書。因爲：其中雖然有少數明顯草化的文字，但其餘大部分的文字仍未脫篆書形體。眞正草化成熟，而具備了法度化和系統化的草書書體，則要到稍後的時代才出現。〔註169〕

〔註169〕戰國時代若干秦墓所出土的簡牘，如：四川省青川縣木牘、甘肅省天水縣放馬灘竹簡、湖北省孝感縣睡虎地竹簡等，其書體皆爲古隸，其文字的演變方向主要爲隸化，而非草化。其中固有縮短筆畫、減省筆畫和連接筆畫之作法，然未見牽帶筆畫之草法特徵。參見：四川省博物館等，〈青川縣出土秦更修田律木牘——四川青川縣戰國墓發掘簡報〉，《文物》，民國71年，1期，頁1

第三節　草書書體之出現

關於草書書體出現的年代，歷代論者所提出的答案，大致可以歸納爲四種，即：一、西漢宣帝之前，二、秦代末年，三、西漢元帝時，四、東漢章帝時。

一、草書出現於西漢宣帝之前

目前所知最早談論草書產生年代的文獻，爲東漢許愼〈說文解字敘〉。〈說文解字敘〉在「秦書有八體……八曰『隸書』」之後，接著說：

　　漢興，有草書。〔註170〕

意謂漢朝建立之後，乃產生了草書書體。只是，草書究竟產生於漢朝建立之後的何時？似乎可以從漢代人對於「漢興」一詞的用法稍作判斷。

案：在漢代人的著作中，「漢興」一詞蓋有三種不同的用法。

第一種用法爲「漢興……年，……」或「漢興……載，……」。〔註171〕

第二種用法爲「漢興，……」下接「至……時，……」或「至……，……」，或接「迄……世，……」，或「迄于……，……」或接「及……，……」，或接「……時，……」或「……之世，……」。〔註172〕

以上兩種用法都是先敘述漢朝建立之後第一階段的事蹟，再敘述第二階段的事蹟；而「漢興」之下所敘述，則爲第二階段之前的事蹟。

第三種用法爲「漢興，……」。〔註173〕乃敘述漢朝建立以後不限定若干

至 13。毛惠明，〈從天水秦簡看秦統一前的文字及其書法〉，《書法》，民國 79 年，4 期，頁 23 至 43。睡虎地秦墓竹簡整理小組，《睡虎地秦墓竹簡》，圖版頁 1 至 141，北京，文物出版社，民國 79 年 9 月第一版第一次印刷。

〔註170〕丁福保，前引書，冊一一，頁 901。

〔註171〕例如：司馬遷《史記》卷一○〈孝文本紀〉：「漢興至孝文四十有餘載，德至盛也。」臺北，臺灣商務印書館，民國 77 年 1 月臺六版。另如：班固《漢書》卷五八〈公孫弘卜式兒寬傳〉：「是時，漢興六十餘載，海內艾安，府庫充實；而四夷未賓，制度多闕。」臺北，臺灣商務印書館，民國 77 年 1 月臺六版。

〔註172〕例如：司馬遷前引書卷二六〈曆書〉：「漢興，高祖曰：『北畤待我而起。』亦自以爲獲水德之瑞，……至孝文時，魯人公孫臣以終始五德上書。」另如：班固前引書卷二三〈刑法志〉：「漢興，高祖躬神武之材，行寬行之厚，……至武帝平百粵，……。」另如：班固同書卷三○〈藝文志〉：「漢興，改秦之敗，大收篇籍，廣開獻書之路，迄孝武世，……。」另如：班固同書同卷：「漢興，田何傳之，訖于宣、元，……。」另如：班固同書卷二五〈郊祀志〉：「漢興，高祖初起，……，及高祖禱豐枌榆社，……。」另如：班固同書卷二七〈五行志〉：「漢興，承秦滅學之後；景、武之世，……。」另如：班固同書卷三○〈藝文志〉：「漢興，張良、韓信序次兵法，……武帝時，……。」

〔註173〕例如：班固前引書卷三○〈藝文志〉：「漢興，長孫氏、博士江翁、少府后倉、

年的事蹟。

　　〈說文解字敘〉「漢興，有草書」，下接「尉律」云云，再接「孝宣皇帝時」云云，其文句結構與上述「漢興」一詞的第二種用法相同。亦即先敘述漢朝建立之後第一階段的事蹟，包括「有草書」和「雖有尉律不課」；再敘述漢朝建立之後第二階段的事蹟，即「孝宣皇帝時，召通《蒼頡》讀者張敞以受之」。然則，其所謂「有草書」當爲漢朝建立之後至西漢宣帝之前的事蹟。

　　〈說文解字敘〉「漢興，有草書」的說法頗爲後世論述者所接受。如：衛恆〈四體書勢〉的草書敘論云：

　　　　漢興而有草書，不知作者姓名。〔註174〕

或如：江式〈論書表〉云：

　　　　漢興，……又有草書，莫知誰始。〔註175〕

或如：《隋書・經籍志》云：

　　　　自蒼頡訖于漢初，書經五變：一曰古文，即蒼頡所作。二曰大篆，
　　　　周宣王時史籀所作。三曰小篆，秦時李斯所作。四曰隸書，程邈所
　　　　作。五曰草書，漢初作。〔註176〕

都是承襲〈說文解字敘〉的說法；只是《隋書・經籍志》將「漢興」直接理解爲「漢初」而已。

二、草書出現於秦代末年

　　繼許愼之後，對於草書書體出現的年代提出不同說法的，爲東漢蔡邕。蔡邕云：

　　　　昔秦之時，諸侯爭長，簡檄相傳，望烽走驛，以篆、隸之難，不能
　　　　救速，遂作赴急之書；蓋今草書是也。〔註177〕

其中，所謂「諸侯爭長」云云，蓋指秦二世皇帝元年（西元前 209 年）七月陳勝、吳廣揭竿起義以後事。

　　　　諫大夫翼奉、安昌侯張禹傳之，各自名家，經文皆同。」所敘及之人事有晚
　　　　至元帝、成帝之間者，如：張禹。

〔註174〕房玄齡等，《晉書》，卷三六，〈衛恆傳〉引，臺北，鼎文書局，民國 69 年 3
　　　　月三版。
〔註175〕李延壽，《北史》，卷三四，〈江式傳〉引，臺北，鼎文書局，民國 69 年 12
　　　　月三版。
〔註176〕魏徵等，《隋書》，卷三二，臺北，鼎文書局，民國 69 年 6 月三版。
〔註177〕梁武帝〈草書狀〉引，見：陳思，前引書，卷三。

案：秦始皇時期的權量銘云：

> 廿六年，皇帝盡併兼天下諸侯。〔註178〕

意謂：在秦王政廿六年（西元前 221 年）時，秦統一中國，周王室及原周王室所分封的諸侯，已盡數為秦所兼併，秦王政立號為「皇帝」。此即賈誼〈過秦論〉所謂「吞二周而亡諸侯，履至尊而制六合」。〔註179〕當秦始皇帝統一中國時，諸侯固已盡數消滅；唯自秦二世皇帝元年七月以後，情況乃大為改觀。

《史記·秦始皇本紀》載：

> 二世元年……七月，戍卒陳勝等反故荊地，為張楚，勝自立為楚王，
> 居陳；遣諸將徇地，山東郡縣少年苦秦吏，皆殺其守、尉、令、丞
> 反，以應陳涉，相立為侯王，合從西鄉，名為伐秦，不可勝數也。……
> 武臣自立為趙王，魏咎為魏王，田儋為齊王，沛公起沛，項梁舉兵
> 會稽郡。〔註180〕

一時之間，諸侯紛紛恢復，競相逐鹿；蔡邕所謂「昔秦之時，諸侯爭長」，當即指此。然則，蔡邕言草書書體出現的年代為「秦之時」，其意當指秦代末年。

活動年代與蔡邕相近的趙壹，〔註181〕在其〈非草書〉一文中云：

> 夫草書之興，其於近古乎？……蓋秦之末，刑峻網密，官書煩冗；
> 戰攻並作，軍書交馳，羽檄紛飛，故為隸、草，趣急速耳！〔註182〕

也是主張草書書體出現於秦代末年。

〔註178〕二玄社，《秦權量銘》，頁 3 至 16、21 至 36、42 至 46、50，東京，民國 68 年 12 月初版十三刷。本書頁 57 釋文作「廿六年，皇帝盡併兼天下，諸侯黔首大安。」其句讀有誤，當改作「廿六年，皇帝盡併兼天下諸侯，黔首大安。」參見本章第三節·二之討論。

〔註179〕司馬遷，前引書，卷六引。

〔註180〕司馬遷，前引書，卷六。其中，「陳勝」與「陳涉」為同一人，司馬遷，前引書，卷四八，〈陳涉世家〉載：「陳勝者，陽城人也，字涉。」

〔註181〕趙壹於靈帝光和元年（西元 178 年）為漢陽郡郡吏，赴京師上計，名動公卿。見范曄，《後漢書》卷八○·下，〈文苑傳·下〉，臺北，臺灣商務印書館，民國 70 年 1 月臺五版。根據同書卷五二〈崔駰傳〉載：崔瑗「年四十餘，始為郡吏」。蓋言其遲也。而同書對於趙壹為郡吏既未特言其年齡，則趙壹當時的年紀應未超過四十歲。而蔡邕卒於獻帝初平三年（西元 192 年），時年六十一，見：范曄，前引書，卷六○·下，〈蔡邕傳〉：則光和元年時，邕年四十七。由此推測，蔡邕之生年當略早於趙壹。

〔註182〕張彥遠，《法書要錄》，卷一，《藝術叢編》，第一集，第一冊之二，臺北，世界書局，民國 64 年 4 月四版。

三、草書出現於西漢元帝時

關於草書書體出現年代之第三種說法，爲南朝宋王愔所提出。王愔云：

> 漢元帝時，史游作《急就章》，解散隸體粗書之；漢俗簡墮，漸以行
> 之。〔註183〕

即主張草書這種書體爲西漢元帝時的史游所創造。

王愔這段話，可能是他所著《文字志》書中卷上「草書」部分的內容；唯因《文字志》已佚，無從查考。〔註184〕

王愔以草書書體爲西漢元帝時史游創造的主張，頗爲後人所祖述。如：虞世南〈書旨述〉云：

> 史游制於《急就》，創立草稿而不之能。〔註185〕

或如：張懷瓘《書斷》卷上〈章草〉云：

> 案：章草者，漢黃門令史游所作也。……此乃存字之梗概，損隸之
> 規矩，縱任奔逸，赴俗急就，因草創之意，謂之「草書」，惟君長告
> 令臣下則可。〔註186〕

也都主張草書出現於西漢元帝時，而爲史游所造。

四、草書出現於東漢章帝時

唐韋續《墨藪》云：

> 章草書，漢齊相杜伯度援稿所作，因章帝所好，名焉。〔註187〕

意謂：漢章帝時，齊相杜度（字伯度）根據寫文章打草稿的潦草書蹟，而創造出草書書體；因爲當時的皇帝漢章帝喜歡，所以把這種書體名爲「章草」。

韋續之後，如：《宣和書譜》云：

> 篆、隸之作古矣，至漢章帝時，乃變而爲草。……杜度倡之於漢，
> 而張芝、皇象，皆卓卓表見于時；崔瑗、崔寔、羅暉、趙襲，各以
> 草書得名，世號「章草」。〔註188〕

〔註183〕張懷瓘，《書斷》，卷上，〈章草〉引；張彥遠，前引書，卷七。

〔註184〕王愔《文字志》已佚，僅張彥遠《法書要錄》卷一存其目，其「上卷目」中，
錄「古書有三十六種」，其中有「草書」一種。

〔註185〕張彥遠，前引書，卷三。

〔註186〕張彥遠，前引書，卷七。

〔註187〕韋續，《墨藪》，第一〈五十六種書〉之四十一，《藝術叢編》，第一集，第一
冊之三，臺北，世界書局，民國64年4月四版。

〔註188〕北宋官修《宣和書譜》，卷一三，〈草書敘論〉，《藝術叢編》，第一集，第一冊

也是主張草書書體出現於漢章帝時，而為杜度所創造。

上述四種關於草書書體出現的年代之不同說法，以第一種為較有可能；至於其餘三種，則皆有明顯不合理之處。

關於第一種說法，即許慎〈說文解字敍〉所提出「漢興，有草書」的主張，其之所以有可能的理由有二：一、漢代以前的文獻中，尚未發現任何談論草書書體的資料；尤其是漢代之前，不見有人提及「草書」一名。二、許慎為漢代人，漢代人說漢代事，依常理而言，應有相當之可靠性。

關於第二種說法，即蔡邕「秦之時」或趙壹〈非草書〉「秦之末」出現草書書體的主張，其不合理之處為：秦二世元年至秦亡，才短短三年，實在不太可能因軍書緊急而快速發展出一種新書體。

關於第三種說法，即王愔所提出「漢元帝時，史游作《急就章》」的主張，其不合理之處有三，其一，史游編纂《急就章》，是為了教童蒙識字，所以應是用當時最容易辨認的隸書來寫，而不會用較難辨識的草書來寫。〔註189〕其二，一種書體的產生，必定是經過長時間的演變及眾多人的參與之功，而不會是一二人在短時之間所能創造出來。其三，假如史游真的創造了草書，西晉衛恆不會說「不知作者姓名」。

關於第四種說法，即韋續《墨藪》所提出「漢齊相杜伯度援稿所作，因章帝所好，名焉」的主張，其不合理之處有二，與第三種說法之第二、第三兩項不合理處相同。

只是，儘管許慎的主張較有可能是正確的；然而，其說法是否正確？仍須藉由西漢宣帝之前的書蹟來作檢證。

傳世西漢宣帝之前的漢代書蹟，以湖南長沙馬王堆、山東臨沂銀雀山、湖北江陵鳳凰山和安徽阜陽雙古堆四地十座漢墓所出土的簡牘為大宗，包括：一、漢文帝十五年的馬王堆一號墓簡牘，〔註190〕二、文帝十二年的馬王堆三號墓簡牘，〔註191〕三、文、景至武帝期間的銀雀山一號墓竹簡，〔註192〕四、漢武帝

之四，臺北，世界書局，民國64年4月四版。

〔註189〕參見本文第二章第三節。

〔註190〕參見：《文物》編者，〈座談長沙馬王堆一號漢墓〉，《文物》，民國61年，9期，頁52至73。赤井清美，《馬王堆漢簡》，《漢簡》第十二卷，東京，東京堂，民國66年8月初版。

〔註191〕參見：湖南省博物館等，〈長沙馬王堆二號、三號墓發掘簡報〉，《文物》，民國63年，第7期，頁39至48。赤井清美，前引書。

〔註192〕參見：銀雀山漢墓竹簡整理小組，《銀雀山漢墓竹簡》（壹），北京，文物出版

元光年間的銀雀山二號墓竹簡，〔註193〕五、文、景之間的鳳凰山八號墓竹簡，〔註194〕六、文帝一六年稍後的鳳凰山九號墓簡牘，〔註195〕七、文、景之間鳳凰山十號墓簡牘，〔註196〕八、文、景之間的鳳凰山一六七號墓木簡，〔註197〕九、文帝十三年的鳳凰山一六八號墓簡牘，〔註198〕十、文、景之間的雙古堆汝陰侯墓簡牘。〔註199〕

　　上述四地十座漢墓所出土的簡牘中，書蹟較爲潦草者，爲銀雀山一號漢墓的《六韜》（圖一〇）、《守法守令等十三篇》（圖一一），以及鳳凰山一六八號漢墓之竹牘（圖一二）。此三種西漢宣帝之前的潦草書蹟，筆畫多短促，且頗採用順向牽帶筆畫之作法，大致說來，屬於隸書過渡到草書的中間階段。如：《六韜》六三四號簡「有」字（ ）、六三六號簡「之」字（ ）、六九一號簡「愛」字（ ）、六九六號簡「憂」字（ ）、七〇〇號簡「是」字（ ）、七〇二號簡「使」字（ ）及「盈」字（ ）、七〇三號簡「起」字（ ）、七三六號簡「至」字（ ）、七五六號簡「且」字（ ），《守法守令等十三篇》七六八號簡「里」字（ ）、七六九號簡「高」字（ ）、八〇八號簡「步」字（ ）、八二九號簡「親」字（ ）、八四五號簡「重」字（ ）、八四六號簡「者」字（ ）、八五二號簡「道」字（ ）、八九四號簡「李」字（ ），以及鳳凰山一六八號漢墓竹牘「正」字（ ）、「江」字（ ）、「益」字（ ）、「車」字（ ）、「馬」字（ ，部首同）、「可」字（ ）、「從」字（ ）……，皆與篆書或隸書的寫法有明顯的差別，而與草書有不少相似之處。

社，民國74年9月第一版第一次印刷。

〔註193〕同前註。

〔註194〕參見：長江流域第二期文物考古工作隊人員訓練班，〈湖北江陵鳳凰山西漢墓發掘簡報〉，《文物》，民國63年，6期，頁41至61。金立，〈江陵鳳凰山八號漢墓竹簡試釋〉，《文物》，民國65年，6期，頁69至75。

〔註195〕參見：長江流域第二期文物考古工作隊人員訓練班，前引文。

〔註196〕參見：長江流域第二期文物考古工作隊人員訓練班，前引文。弘一，〈江陵鳳凰山十號漢墓簡牘初探〉，《文物》，民國63年，6期，頁78至84。

〔註197〕參見：鳳凰山一六七號漢墓發掘整理小組，〈江陵鳳凰山一六七號漢墓發掘簡報〉，《文物》，民國65年，10期，頁31至37。

〔註198〕參見：紀南城鳳凰山一六八號漢墓發掘整理組，〈湖北江陵鳳凰山一六八號漢墓發掘簡報〉，《文物》，民國64年，9期，頁1至7。

〔註199〕參見：文物局古文獻研究室等，〈阜陽漢簡簡介〉，《文物》，民國72年，第2期，頁21至23。

圖一〇　銀雀山一號漢墓《六韜》竹簡：六三四、六三六、六九一、六九六、
七〇〇、七〇二、七〇三、七三六、七五六簡（摹本）

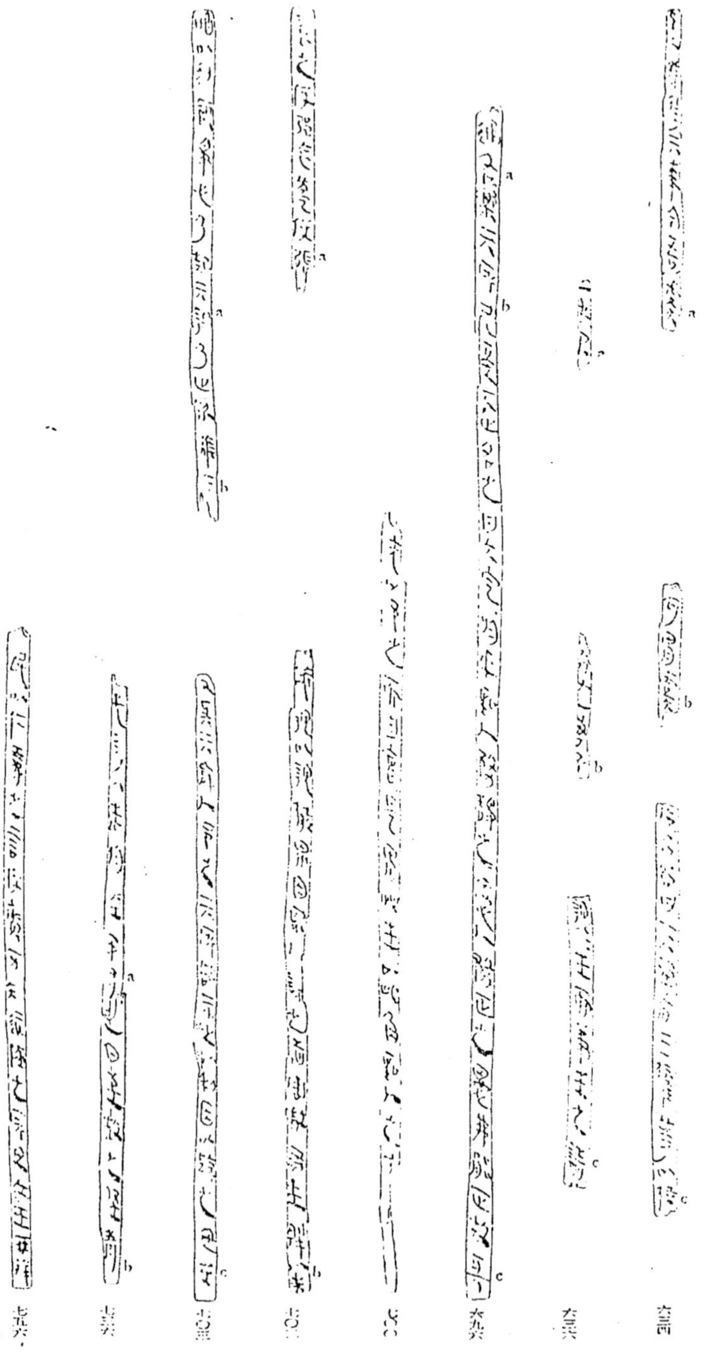

圖一一 銀雀山一號漢墓《守法守令第十三篇》 圖一二 鳳凰山一六八
竹簡：七六八、七六九、八○八、八二九、 號漢墓竹牘
八四五、八四六、八五二、八九四簡（摹
本）

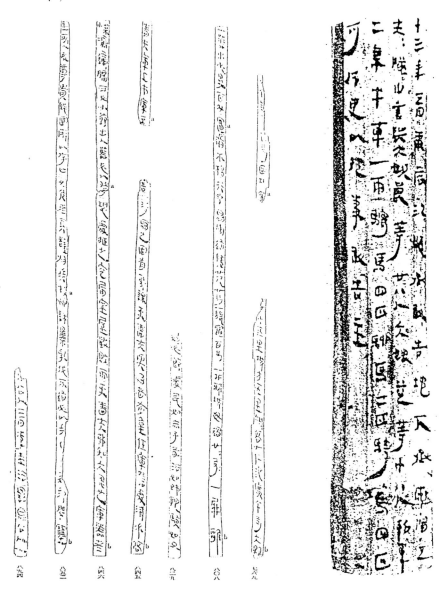

只是，上述馬王堆等西漢宣帝之前的潦草書蹟，其書體仍爲隸書，《六韜》
等三種爲隸書過渡到草書的中間階段，尚非眞正的草書。故此四地十座漢墓
所出土的漢初簡牘，亦不能證成許愼草書書體產生於西漢宣帝之前的主張。

　　除了西漢初期墓葬所出土的簡牘之外，居延和敦煌出土的漢代簡牘中，不少簡上有西漢武帝和昭帝之紀年者，〔註200〕亦可作為檢證草書書體是否產生於宣帝之前的根據。

　　目前已發表而有武帝和昭帝紀年之漢簡，包括：武帝元光二年的居延漢簡四九八‧一三，甲一九〇一，〔註201〕武帝太初三年的居延漢簡五一三‧二三，三〇三‧三九，甲一五九，〔註202〕武帝天漢三年的敦煌漢簡二一六五，武帝太始元年的敦煌漢簡一九四八，武帝太始三年的敦煌漢簡一九二二A，武帝太始四年的敦煌漢簡一二八四，武帝征和三年的居延漢簡二七五‧二〇，甲二五四五A、B、二七三‧二二，甲一四六六，武帝征和四年的居延漢簡二七三‧二五，甲一四五八、一四‧八二二，甲八五五、二七五‧二二，甲二五四六A、B、五三四‧二，五三四‧一五A，乙貳柒柒版，五五七‧八，甲二三三二，武帝征和五年的居延漢簡二七三‧九，甲一四四三，漢昭帝始元元年的居延漢簡二七五‧一〇，甲一四七九，昭帝始元二年的居延漢簡三〇三‧一五，五一三‧一七，甲一五九〇、二七五‧一二，甲一四八〇、二七八‧八，甲一四二二、八八‧二六，乙柒陸版、五五七‧二，甲二三二四、五三四‧四，甲二二九九、五三四‧一四，五三四‧五，甲二三〇四、二七五‧五，甲一四七三、二七五‧一八，甲一四八二、八八‧二〇，甲五二五、二七三‧

〔註200〕參見：中國社會科學院考古研究所，《居延漢簡甲乙編》，北京，中華書局，民國69年12月第一版第一次印刷。及甘肅省文物考古研究所，《敦煌漢簡》，北京，中華書局，民國80年6月第一版第一次印刷。居延漢簡三三二‧九，一七九‧五（甲二五五〇A、B）號簡有「孝文皇帝三年」紀年，一一八‧一（甲六七六）號簡有「孝文皇帝五年」紀年，乃後代所書之「詔令集」，非文帝時物。參見：大庭脩，《木簡》，頁129，東京，學生社，民國68年4月，第一版重刷。此外，新發現居延地區肩水金關的漢簡中，有漢武帝元朔二年（72EJ:77）、元狩四年（EJT0:311）、天漢二年（EJH2:54）、太始二年（EJT9:227）、征和三年（EJT24:208）、後元元年（EJ:284）及若干昭帝時期的簡牘；唯其圖版及釋文迄今尚未發表。參見：甘肅居延考古隊，〈居延漢代遺址的發掘和新出土的簡冊文物〉，《文物》，民國67年，1期，頁1至25。

〔註201〕此簡簡文為「□光二年九月丙戌除遷缺令史□」。案：漢代年號有「元光」、「永光」、「建光」和「延光」，其二年九月有「丙戌」之日者，唯「元光」。參見：陳垣，《二十史朔閏表》，臺北，藝文印書館，民國66年4月三版。

〔註202〕此簡簡文為「延壽㢟太初三年中父以負馬田敦煌延壽與父俱來田事已。」陳夢家云：「過去皆誤引此簡為居延所見最早的年號，不知此簡乃追述前事，故云「㢟」，非太初三年的實錄。」見：《漢簡綴述》，頁9，北京，中華書局，民國69年12月第一版第一次印刷。

二四，甲一四六七、一四八‧五，甲八四二、二九五‧一九〔註203〕、居延漢簡一八七‧二六，甲一〇七八，〔註204〕昭帝始元三年的居延漢簡一四八‧四七，甲八七三、一四八‧六，甲二五四三、四七‧三，甲三四三、二七三‧八，甲一四四二、五三四‧一，五三四‧一一，乙貳柒柒版、二七三‧一三，乙貳零伍版、二七八‧一一，乙貳壹零版、二七三‧一四，乙貳零伍版、一九‧二一，甲一四七〔註205〕、五三四‧三，乙貳柒柒版、五〇九‧一九，甲二〇四八、四九七‧七，甲一八八九、五五七‧三，甲二五四八Ａ、Ｂ，昭帝始元四年的居延漢簡五六三‧八，甲二三八六、三〇八‧七，甲一六一七、五一一‧一六，甲二〇九〇，昭帝始元五年的居延漢簡二七五‧二三，甲一四八五、三二‧一八Ａ〔註206〕、二二七‧七九，乙壹陸玖版，昭帝始元六年的居延漢簡三〇三‧四九，甲一六二四、一九‧五〇，甲一六六、五一四‧一，甲二一七八、九〇‧三二，九〇‧三，九〇‧二一，甲五四〇、一九‧九，甲一四八、三〇三‧二一，甲一五九二、二一六‧七，甲一一九七、五一三‧四〇，甲二一六八、一〇八‧一，乙捌貳版、三〇三‧四五，甲一六一六、九〇‧二，九〇‧一二，九〇‧六〇，甲五三六、九〇‧三四，九〇‧四四，甲五四三、五一三‧三八，甲二一七五，昭帝始元七年（元鳳元年）的居延漢簡六五‧一〇，乙伍捌版、六五‧七，乙伍捌版、一九‧三四，甲一五九、五一一‧三九，甲二一一五、二六三‧六，乙壹玖陸版，昭帝元鳳二年的居延漢簡五〇八‧一五，甲二〇二四、一一六‧一六，乙捌柒版、二五〇‧三，乙壹捌伍版、五一五‧一〇，甲二二一一、五一四‧二九，甲二一九〇，昭帝元鳳三年的居延漢簡三六‧九，甲二七〇、一九八‧一九，甲一一一九、二八〇‧一五，甲五一五、三〇三‧五，甲一五八三、五四〇‧二，乙貳柒玖版、三〇三‧一二

〔註203〕見：勞榦，《居延漢簡‧考釋之部》，釋文頁130之第三九五葉、六二四三，臺北，中央研究院歷史語言研究所，民國75年5月出版。及勞榦，《居延漢簡‧圖版之部》，頁395，臺北，中央研究院歷史語言研究所，民國81年3月景印一版。《居延漢簡甲乙編》漏列此條。

〔註204〕此簡簡文爲「謹速移始元二年以來騶馬□」，應是始元二年之後所書。

〔註205〕此簡簡文爲「屬王廣始之三年六月丁丑除□□未□」，始元三年六月丁丑爲王廣任職之日，其下應接「未得某年某月奉用錢」云云，如居延漢簡一九‧五〇，甲一六六之例。故此簡應是始元三年之後所書。

〔註206〕此簡簡文爲「‧始元五年六月所受城官穀簿」，見：勞榦，《居延漢簡‧考釋之部》釋文41之第九十七葉二〇〇三，及《居延漢簡‧圖版之部》頁97。《居延漢簡甲乙編》將此簡與二〇四‧三簡互置。

Ａ，甲一五八四、五〇九·九，甲二〇五七，昭帝元鳳四年的居延漢簡六五·一五，乙伍捌版、八八·五，甲五二四、一四八·三八，甲八五七、四九一·一一Ａ，甲一八五二Ａ、四九一·一一Ｂ，甲一八五二Ｂ、一四八·二五，甲八六三、五一〇·一三，乙貳柒零版，昭帝元鳳五年的居延漢簡一〇一·一，甲五七三、三一〇·一九，乙貳貳柒版、一八七·一七，乙壹參伍版、二四五·六，乙壹捌肆版、一九二·二八，甲一一〇〇，昭帝元鳳六年的居延漢簡一四·二一，乙玖版〔註207〕、一八七·一六，甲一〇七四、三七·一八，乙參拾版、二一六·三，甲一一八八、一九二·一八、三〇三·四一，甲一〇九九、五一五·一一，甲二二一二、二一三·七，乙壹伍貳版，昭帝元平元年的居延漢簡三二·四Ｂ。〔註208〕

上列九十八枚武帝和昭帝時期的漢代簡牘，其書體有端正的隸書，有潦草的隸書，有隸書介乎草書者。其中，比較潦草的有八枚——

一、敦煌漢簡二一六五（圖一三），簡文云：

　　天漢三年十月隧長趙睬居平望☐

　　☐己酉其十石五斗粟任君所天漢三年☐

　　☐☐☐遂為君已入大石一斗少大〔註209〕

此簡為武帝天漢三年（西元前98年）時物，書體為潦草隸書；第一行「隧」字、第二行「粟」字有牽帶筆畫，第三行「四」字中間兩縱向筆畫省為兩點，皆近於草書寫法。

二、居延漢簡二七五·二〇（圖一四），簡文云：

　　出麋小石十二石　征和三年十月丁酉朔第二亭長舒付第七亭長病已

　　食吏卒四人。〔註210〕

此簡為武帝征和三年（西元前90年）時物，書體為潦草隸書；其中「和」字

〔註207〕此簡簡文為「☐鳳六年正月乙亥朔……」，據陳垣，前引書，頁 18，元鳳六年正月朔日恰為「乙亥」。

〔註208〕此簡簡文第一行為「元平元年十月甲子朔迺我完曲中☐☐☐」，第二行為「關食辛☐時里明☐言不傷工里賣肥次天☐」，見：勞榦，《居延漢簡·考釋之部》釋文頁 41 之第九十七葉二〇〇九，及《居延漢簡·圖版之部》頁 97。《居延漢簡甲乙編》三二·四Ｂ號簡非此簡。

〔註209〕甘肅省文物考古研究所，前引書，圖版壹陸伍，釋文頁 304。二玄社《木簡殘紙集·二》，頁 66，「隧長」之下二字釋作「送除」；《書跡名品叢刊》一〇九，東京，民國 52 年 9 月初版，70 年 3 月一七刷。

〔註210〕中國社會科學院考古研究所，前引書，甲圖版壹柒玖；釋文頁 199。

左旁下方有筆畫牽帶，「朔」字右旁「月」作草書寫法。

　　三、居延漢簡五五七‧八（圖一五），簡文云：

　　　　出□□□□□□一石四斗□征和四年十二月辛卯朔己酉廣地里王舒

　　　　付居延農亭亭長延壽〔註211〕

此簡為武帝征和四年（西元前 89 年）時物，書體為潦草隸書；其中，「和」
字左旁下方有筆畫牽帶，「月」字、「酉」字寫法近草書，「亭」字則為眞正之
草書寫法。

圖一三　　敦煌漢簡　圖一四　　居延漢簡二七　圖一五　　居延漢簡五五
　　　　　二一六五　　　　　　五‧二〇簡（甲　　　　　七‧八簡（甲二
　　　　　簡　　　　　　　　　二五四五A、B）　　　　　八八二）

─────────────

〔註211〕中國社會科學院考古研究所，前引書，甲圖版壹陸肆：釋文頁280。

四、居延漢簡四九七‧七（圖一六），簡文云：

　　始元三年九月▨〔註212〕

此簡爲昭帝始元三年（西元前 84 年）時物，書體爲隸書介乎草書；尤其「元」字爲道地漢代草書之寫法。

　　　　圖一六　居延漢簡四九七‧七簡（甲一八八九）

五、居延漢簡三〇八‧七（圖一七），簡文云：

　　布一匹直四百　凡直八百

　　絑絮二斤八兩直四百

　　給始元四年三月四日奉〔註213〕

此簡爲昭帝始元四年（西元前 83 年）時物，書體爲潦草隸書；其中，「絑」、「絮」兩字之「糸」有筆畫牽帶，「三月」之「月」字爲草書寫法。

六、居延漢簡三二‧一八Ａ（圖一八），簡文云：

　　‧始元五年六月所受城官穀簿〔註214〕

此簡爲昭帝始元五年（西元前 82 年）時物，書體爲潦草隸書，其中，「所」字爲草書寫法，而「簿」字右下「寸」之豎勾延伸極長，則爲漢代隸書、草書所共有。

〔註212〕中國社會科學院考古研究所，前引書，甲圖版壹參玖；釋文頁 255。
〔註213〕中國社會科學院考古研究所，前引書，甲圖版壹貳貳；釋文頁 214。
〔註214〕同註 206。

七、居延漢簡二八○‧一五（圖一九），簡文云：

　　　入秋賦錢千二百　元鳳三年九月乙卯□□〔註215〕

此簡爲昭帝元鳳三年（西元前 78 年）時物，書體爲潦草隸書；其中，「錢」、「九」兩字爲草書。

八、居延漢簡三二‧四Ｂ（圖二○），簡文云：

　　　元平元年十月甲子朔遒我完曲中□□□

　　　關食卒□時里明□言不傷工里賈肥次天□〔註216〕

此簡爲昭帝元平元年（西元前 74 年）時物，書體爲隸書介乎草書，其中，「中」、「食」兩字爲草書寫法。

圖一七　居延漢簡三○八‧七簡　圖一八　居延漢簡三二‧一八Ａ簡
　　　　（甲一六一七）　　　　　　　　　　（乙貳柒）

<hr />

〔註215〕同註208。

〔註216〕中國社會科學院考古研究所，前引書，甲圖版壹壹貳：釋文頁201。

圖一九　居延漢簡二八〇‧一五簡　圖二〇　居延漢簡三二‧四B簡（乙貳
　　　　　（甲一五一五）　　　　　　　　　　貳）

　　根據上舉八件潦草書蹟所出現的草字，尤其是元平元年簡的書體已近於草書，因此，草書書體極有可能在昭帝時代便已產生，許慎「漢興，有草書」的說法可能是正確的。

　　裘錫圭云：

　　　武帝昭帝時代的漢簡上只有草率的隸書和個別接近草書的字。宣帝
　　　簡中，……元帝簡中，……都已有濃厚的的草書意味。成帝簡中，……

　　則已是相當純粹的草書。由此看來，草書正式形爲一種字體，大概
　　是在西漢中期偏後。〔註217〕

事實上，無論是根據「漢興，有草書」的推測，或者是從宣帝時期「已是相
當純粹的草書」書蹟來看，漢代草書書體形成的年代都不應「是在西漢中期
偏後」的成帝時期。〔註218〕

〔註217〕裘錫圭，〈從馬王堆一號漢墓「遣冊」談關於古隸的一些問題〉，《考古》，民
　　　　國 63 年，第 1 期，頁 53 至 54。
〔註218〕敦煌漢簡一三〇四簡，乃漢宣帝五鳳二年簡，其書蹟爲純粹之章草，見：甘
　　　　肅省文物考古研究所，前引書，圖版壹壹柒。亦可證草書書體形成之年代實
　　　　早於裘錫圭所推論者。

第二章　漢代草書諸名釋義

　　漢代的草書，在當時就名喚「草書」，或簡稱作「草」。東晉時候，盛行一種新體式的草書，遂以「章草」或「章」指稱盛行於漢代至西晉的古體草書；而原來指謂漢代草書的「草書」或「草」之名，乃用以指稱新體草書。稍後，才有「今草」之名作爲新體草書的專名。也有人認爲：今草乃東漢末年張芝所創；漢代簡牘上亦可發現類似後世所謂今草的草書書蹟，然而，「今草」亦爲某一種漢代草書的名稱。至於謂章草之前的草書名爲「隸草」，則屬誤會。〔註1〕

　　本章分爲三節，針對「草書」（草）、「章草」（章）及「今草」三個名詞

〔註1〕劉延濤云：「今草之前，草書名稱當有兩變：最早的名稱是『隸草』，它是隸書的草體，所謂『解散隸體粗書之』者也。後來改稱「章草」，它是『章程書』的草體。『章草』較『隸草』進步，而章程書，亦較隸書進步。」見：劉延濤，《草書通論》，頁 12 至 13，臺北，中國文化大學出版部，民國 72 年 11 月再版。按：歷代書論中的「隸草」一詞大概都是用作隸書和草書的合稱，而非指稱「隸書的草體」。例如：一、趙壹〈非草書〉云：「故爲隸、草，趣急速耳。」見：張彥遠，《法書要錄》，卷一，《藝術叢編》第一集第一冊之二，臺北，世界書局，民國 64 年 4 月四版。該文其他地方單指草書時，皆曰「草書」或「草」，唯此處曰「隸草」，顯有不同。二、索靖〈草書狀〉於敍述「科斗鳥篆」之後，繼云：「損之隸、草，以崇簡易。」亦明指隸書和草書而言；故其下單述草書，則曰：「草書之爲狀也。」見：房玄齡等，《晉書》，卷六○，〈索靖傳〉，臺北，鼎文書局，民國 69 年 3 月三版。三、王愔云：「次仲始以古書方廣少波勢，以隸、草作楷法，字方八分，言有模楷。」見：張懷瓘，《書斷》卷上引，張彥遠，前引書，卷七。此段話解釋爲王次仲採取秦隸和漢草而作八分漢隸，實甚通洽。四、虞世南，〈書旨述〉云：「隸，草攸止，今則未聞。」其下即答曰：「程邈隸體」與「史游制於《急就》，創立草稿而不之能」云云。見：張彥遠，前引書，卷三。更明白可見其所謂「隸草」係指秦隸和漢草而言。

的取喚原由及其實際內涵，分別加以討論。

第一節　草書（草）

東漢許慎〈說文解字敘〉在介紹過「秦書有八體」——大篆、小篆、刻符、蟲書、摹印、署書、殳書與隸書——之後，接著便說：

> 漢興，有草書。〔註2〕

此為目前所知「草書」一名之最早出處，顯係作為繼秦代隸書之後而產生的一種書體之專名使用。

然而，此種繼秦代隸書而產生的書體何以名喚「草書」？〈說文解字敘〉並未交待；一直到梁庾肩吾才對此提出解釋。庾氏〈書品論〉云：

> 草勢起於漢時，解散隸法，用以赴急；本因草創之義，故曰草書。
>
> 〔註3〕

其中的「草創」一詞出於《論語》。案：《論語‧憲問》載：

> 子曰：「為命，裨諶草創之，世叔討論之，行人子羽修飾之，東里子產潤色之。」

孔安國以「適野而謀作」解「草創」；〔註4〕惟由下文「討論」、「修飾」和「潤色」觀之，孔說恐不可從。「草創」一詞當以朱子「造為草稿」之說為是。〔註5〕庾肩吾所謂「本因草創之義，故曰草書」，蓋謂：草書之所以名喚「草書」，乃是因為草書最初是在作文起草時所用。

庾肩吾之後，討論「草書」一名取喚原由的，大概都採用庾氏的說法。如：張懷瓘《書斷》卷上〈章草〉云：

> 存字之梗概，損隸之規矩；縱任奔逸，赴俗急就。因草創之義，謂之草書。〔註6〕

〔註2〕丁福保，《說文解字詁林》，冊一一，頁901，臺北，鼎文書局，民國72年2月二版。

〔註3〕張彥遠，前引書，卷二。

〔註4〕可晏等注、邢昺疏，《論語注疏》，卷一四，《十三經注疏》，第八冊，臺北，藝文印書館，民國65年5月六版。關於孔安國「適野而謀作」，邢昺疏：「適草野以創制之。」

〔註5〕朱熹，《論語集註》卷七：「草，略也；創，造也。謂造為草稿也。」見：朱熹，《四書集注》之三，臺北，世界書局，民國62年9月十八版。

〔註6〕張彥遠，前引書，卷七。

或如《宣和書譜・草書敘論》云：

> 草之所自，議者紛如。然則謂之草，則非正也。……今猶以起草爲
> 稿者，其近之也。〔註7〕

也都主張「草書」之名起源於草稿。

　　唯筆者根據「草」字本義及其用法判斷，「草書」一名，應是粗略的書體之意，而非指打草稿所使用之書體；庾肩吾所謂「本因草創之義，故曰草書」的說法，恐不可靠。

　　按：《說文解字》卷一・下云：

> 草，草斗，櫟實也；一曰「象斗」；從艸，早聲。〔註8〕

是「草」字的本義乃是櫟樹果實，即「草斗」，又名「象斗」。

　　「草」字後來多借爲艸木的「艸」之代用字，一如徐鉉《說文解字注》卷一「草」字下所云：

> 今俗以此爲艸木之艸。〔註9〕

除了借爲艸木的「艸」字外，「草」字最常見的，當是借爲「糙」字。如：劉向《戰國策・齊策・齊人有馮諼者》載：

> 左右以君賤之，食以草具。

高誘注：

> 草，不精也，具，饌具。〔註10〕

「不精」而曰「草」，蓋借「草」爲粗糙的「糙」字。

　　此外，如上引《論語・憲問》「裨諶草創之」，以及韓非《韓非子・說難》所云：

> 草野而倨侮。〔註11〕

或《戰國策・趙策・鄭同北見趙王》載：

> 臣草鄙南方之人也，何足問！〔註12〕

或《史記・屈原列傳》載：

〔註7〕北宋官修，《宣和書譜》，卷一三，《藝術叢編》，第一集，第一冊之四，臺北，世界書局，民國64年4月四版。
〔註8〕丁福保，前引書，冊二，頁942。
〔註9〕同前註。
〔註10〕劉向，前引書，卷一一。
〔註11〕陳奇猷校注，《韓非子集釋》，卷四，臺北，河洛圖書出版社，民國63年9月再版。
〔註12〕劉向，前引書，卷二〇。

懷王使屈原造爲憲令，屈平屬草稿未定，上官大夫見而欲奪之。
〔註13〕

或庾信〈小園賦〉云：

昔草濫於吹噓，藉文言之慶餘。〔註14〕

或《朱子全書・學》云：

至如史書易曉，……亦自是草率不得。〔註15〕

其中之「草創」、「草野」、「草鄙」、「草稿」、「草濫」和「草率」，諸「草」字亦皆借爲「糙」字使用。故——

「草具」即糙具，亦即粗具。

「草創」即糙創，亦即粗創。

「草野」即糙野，亦即粗野。

「草鄙」即糙鄙，亦即粗鄙。

「草稿」即糙稿，亦即粗稿。

「草濫」即糙濫，亦即粗濫。

「草率」即糙率，亦即粗率。

因此，筆者認爲：「草書」的「草」字亦當是借爲「糙」字，「草書」即糙書，亦即粗書，蓋謂其爲粗略之書體耳。王愔云：

漢元帝時，史游作《急就章》，解散隸體粗書之；漢俗簡墮，漸以行

之。〔註16〕

「粗書之」三字可視爲「草書」的「草」字之正解。另如姚察所謂「草猶粗也」，〔註17〕以及張栻所謂「但寫得不謹，便成草書」，〔註18〕也都正確掌握「草書」取名的原因。

然而，「草書」等詞何不逕曰「糙書」……，而必假借「草」字爲之？據瞭解，此當是由於「糙」字晚造的緣故。

案：北宋丁度等人所撰之《集韻》云：

〔註13〕 司馬遷，《史記》，卷八四，臺北，臺灣商務印書館，民國77年1月臺六版。

〔註14〕 庾信，《庾子山集》，卷一，《四部叢刊》，初編，集部〇三四，臺北，臺灣商務印書館，民國64年6月臺三版。

〔註15〕 朱熹，《朱子全書》，卷六，臺北，廣學社印書館，民國66年2月初版。

〔註16〕 張懷瓘，《書斷》，卷上〈章草〉引；張彥遠，前引書，卷七。

〔註17〕 張懷瓘，《書斷》，卷上〈草書〉引；張彥遠，前引書，卷七。

〔註18〕 孫岳頒等，《佩文齋書畫譜》，卷二引《南軒文集》，臺北，新興書局，民國71年9月初版。

　　糙敉，米未舂。〔註19〕

此爲目前所知「糙」字最早之出處。「米未舂」爲「糙」字本義；今人稱稻去殼而尙未碾白者曰「糙米」，乃用其本義。後乃引申爲凡不滑澤或不精細之義，如：洪昇《長生殿・窺浴》云：

　　玉體渾身糙漆。〔註20〕

此「糙」字即用其引申義。今言「粗糙」，亦是。大概北宋之前未造出「糙」字，唯語言中已先有其音；當人們要將此語言用文字加以記錄時，乃假借意義無關而讀音近似的「草」字爲之。〔註21〕至南宋時，雖已有「糙」字；唯或因「草」字借作「糙」字由來已久，使用成習，或因記錄朱子語者未識此字，才在寫「糙率」時，仍寫作「草率」。

　　至於「草書」一作「艸書」，則是假借另一與「糙」音近的文字爲之而已。

　　「草書」一名所指涉的對象，最初爲繼秦隸之後而產生的一種寫法粗略的書體；隨後，以這種書體而寫的書蹟，亦稱爲「草書」，或亦簡稱爲「草」。如東漢趙壹〈非草書〉一文，〔註22〕共使用了「草書」五次，「草」四次，其中「故爲說草書本末」、「夫草書之興也」和「故爲隸、草」、「故不及草」、「草本易而速」所謂的「草書」或「草」，都是指草書書體而言；〔註23〕至於「然慕張生之草書過於希顏、孔焉」、「而今之學草書者」、「且草書之（於）人」和「以草劌壁」所謂的「草書」或「草」，則應該是指草書書蹟而言。〔註24〕

〔註19〕丁度等，《集韻》，卷八，《四部備要》，經部八六，臺北，臺灣中華書局，民國 54 年臺一版。

〔註20〕洪昇，《長生殿》，頁 94，北京，人民文學出版社，民國 69 年 5 月第一版第二次印刷。

〔註21〕「草」字與「糙」字同爲齒音二十清聲，見：陳新雄《聲類新編》，頁 195、197，臺北，學生書局，民國 74 年 3 月再版。又，「草」字爲上聲三十二皓韻（頁 302），「糙」字爲去聲三十七號韻，見：聯貫出版社，《互註校正宋本廣韻》，頁 418，臺北，民國 63 年 10 月初版。而據段玉裁《六書音均表・今韻古分十七部表》，上聲三十二皓韻與去聲三十七號韻，古音同在第三部。見：段氏，《說文解字注》，頁 816，臺北，黎明文化事業公司，民國 74 年 3 月十一版。

〔註22〕張彥遠，前引書，卷一。

〔註23〕「故爲隸、草」的「隸草」；指隸書和草書兩種書體，參見：本章註1。「故不及草」的「草」字，趙壹固然是當作草書理解，然張芝原意應是指草稿而言；參見：本文第六章第三節。

〔註24〕「以草劌壁」應該是（用手指）在牆壁上刻畫草字的意思，故其所謂的「草」字，當指草書書蹟而言。參見：本文第六章第三節。

　　「草書」一名的用法，直到西晉都無改變，都是指稱繼秦隸之後而產生的一種寫法粗略的書體，以及以此種書體而寫的書蹟。例如：西晉索靖〈草書狀〉，〔註25〕其標題「草書狀」之「草書」是草書書體；至於文中「損之隸、草」，乃是將草書書體簡稱「草」（參見本章註1）；其下文「蓋草書之為狀也」的「草書」，則是指草書書蹟而言。

　　草書書體和書蹟原本就叫「草書」，或簡稱為「草」；後來，由於書體的逐漸衍化，發展出一種新體式的草書，為了區分新舊兩種不同體式的草書，乃將原來稱呼漢代草書的「草書」或「草」用以指稱新體草書，而將舊體草書稱為「章草」。如：（傳）王羲之〈題衛夫人筆陣圖〉云：

> 若欲學草書，又有別法，須……。其草書亦復須……。惟有章草及章程、行狎等，不用此勢……夫書，先須引八分、章草入隸字中，……。〔註26〕

其中，「草書」和「章草」各使用了兩次，而且兩個名稱所指稱的對象顯然有別。大概要指稱古體草書，則說是「章草」；如只說「草書」，則應是指新體草書而言。甚至到了唐代，已經有了「今草」一名以指稱新體式的草書；但是「草書」或「草」之名仍常常作為今草的另一種稱呼。如張懷瓘《書斷》卷上即將所謂「漢黃門令史游所作」的古體草書稱為「章草」，而將所謂「後漢徵士張伯英之所造」的新體草書稱為「草書」。〔註27〕另如韋續《墨藪·五十六種書》中，亦并列有「章草書」與「草書」，亦以前者指稱古體草書，後指稱新體草書；只是將「章草書」說是「漢齊相杜伯度援稿所作」，而「草書」說是「王羲之飾古」，作者與張懷瓘所說者不同。而竇臮《述書賦·字格》則以「草」稱今草，以「章」稱章草。〔註28〕

　　以「草書」或「草」作為今草的另一種稱呼的用法，至今都還通行。如：王壯為《書法研究》頁20就說：

> 這種今草，也即是後代以至現所通稱的草書。

　　後代以至現在，「草書」除了作為「今草」的另一種稱呼之外，也常常用

〔註25〕房玄齡等，前引書，卷六〇，〈索靖傳〉引。

〔註26〕張彥遠，前引書，卷一。

〔註27〕張彥遠，前引書，卷七。

〔註28〕竇臮《述書賦·字格》云：「草，電掣雷奔，龍蛇出沒。章，草中楷古，蹠踏擺行。」故知「草」指運筆更加迅捷的今草，「章」則指字字獨立的章草。見：張彥遠，前引書，卷六。

來作爲所有體式的草書之總稱。如：梁武帝〈草書狀〉云：

> 其先出自杜氏，以張爲祖，以衛爲父，索、范者，伯叔也，二王父
> 子可爲兄弟，薄爲庶息，羊爲僕隸。〔註29〕

其所述及草書名家包括漢代的杜度、張芝，晉代的衛覬、索靖、王羲之、王
獻之，南朝宋的薄紹之、羊欣；〔註30〕則其所謂的「草書」，當兼章草與今草，
即當時草書全部的體式。另如今人劉延濤《草書通論》一書，其所討論的範
圍，包括：章草、今草、狂草和標準草書；則其所謂的「草書」，乃涵蓋了古
今草書所有的體式。

「草書」一名有時也用來泛稱潦草書寫的字蹟。如：前引張杕「但寫得
不謹，便成草書」之言，則不但章草、今草……等所有體式的草書可以稱爲
「草書」，行書亦稱爲「草書」；〔註31〕即如篆書、隸書和楷書等正體字的潦
草書蹟，也都可以稱爲「草書」。張杕對於「草書」的此種定義，可以說是「草
書」一名最廣義的用法。

如上所述，「草書」一名是在東漢才出現，最初是指繼秦隸之後而產生的
一種書體；這種書體寫法較爲粗略，本應稱作「糙書」，唯因當時尚未造出「糙」
字，故假借讀音近似的「草」字或「艸」字爲之。東晉以後，新體式草書逐
漸取代舊體式草書而流行，「草書」一詞遂經常作爲新體草書（「今草」）的代
稱，一直到現在。至於「草書」一詞之作爲章草、今草、狂草、標準草書……
所有體式的草書之總名，甚至作爲各種潦草書蹟的通稱，則是「草書」一詞
的內涵不斷擴張的最後結果。

第二節　章草（章）

（傳）東晉衛夫人〈筆陣圖〉云：

> 飄颸灑落如章草。〔註32〕

這是目前所知「章草」一名的最早出處。此外，（傳）東晉王羲之〈題衛夫人

〔註29〕陳思，《書苑菁華》，卷三，《文淵閣四庫全書》，第八一四冊，臺北，臺灣商
　　　　務印書館，民國72年10月初版。
〔註30〕梁武帝〈草書狀〉所述及的草書名家中，另有一范姓而與索靖年代相彷佛者，
　　　　不知爲誰。
〔註31〕劉熙載《書概》云：「若行，固草之屬也。」蓋謂廣義的「草書」可包含行書
　　　　在內。見：劉氏，《藝概》，卷五，臺北，華正書局，民國74年6月初版。
〔註32〕張彥遠，前引書，卷一。

筆陣圖後〉云：

> 惟有章草及章程、行狎不用此勢，但用擊石波而已。

又云：

> 夫書，先須引八分、章草入隸字中，發人意氣。〔註33〕

則兩度出現「章草」之名。只是，〈筆陣圖〉和〈題衛夫人筆陣圖〉兩文很可能都是後人僞託的，而非衛夫人、王羲之師徒所作；〔註34〕因此，不能根據這兩篇文獻遂認定東晉時已有「章草」之名。

〈筆陣圖〉和〈題衛夫人筆陣圖後〉之外，最先提及「章草」一名的，爲題爲南朝宋人羊欣所撰的〈古來能書人名〉，該文云：

> 高平郗愔，……善章草。〔註35〕

劉延濤認爲：「這怕是『章草』最早見於著錄的。」〔註36〕劉氏主張：

> 西晉以前都是章草，到了右軍父子兄弟才創爲一種韻媚婉轉的草
> 法，於是稱這種草法爲今（草），以別於古草——章草。〔註37〕

所以他認爲：

> 今草未大行之前，當無章名，故凡羲、獻以前稱章草的，都是後人
> 竄入的。〔註38〕

「羲、獻以前稱章草的」，也只有（傳）衛夫人的〈筆陣圖〉一例而已，這也許眞的「是後人所竄入的」；但傳世的〈古來能書人名〉是否眞的「是『章草』最早見於著錄的」，也未必沒有疑問。其可議之處有二——

一、張彥遠《法書要錄》卷一收「宋羊欣〈采古來能書人名〉」一篇，標題下註云：「齊王僧虔錄。」唯篇首載：

> 臣僧虔啓：昨奉敕，須古來能書人名。臣所知局狹，不辨廣悉，輒
> 條疏上呈；羊欣所撰錄一卷，尋按未得，續更呈聞。謹啓。

根據王僧虔這份啓文，顯然是南齊的皇帝吩咐王僧虔提供歷代善書者的姓名

〔註33〕同前註。

〔註34〕余紹宋云：「筆陣圖一卷，舊題晉衛夫人撰，……其爲六朝人所僞託，殆無可疑。……右軍題後一篇，……當亦六朝人所依託。」見：余氏，《書畫書錄解題》，卷九，臺北，臺灣中華書局，民國69年11月二版。

〔註35〕張彥遠，前引書，卷一。原題爲「采古來能書人名」，「采」字當爲採輯之意，宜刪；恰如不需註明爲某人「撰」之某文一般。

〔註36〕劉延濤，前引書，頁12。

〔註37〕劉延濤，前引書，頁32。

〔註38〕同註37。

和事蹟；王因找不到羊欣所撰錄那一卷，遂就所知條列上聞。其所「條疏上呈」的，應該是王僧虔自己蒐集得來的資料，而不是羊欣現成的那一卷。張彥遠大概是將「輒條疏上呈羊欣所撰錄一卷」連讀，遂將此篇題爲羊欣所撰。事實上，如將「輒條疏上呈羊欣所撰錄一卷」連讀，則其下「尋案未得」將變成不知所云。且篇中載：

> 王羲之，晉右將軍、會稽內史，博精群法，特善草、隸。羊欣云：「古
> 今莫二。」

設此篇眞爲羊欣所撰，則此處固不須再引述「羊欣」之言。因此，當依《說郛》，將〈古來能書人名〉定爲王僧虔所撰。〔註39〕

　　二、「古來能書人名」所述能書人名，「自秦至晉，凡六十九人」（篇末註），其中，善章草的人相當多，如：杜度說是「始有草名」，崔瑗說是「亦善草書」，崔寔說是「亦能草書」，張芝說是「善草書」，張昶說是「亦能草」，姜詡、梁宣、田彥和、韋誕說是「並善草」，張超說是「亦善草」，衛覬說是「善草」……，都只說是「草書」或「草」；卻只單單都愔一人說是「善章草」，顯得非常突兀。因此，即使〈古來能書人名〉確爲王僧虔所撰，「都愔……善章草」的「章」字，也很有可能是後人竄入的。〔註40〕無論如何，〈古來能書人名〉恐怕不是最早著錄「章草」一名的文獻。

　　撇開〈筆陣圖〉、〈題筆陣圖後〉和〈古來能書人名〉不談，目前所知，最早提到「章草」一名較爲可靠的文獻當推虞龢〈論書表〉。虞龢和羊欣同爲南朝宋人，〔註41〕其〈論書表〉中共五次提及「章草」之名，除了「或眞、

〔註39〕余紹宋，前引書，卷一云：「〈古來能書人名錄〉，……《說郛》本以此書爲王僧虔譔，蓋誤以『輒條疏上呈』爲句。……原文以『輒條疏上呈羊欣所譔錄一卷』爲句，文義本甚明瞭也。」恐不可從。至謂「編中列自秦至晉凡六十九人，敍次雅絜，自是晉、宋時人吐屬」；欲藉以更肯定〈古來能書人名〉爲羊欣所撰，亦缺乏說服力。

〔註40〕王僧虔〈論書〉云：「都愔章草，亞於右軍。」見：張彥遠，前引書，卷二，可與〈古來能書人名〉「都愔」條參看。王僧虔〈論書〉中，亦僅此一處使用「章草」之名。

〔註41〕張彥遠《法書要錄》卷二收虞龢〈論書表〉，稱虞龢爲「梁中書侍郎」。案：《南史·文學傳》載：「龢位中書侍郎、廷尉，少好學，居貧屋漏，恐濕墳典，乃舒被覆書，書獲全而被大濕。時人以比高鳳。」並未言明虞龢爲那個朝代的人，見：李延壽，《南史》卷七二，臺北，鼎文書局，民國70年元月三版。唯據虞龢所撰〈論書表〉有云：「是高祖平秦川所獲，……及泰始開運，地無遁寶，……。」稱宋武帝爲「高祖」，又記宋明帝泰始年間事，虞龢當爲南朝宋人。

行、章草雜在一紙」、「又紙書飛白、章草二帙十五卷」及「至於絕筆章草，
殊相擬類」三處之外；另兩處則出現在其傳述庾翼與王羲之之間的一段故事
裡。這段故事略謂：

> 羲之書在始未有奇殊，不勝庾翼、郗愔；迨其末年，乃造其極。嘗
> 以章草答庾亮，亮以示翼；翼歎服。因與王羲之書云：「吾昔有伯英
> 章草書十紙，過江亡失，常痛妙跡永絕；忽見足下答家兄書，煥若
> 神明，頓還舊觀。」〔註42〕

虞龢〈論書表〉提及「章草」之名共有五次之多，其為後人竄入的可能
性相當低。且其中的庾翼書信很有可能是忠實引述的；而假如「吾昔有伯英
章草書十紙」真是庾翼書信原文，則「章草」一名在東晉時就已經存在了。
誠如劉延濤所說：「今草未大行之前，當無章名。」反過來說，既然東晉初年
「章草」之名就已經存在，則今草的產生當在王羲之以前的西晉或更早的時
代（參見本章第三節）。

至於徐浩〈古蹟記〉云：

> 漢章帝始為章草名。〔註43〕

應該是不可靠的，因為漢章帝時，今草尚未產生，當時的草書只需稱之為「草
書」即可，不必另立「章草」之名。而且，傳世的漢代文獻中亦不曾見有「章
草」之名。

「章草」之名的造立，是在今草發展完成且逐漸流行之後，蓋所以區別
新、舊兩種不同體式的草書。然而，舊體式的草書何以名為「章草」？關於
此一問題，歷代的解釋顯得相當紛歧，大要可以歸納為以下五種看法——

一、因出於《急就章》而得名

王愔云：

> 漢元帝時，史游作《急就章》，解散隸體粗書之，漢俗簡墮，漸以行
> 之。〔註44〕

王愔雖然沒有明言「章草」一名乃因《急就章》而得名；不過，因為他將史
游作《急就章》視為漢代草書的起源，難免會令人將「章草」之名和《急就
章》聯想在一起。例如：《四庫全書總目提要、經部小學類、急就章》即云：

〔註42〕張彥遠，前引書，卷二。
〔註43〕張彥遠，前引書，卷三。
〔註44〕張懷瓘，《書斷》卷上，〈章草〉引；見：張彥遠，前引書，卷七。

所謂「章草」者，正因游作是書，以所變草法書之，後人以其出於
《急就章》，遂名「章草」耳。〔註45〕

關於第一種說法，有三點值得斟酌。

其一、草書書體之產生，乃是自文字始造以來，經過漫長歲月的衍化過程，及許許多多的文字使用者之共同參與，所累積出來的成果；斷非史游一人之力，於短暫時日之內所能奏功。故漢晉人士論及草書之產生者，或不提創造者，或明言「不知作者姓名」。〔註46〕而從漢代簡牘上的草書書蹟，亦可證明：史游之前，草書早已存在；草書非史游所造。〔註47〕

其二、史游為漢元帝時的黃門令，〔註48〕其編纂《急就章》的目的，蓋為教授小黃門識字，以利於登載抄錄的工作；〔註49〕故初成書時，應是以當時通行而為一般人所易於辨識的隸書抄寫，以利於童蒙的學習，而非以章書抄寫。〔註50〕居延、敦煌等地出土之《急就章》殘簡及磚刻，其書體皆為隸書，可證。〔註51〕

〔註45〕永瑢等，《合印四庫全書總目提要及四庫未收書目錄燬書目》，卷四一，臺北，臺灣商務印書館，民國 60 年 7 月增訂初版。

〔註46〕東漢許慎，〈說文解字敘〉云：「漢興，有草書。」而不提創造者：見：丁福保，前引書，冊一一，頁 901。西晉衛恆〈四體書勢〉云：「漢興而有草書，不知作者姓名。」見：房玄齡等，前引書，卷三六，〈衛恆傳〉引。

〔註47〕參見：本文第一章第三節。

〔註48〕《漢書‧藝文志》載：「元帝時，黃門令史游作《急就篇》。」見：班固，《漢書》，卷三〇，臺北，臺灣商務印書館，民國 77 年 1 月臺六版。

〔註49〕參見：張麗生，《急就篇研究》，〈前言〉，頁 3，臺北，臺灣商務印書館，民國 72 年 6 月初版。

〔註50〕于大成云：「急就篇是漢時童子誦習之書，漢時鈔寫流傳，自然是用當時流行的隸書，……漢書藝文志說：……是時始造隸書矣。……武帝時，司馬相如作凡將篇，無復字。元帝時，黃門令史游作急就篇。……凡將、急就等書敘述在『始造隸書』以下，可知那些書都是用隸書來書寫的，蓋非如此則幼童無法誦習，這跟我們今天的小學課本必用楷書，道理是一樣的。」見：張麗生，前引書，〈于序〉，頁 4 至 5。

〔註51〕居延漢簡中，如：勞榦，《居延漢簡‧圖版之部》，頁 64 至 65 所收之三六三‧一四 A、B 及三六三‧三四 A、B，前簡為《急就篇》第十二章文，後簡為第八章文（三六三‧三四 A，原標「三六三‧三七 A」，據勞榦，《居延漢簡‧考釋之部‧居延漢簡考證》，頁 76 改）。敦煌漢簡中，如：羅振玉，《流沙墜簡》，頁 14 至 15 所收，為《急就篇》第一、第二、第十、第十二、第十八、第廿四共六章文。（參見：《流沙墜簡》，頁 79 考釋，北京，中華書局，民國 82 年 9 月第一版第一次印刷。漢代磚刻中，如：魯迅博物館所藏之〈急就磚〉，為《急就篇》第一章文，見：劉正成，《中國書法全集》冊九，頁 99，北京，

其三、《急就章》本名「急就」，蓋取其可以快速達成識字的目的，〔註52〕漢時或稱「急就篇」；〔註53〕北朝魏齊之間，或稱「急就章」；〔註54〕李唐之世，乃漸歸一致，稱爲「急就章」。〔註55〕而「章草」一名，在東晉之前應已存在，當時尚無「急就章」之名。

根據以上三點，「章草」一名之取義，應與《急就章》無關。

二、因通於章奏而得名

張懷瓘《書斷》卷上「章草」云：

至建初中，杜度善草，見稱於章帝；上貴其跡，詔使草書上事。魏文帝亦令劉廣通草書上事。蓋因章奏，後世謂之「章草」。〔註56〕

此一說法亦難以成立，其理由可有兩端──

其一、無論漢章帝詔使杜度以草書寫章奏，或魏文帝令劉廣通以草書寫

榮寶齋，民國81年10月，第一版第一刷）。上述各項漢代《急就篇》之抄本，其書體皆爲隸書。

〔註52〕史游，《急就篇》首章云：「急就奇觚與眾異，羅列諸物名姓字，分別部居不雜廁，用日約少誠快意，勉力務之必有憙。」「急就」者，書名，「奇觚」者，史氏強調己書之佳善。急，疾速；就，成功；奇，「與眾異」；觚，一作「柧」，爲記載文字的多角棱木。于大成云：「前此的一切小學書，內容大概都與後來的三字經、千字文相似，而急就篇獨以科學方法，部類一切諸物名姓之字，使以類相從，易學易記，故而能夠『用日約少誠快意』也。用日約少，猶今言速成之意，此書之取名急就者以此。」見：張麗生，前引書，〈于序〉，頁6。

〔註53〕如：《漢書‧藝文志》即稱「急就篇」。參見：註48。

〔註54〕如：《魏書‧崔浩傳》載：「浩又上《五寅元曆》，表曰：『太宗即位元年，敕臣解《急就章》……。』」見：魏收，《魏書》，卷三五，臺北，鼎文書局，民國69年6月三版。是北魏時，已有稱爲「急就章」者。而同書卷八四〈儒林傳〉載：「劉蘭，……書《急就篇》。」則仍稱「急就篇」。另如：《北齊書‧李渾傳》載：「繪，……伺其伯姊筆牘之間，而輒竊用，未幾遂通《急就章》。」見：李百藥，《北齊書》卷二九，臺北，鼎文書局，民國69年3月三版。而同書卷四四〈儒林傳〉載：「李鉉，……九歲入學，書《急就篇》。」亦章、篇互見。

〔註55〕高二適云：「及《隋書‧經籍志》則名爲《急就章》，而《隋志》并載有周豆盧氏注《急就章》三卷，《唐書‧志》稱顏之推注《急就章》一卷，《舊書‧經籍志》復錄《急就章》一卷，爲史游撰。……至其名稱歸於一致，則殆由於李唐之世，即凡著述之家，既一遵《隋‧唐書志》，遂歷久而莫改。」見：高氏，《新定急就章及考證》，卷上，頁1至2，臺北，華正書局，民國73年2月初版。

〔註56〕張彥遠，前引書，卷七。

章奏，都是特例，而非普遍的情形；因為一、二特例而遂據以取名，其可能性不大。

其二、如果真是因杜度或劉廣通以草書上章奏，遂名「章草」，則「章草」一名在東漢或曹魏時就該出現；然而，就目前所知文獻中，並未尋獲可以支持此一說法的例證。

三、因漢章帝愛好而得名

韋續《墨藪·五十六種書》云：

> 章草書，漢齊相杜伯度援稿所作，因章帝所好，名焉。〔註57〕

此一說法也不恰當，誠如劉延濤所論：

> 若以曾見稱於章帝，因以得名，則章帝之前，已見稱於光武與明帝，何以獨取「章」名。〔註58〕

四、因似章程書而得名

劉延濤云：

> 羊欣〈能書人名〉……又說「鍾書有三體，二曰『章程書』，傳秘書、教小學者也。」……羊欣〈能書人名〉裡邊還有「章楷」的名稱。他說「瑯琊王廙，能章楷，謹傳鍾法。」「章楷」、「章草」恰相匹對。「謹傳鍾法」當即章程書。蓋羊欣當書法大變之後，故稱古楷法之「章程書」曰「章楷」，以區別於「今楷」；因更稱具古法似章程書之草書曰「章草」，以區別於「今草」。〔註59〕

此一說法可能最得情實。雖然如本節上文所論，〈古來能書人名〉應非羊欣所撰，且「章草」之名在東晉之前或已存在；因此，劉延濤所謂「羊欣當書法大變」云云，恐將失去依據。唯其「稱古楷法之『章程書』曰『章楷』，……更稱具古法似章程書之草書曰『章草』」之推論，仍屬合理。

案：「章程」乃律歷及度量衡之法式。《史記·太史公自序》云：

〔註57〕韋續，《墨藪》第一，《藝術叢編》，第一集，第一冊之三，臺北，世界書局，民國64年4月四版。

〔註58〕劉延濤，前引書，頁11。案：《後漢書·宗室四王三侯傳》載：北海敬王劉睦，「少好學，博通書傳，光武愛之，……又善史書，當世以為楷則。及寢病，（明）帝驛馬令作草書尺牘十首。」見：范曄，《後漢書》，卷一四，臺北，鼎文書局，民國67年11月三版。劉延濤所謂「已見稱於光武帝與明帝」，即指北海敬王劉睦之事。

〔註59〕劉延濤，前引書，頁12。

漢興，蕭何次律令，韓信申軍法，張蒼爲章程，叔孫通定禮儀。

注：

如淳曰：章，歷數之章術也，程者，權衡丈尺斛斗之平法也。〔註60〕

古之言律歷者，實兼攝度量衡。故曰「推歷生律制器，規圓矩方，權重衡平，準繩嘉量」〔註61〕而據《漢書》所言，則張蒼所爲之章程，除律歷及度量衡之外，似亦包含律令在內。〔註62〕

「章程」既爲律歷及度量衡之法式，甚至包含律令在內，則「章程書」應是用以傳寫律歷等各種章程之書體。張懷瓘《書斷》卷上〈八分〉云：

本謂之「楷書」……又名之爲「八分」。時人用寫篇章，或寫法令，亦謂之「章程書」。故梁鵠云：「鍾繇善章程書。」是也。〔註63〕

「法令」即「律令」，爲章程的內容之一，故用以寫法令，乃謂之「章程書」。而梁鵠爲漢、魏間人，〔註64〕根據張氏所引梁鵠之言，則漢、魏之際即已有「章程書」之名。

「章程書」應是較爲早期的一種楷書。（傳）羊欣〈古來能書人名〉載：

鍾書有三體，一曰銘石之書，最妙者也；二曰章程書，傳祕書、教小學者也。三曰行狎書，相關者也。〔註65〕

鍾繇所擅長的三種書體中，「銘石之書」應該是指帶有波尾的漢隸，蓋東漢至鍾繇的曹魏時代，絕大部分的碑刻都是以此種書體來寫；此種帶有波尾的漢隸，一名「八分」。〔註66〕「行狎書」一名應是「行理書」之誤，簡稱「行書」；

〔註60〕司馬遷，前引書，卷一三〇。

〔註61〕班固，前引書，卷二一，〈律歷志〉。

〔註62〕沈家本云：「按：〈高紀〉，『張蒼定章程』，與『蕭何次律令、韓信申軍法……陸賈造《新語》』同相提並論，是章程非律令書也。本傳：『以比定律令』，臣瓚以『法律條令』當之，非爲無見；然觀『漢家言律歷者本張蒼』一句，乃總結上文之詞，是此段文字專言律歷，與律令無涉。且律次于蕭何，不得云『本張蒼』也。」見：沈氏，《漢律摭遺》，卷一，臺北，臺灣商務印書館，民國65年9月初版。本文仍採臣瓚之說，以章程包含「法律條令」；蓋沈氏亦謂臣瓚此說「非爲無見」。

〔註63〕張彥遠，前引書，卷七。

〔註64〕梁鵠於東漢靈帝時爲涼州刺史，事在中平元年（西元184年）之前；見：范曄，前引書，卷五八，〈蓋勳傳〉。書得師宜官之法，爲曹操所重；見：（傳）羊欣〈古來能書人名〉，張彥遠，前引書，卷一。

〔註65〕張彥遠，前引書，卷一。

〔註66〕參見：郭伯佾，〈八分名義考釋——王愔「字方八分」說的再肯定〉，《一九九〇年書法論文徵選入選論文集》之五，臺北，中華民國書法教育學會，民國

蓋用來寫信交付使者遞送，故亦名「相聞書」。〔註67〕至於「章程書」，應是
一種實用性的正體字，大概就是像傳世鍾繇法帖〈宣示〉、〈戎路〉、〈力命〉
等表的書體（圖二一），是一種猶帶隸書筆意的早期楷書。〔註68〕

圖二一　鍾繇〈宣示〉、〈戎路〉、〈力命〉三帖（局部）

　　　79 年 11 月初版。

〔註67〕參見：郭伯佾，〈行書的起源及其特質——從「典藏行草展」說起〉，《現代美術》，第 36 期（民國 80 年 6 月），頁 59 至 64。

〔註68〕張懷瓘、韋續等人謂章程書為「八分」，顧藹吉駁之，謂鍾之「銘石書」應為「八分」，而「其章奏、箋表、傳寫、記錄日用之字，皆用正書，亦謂之『章程書』。如繇書〈受禪碑〉即八分也，〈宣示〉、〈戎路〉、〈力命〉諸帖即『章程書』也。」見：顧氏，《隸辨》，卷八，〈隸八分考〉，臺北，世界書局，民國 54 年出版。

「章程書」是一種猶帶隸書筆意的早期楷書；而漢代草書，也保留隸書波畫，其筆意與章程書有相似之處。〔註69〕因此，章程書一稱「章楷」，而與章程書筆意近似的草書，乃稱為「章草」。

五、因為有章法，故得名

王蓮〈章草典型概述〉云：

> 《廣雅》：「章，程也。注，條也。」義解為法。故篇章、章程、章句等，皆含有法度意。《毛詩》「維民之章」、「出言有章」，《論語》「斐然成章」等，釋為儀式條理，亦即今言章法。草以章名者，殆具有章法之書耳。〔註70〕

此一說法，則不免為望文生義、想當然耳之見。蓋章草有些字的確較今草易識，然而這只是草化程度的深淺不同所致，即章草較古，草化程度較淺，故部分文字較今草易識；而不是因為有無「條理」或「章法」之影響。

根據以上的討論，「章草」取名之由，當如劉延濤所說，是因為「似章程書」而得名；「章程書」又稱「章楷」，似章程書的草書則稱為「章草」。「章楷」與「章草」兩個名詞，恰相對稱。

「章草」或簡稱為「章」，如：孫過庭〈書譜〉云：

> 雖篆、隸、草、章，工用多變，濟成厥美，各有攸宜：篆尚婉而通，隸欲精而密，草貴流而暢，章務檢而便。〔註71〕

或唐竇臮《述書賦》卷下〈字格〉所云：

> 草：電掣雷奔，龍蛇出沒；章：草中楷古，蹠踏擺行。〔註72〕

都是以「草」作為「今草」的簡稱，而以「章」作為「章草」的簡稱。

第三節　今　草

唐張懷瓘《書斷》卷上〈草書〉云：

> 伯英學崔、杜之法，溫故知新，因而變之，以成今草，轉精其妙。

〔註69〕劉延濤曾將（傳）皇象所書《急就章》內「力」、「分」等四十四字，與鍾繇〈宣示表〉等章楷對閱，謂「幾無分別」。見：劉延濤，前引書，頁13至14。
〔註70〕《書法研究》，民國70年，第3期，總第五輯，頁19至20。
〔註71〕故宮博物院，《唐孫虔禮書譜序》，《故宮法書》第二輯，頁11，臺北，民國76年10月五版。
〔註72〕張彥遠，前引書，卷六。

〔註73〕

此爲目前所知「今草」一名最早的出處。在此之前，梁武帝〈草書狀〉云：

> 蔡邕云：「昔秦之時，諸侯爭長，簡檄相傳，望烽走驛；以篆、隸之
> 難，不能救速，遂作赴急之書，蓋今草書是也。」〔註74〕

雖亦有「今草」兩字，唯「草」字當與其下「書」字連讀，合作一名詞，「今」
字則爲修飾「草書」之形容詞，「今草書」者，意即「現今所謂的草書」；與
本節所要討論的作爲書體專名的「今草」無關。

　　今草是繼章草之後發展出來的一種新體草書。今草與章草不同之處，可
以歸納爲體勢相連和不分波磔二項——

一、體勢相連

張懷瓘《書斷》卷上〈章草〉云：

> 章草之書，字字區別；張芝變爲今草，加其流速，拔茅其茹，上下
> 牽連，或借上字之下而爲下字之上，奇形離合，數意兼包，若懸猿
> 飲潤之象，鉤鎖連環之狀，神化自若，變態不窮。〔註75〕

意謂：章草各字獨立，不相連屬；今草則因加快運筆而致上、下字常有牽引。
〔註76〕又，《書斷》卷上〈草書〉云：

> 自杜度妙於章草，崔瑗、崔寔父子繼能，……然伯英學崔、杜之法，
> 溫故知新，因而變之，以成今草，轉精其妙。字之體勢，一筆而成，
> 偶有不連，而血脈不斷，及其連者，氣候通而隔行。〔註77〕

亦強調今草之筆勢相連，有別於先前之章草。段玉裁〈說文解字敘〉「漢興有
草書」注云：

> 其各字不連綿者曰「章草」，晉以下相連綿者曰「今草」。〔註78〕

以各字之相連與否而區別今草與章草，蓋本於張懷瓘之說。

　　案：目前所見絕大部份的漢間草書書蹟和章草法帖都是各字獨立，不相

〔註73〕張彥遠，前引書，卷七。
〔註74〕同註29。
〔註75〕張彥遠，前引書，卷七。「加其流速」原作「如其流速」；「如」字當作「加」，
　　　　蓋謂今草揮運之快於章草。
〔註76〕劉延濤云：「張懷瓘：『章草之書，字字區別。』言字與字中間，分畫明白，
　　　　不像今草狂草常常有牽上引下。」見：劉延濤，前引書，頁15。
〔註77〕張彥遠，前引書，卷七。
〔註78〕段玉裁，前引書，卷一五・上。

連屬，如：敦煌漢簡第四○至四二號簡（圖二二），及《淳化閣帖》卷二張芝〈秋涼平善帖〉（圖二三），都是字字區別。只有極少數的漢簡草書有上、下字牽引的情形，如：居延漢簡〈永元兵物簿〉之「永元七年三月壬午朔」一簡（圖二四），其中「三月」及「壬午」皆上下連書，已開今草之先河。章草法帖，則未見上、下字相牽引者。至於今草，則常有上、下字連書的情形，如：《淳化閣帖》卷六王羲之〈侍中帖〉（圖二五），第一行「侍中書」、「徐侯」、第二行「深令」皆是。

圖二二　敦煌漢簡四○　　　圖二三　　（傳）張芝〈秋涼平善帖〉
　　　　　至四二簡

42　　41

40

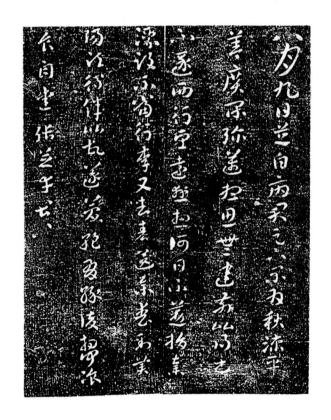

圖二四　居延漢簡〈永元兵物簿〉　　圖二五　王羲之〈侍中帖〉
　　　　「永元七年」簡

二、不分波磔

黃伯思云：

> 凡草書分波磔者，名章草；非此者，但謂之草。〔註79〕

即以「分波磔」與否來區分章草和今草。

　　案：章草長橫畫（或捺畫）的波磔乃繼承漢隸（一名「八分」）而來；唯章草的波磔與漢隸的波磔有所不同。（傳）王羲之〈題衛夫人筆陣圖後〉云：

> 惟有章草及章程、行狎等不用此勢，但用擊石波而已；其「擊石波」者，缺波也。又八分更有一波，謂之「隼尾波」，即鍾公〈泰山銘〉及〈魏文帝受禪碑〉中已有此體。〔註80〕

〔註79〕黃伯思，前引書，〈法帖刊誤〉，卷上。
〔註80〕張彥遠，前引書，卷一。

則章草的波磔爲「擊石波」，即「缺波」；而漢隸的波磔爲「隼尾波」。然而，所謂「擊石波」和「隼尾波」，其形爲何？前賢並未詳加討論。顧名思義，「擊石波」當如（傳）索靖〈月儀帖〉中「良」字等之末畫（圖二六），波磔下方中央有一凹陷處，故曰：「缺波」。至於「隼尾波」，則當如〈魏文帝受禪碑〉中的「王」字等之末畫（圖二七），波磔較爲圓潤飽滿。大概「隼尾波」較爲舒緩悠揚，「擊石波」則較爲短截急促；其間的差異，應該是由於章草的運筆較隸書迅疾所致。漢代簡牘中帶有波磔的章草（圖二八），其波磔大致較漢隸短截急促，然波磔下方中央則大多沒有凹陷處。〈題衛夫人筆陣圖後〉謂章草的波磔爲「缺波」，蓋就後世章草的筆法而言；漢代草書則多不如此。至於今草，則又爲了加快運筆，乃將章草的波畫改以向左下迴鋒收筆，而成爲圓鈍狀，如前舉王羲之〈侍中帖〉（圖二五）「人」字末筆等是。

圖二六　索靖〈月儀帖〉（局部）　　圖二七　〈魏文帝受禪碑〉（局部）　　圖二八　居延漢簡二五四・一二，五八・七簡

　　概括言之，今草乃是從章草發展出來的一種新體草書；這種新體草書因
為揮運較快，上、下字時或互相連帶，且取消了章草的波磔。

　　然而，這種體勢相連，不分波磔的新體草書，究竟產生於何時？有人說
是東晉初年王羲之等人所變為，另有人則說是東漢末年張芝所創造。如：歐
陽詢〈與楊駙馬書章草千文批後〉云：

　　　　張芝草聖，皇象八絕，並是章草；西晉悉然。迨乎東晉，王逸少與
　　　　從弟洽變章草為今草，韻媚宛轉，大行於世，章草幾將絕矣。〔註81〕

根據歐陽詢所看到的草書，無論是有「草聖」之稱的東漢末年的張芝，抑或
是三國時代吳國「八絕」之一的皇象，其草書全都是章草；〔註82〕甚至西晉
時人的草書書蹟，亦皆為章草。到了東晉時代，王羲之與其堂弟王洽才從章
草變造出今草；而由於今草優美靈活，乃盛行於當世，幾乎取代章草的地位。
韋續《墨藪・五十六種書》亦云：

　　　　五十一、草書，王羲之飾古，亦甚善也。〔註83〕

也是主張王羲之將古之章草變造為新體草書。其所謂的「草書」，乃指今草（參
見本章第一節）。

　　張懷瓘則主張今草為張芝所創。《書斷》卷上〈草書〉云：

　　　　右軍之前，能今草者不可能勝數。〔註84〕

張懷瓘明明看到：在王羲之以前，就有許多擅長寫今草的人；所以他認為，
今草不會是東晉王羲之所創造的。根據《書斷》卷中所列，「草書」（即今草）
名家，神品三人，妙品二十二人，能品二十五人，在王羲之以前的為：張芝、
索靖、衛瓘、嵇康、張昶、鍾繇、鍾會、衛恒、王導、何曾、王廙十一人，
其中以東漢張芝的年代為最早；因此，張懷瓘主張：今草乃是東漢末年的張
芝所創造。

　　張懷瓘在《書斷》中，凡三次提到張芝創造今草的事，其一為卷上〈章
草〉「張芝變為今草」云云；其二為卷上〈草書〉「伯英學崔、杜之法，……

〔註81〕張懷瓘，《書斷》卷上，〈草書〉引；張彥遠，前引書，卷一。
〔註82〕張芝作草書，下筆必為楷則，為世所寶，有「草聖」之稱。參見：本文第六
　　　　章第一節。皇象草書，斟酌於張子並與陳梁甫之間，甚得其妙，與嚴武圍棋、
　　　　宋壽占夢、曹不興畫……等，被稱為吳國的「八絕」。見：陳壽，《三國志》，
　　　　卷六三，〈趙達傳〉，裴松之注引《吳錄》，臺北，臺灣商務印書館，民國 77
　　　　年 1 月臺六版。
〔註83〕同註58。
〔註84〕張彥遠，前引書，卷七。

因而變之，以成今草」云云；並見本節上文所引。其三爲卷中〈神品〉云：

> 張芝字伯英，……時稱「張有道」，……好書，……尤善章草書，出
> 諸杜度、崔瑗云。……又創爲今草，天縱穎異，率意超曠，無惜是
> 非。〔註85〕

而正由於張懷瓘的強力主張今草爲張芝所創，「從此以後，世人遂多有以今草始於張芝者」。〔註86〕

事實上，一種書體的產生，必然是經漫長的時間的衍化及多數人的參與之功；因此，所謂王羲之或張芝創造今草的不同主張，可勿深論。應該探討的是，究竟今草是到東晉初年才產生，抑或在東漢末年便已有之。

案：樓蘭地區出土的西晉以前殘紙草書書蹟，對於判斷今草產生的時代，有很大的幫助。例如：──

一、王宏、賈永來《海外藏晉人紙本墨跡──樓蘭文書簡牘殘紙》圖三一、三二，編號 C26.1 林 133 件之正、背兩面（圖二九、三○）。正面之草書，雖然字字區別，但全無波尾，且揮運流暢。背面則僅第一行末「近」字末筆和第三行末「東」字首筆尚帶章草筆意；其揮運之速度則較正面迅疾，尤其第三、四、五行首「惠」、「想」、「悔」三字，縈迴繚繞，不下於唐人狂草，故此件當屬於今草範圍。

二、王宏、賈永來，前引書，圖四十，編號 C32.1 林 182 之背面（圖三一）。完全不留章草遺意，各字的點畫牽帶明顯（如上段第一行「聞」字），而「聞」字左旁「如常」兩字，更是上、下連屬，整件揮運迅疾，爲今草無疑。

三、王宏、賈永來，前引書，圖四一，編號 C33.2 林 185 一件（圖三二）。僅首行及末行兩個「宜」字末筆猶帶細微之章草波磔，此外，蓋皆爲今草筆意。尤其下段中行「能來」、及上段末行「世事」、「不可得」、「知也」四處，上、下字皆有明顯的連屬。故此件亦應歸於今草範圍。

根據相關的資料顯示，上述三件樓蘭出土的文書，應屬於三國魏廢帝嘉平四年（西元 252 年）至西晉懷帝永嘉四年（西元 310 年）之間的遺物；〔註87〕而既然此三件文書都屬於今草，則我們可以確信：今草在西晉以前就已經

〔註85〕同前註。

〔註86〕劉延濤，前引書，頁32。

〔註87〕樓蘭出土殘紙紀年，最早者爲三國魏嘉平四年，最晚者爲永嘉四年，見：王宏、賈永來，《海外藏晉人紙本墨跡──樓蘭文書簡牘殘紙》，史樹青（序），天津，古籍書店，民國80年5月第一版第一次印刷。

產生了。

圖二九　樓蘭文書 C.26.1 林一三三　圖三〇　樓蘭文書 C.26.1 林一三三
　　　　　　（正）　　　　　　　　　　　　　　　　（背）

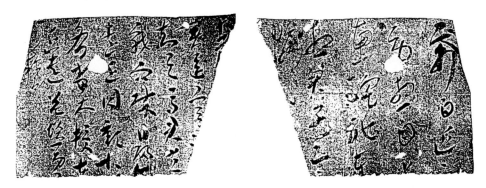

圖三一　樓蘭文書 C.32.1 林一八二（背）

圖三二　樓蘭文書 C.33.2 林一八五

　　比樓蘭殘紙年代更早的漢代簡牘，其中若干近似今草的草書書蹟，則可能把今草產生的年代再往前推。例如——

　　一、敦煌一九五號簡（圖三三），雖仍字字區別，惟除了「定」字末畫猶帶明顯波磔之外，章草筆意已極少。尤其「除」字最後兩點，彼此連屬，末點目向下牽帶，與今草寫法相同。

　　二、居延新簡 EPT5.76A、B（圖三四），雖仍字字區別，而章草筆意不多；尤其各字末點多向左下收筆，與今草寫法相同。

圖三三　敦煌漢簡一九五簡　　　　圖三四　居延新簡 EPT5.76 A、B

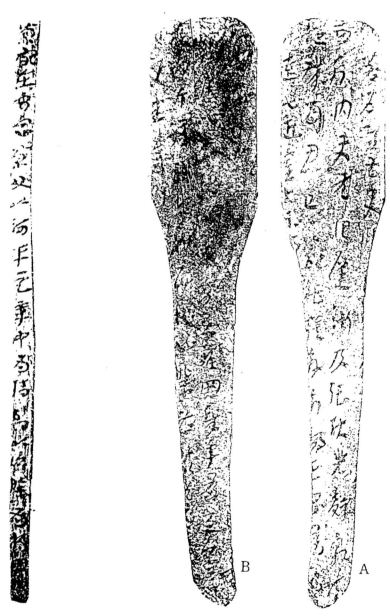

B　　　　A

　　三、居延出土之〈永元兵物簿〉，永元五年（圖三五）、六年（圖三六）
部分，帶有明顯的波磔，風格屬於章草。七年部分（圖三七），則幾乎全無波
畫；尤其「永元七年三月壬午朔」一段，「三月」、「壬午」上、下字連屬，與
今草寫法無異。

圖三五　居延漢簡〈永元　圖三六　居延漢簡〈永元　圖三七　居延漢簡〈永元
　　　　兵物簿〉永元五　　　　　兵物簿〉永元六　　　　　兵物簿〉永元七
　　　　年部分（局部）　　　　　年部分（局部）　　　　　年部分（局部）

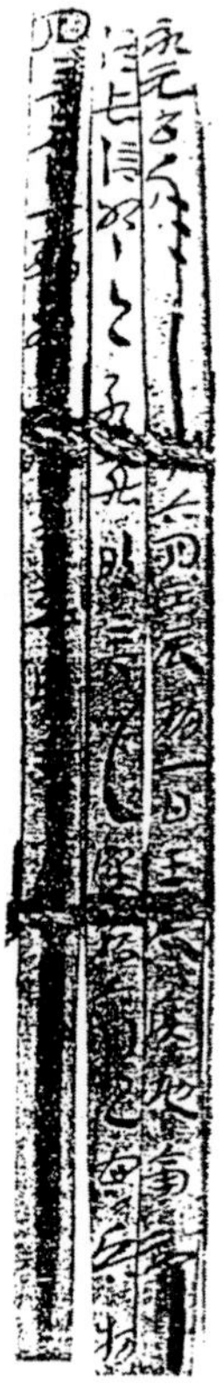

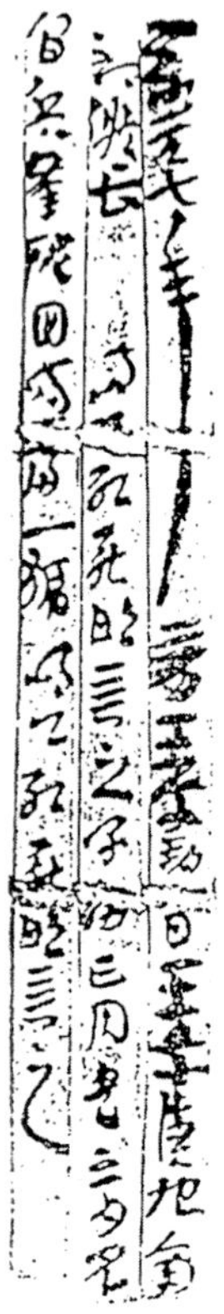

上舉三例，雖非純為今草之書蹟，但今草的筆意已明顯可見。誠如黎泉所云：

> 漢代簡書中的今草盡管還不備，但對今草的發展，從運筆、結體、使轉、便捷等方面都奠定了基礎。今草的運筆較章草快，這主要是因為今草脫離了隸書遺意（主要指波磔）不受波腳的束縛，行筆可以一瀉而下，痛快淋漓。今草的結體婉轉連綿，意境奔放。上述這些特點，在簡書中可以找到佐證；與後世興起的今草相對照，其用筆、結體皆有共同之處。〔註88〕

黎泉又云：

〔註88〕黎泉，《簡牘書法》，頁31，上海，上海書畫出版社，民國74年4月第一版第一次印刷。

　　早在西漢時期的簡牘中，已看到篆、隸、眞、行、草（章草）的出
　現，而今草的某些筆法和形體也已孕育其中。〔註89〕

黎氏並未具體指出那些西漢時的簡牘中已孕育著今草的那些筆法或形體；假
如眞如黎氏所說：「早在西漢時期的簡牘中，……今草的某些筆法和形體也已
孕育其中」；則在東漢末年，今草極有可能已經形成。

　　而安徽亳縣曹操宗族墓元寶坑一號墓出土的〈爲將奈何磚〉（圖三八），
其上的書蹟雖然字字獨立，不相連屬，但其運筆迅疾，除了第一行「奈」字
上橫之外，全爲今草筆筆意。〔註90〕

圖三八　　〈為將奈何磚〉

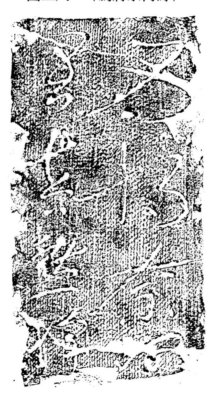

　　綜合以上的討論，筆者認爲：東漢末年應已產生今草此一新體草書；至
於今草一名產生的年代，則一定較今草這種書體產生的年代晚，可能晚至東
晉，也可能晚至唐代。

〔註89〕黎泉，前引書，頁37。
〔註90〕參見本文第三章第四節。

第三章　促成漢代草書產生之原因

今人盛成有「草書受西來的影響」之說法，略謂：

> 西元前五世紀，亞拉美游牧部落創造行書，先爲簡嚴體（Lapidary Style），半楔半草，⋯⋯再後，即爲草書，亦稱行書。由歷山王帶入中亞及印度，於是波斯、大夏、印度，均稱用行書字母，因其便於馬上交通之軍事文書，及商業與游牧用，故亞拉美的方體、半草、全行；傳至中國今日的新疆東部（古時爲波斯一省）乃在西元前328年，即秦用張儀爲相之年。以後，秦李斯所定的小篆，程邈所作的隸書，王次仲所作的八分楷書，又作軍中赴急的草行書，這與上文所述亞拉美字母的演變，略草、半草、全草相同。軍事緊急，⋯⋯故用胡法以敗胡，以收成功之效，而因變亦由是起。〔註1〕

將中國草書之產生歸因於西方草書的影響，其值得商榷之處有二——

一、文中並未提出任何文獻上的根據，也未具體說明中國草書如何受西方草書之影響而產生。

二、中國在西元前二世紀末葉漢武帝經營河西之後，始與新疆東部有較大規模的接觸；〔註2〕在此之前，中國文字早已經過五千年以上的潦草化過程，且可能已經產生草書書體了。〔註3〕

〔註 1〕 盛成，〈唐代美術〉，《中國美術論集・一》，頁135，臺北，中華文化事業委員會，民國44年11月初版。

〔註 2〕 新疆約當漢代之西域。班固《漢書》卷九六〈西域傳〉載：「西域以孝武始通，⋯⋯東則接漢，阨以玉門、陽關。」臺北，臺灣商務印書館，民國77年1月臺六版。

〔註 3〕 參見本文第一章。

因此，盛成的說法恐怕難以成立。

在中國歷代的書學理論中，所有論及草書書體之所以產生的原因，大概都認爲是爲了達到快速書寫的目的。〔註4〕筆者認爲：達到快速書寫的目的，確爲草書書體之所以產生的原因；然而，爲何要快速書寫？其動機則非僅一端。

本文第一章第一節曾將中國文字潦草化的具體原因歸納爲「技法生疏」、「心理輕忽」、「時間緊迫」、「字數繁多」和「一味求快」五種；其中，除了第一種之外，其餘四種都將造成快速書寫的需求。而這四種中國文字潦草化的具體原因，也正是促使漢代草書產生之四項動力性原因；此外，草書之所以產生於漢代，而不在別的朝代，其決定性原因則爲文字草化之適時成熟。

本章共五節，分別討論心理輕忽、時間緊迫、字數繁多、一味求快和草化成熟五項促使漢代草書產生之原因。

第一節　心理輕忽

當人們在進行書寫工作時，往往會對所書寫的文件之重要性作判斷。如果認爲重要的，便採取較慢的書寫速度，敬謹爲之，字蹟遂較爲工整；如果認爲不重要的，有時會散漫爲之，有時便採取較快的書寫速度，字蹟遂較爲潦草。這種認爲文件不重要而遂散漫爲之或快速書寫的現象，就是本文所謂的「心理輕忽」。

最典型的心理輕忽的書寫，就是作文打草稿。由於人們在打草稿時，得不斷地構思，不斷地刪改，因此，每每有最後再謄繕一遍的心理準備。而正因爲有再謄繕一遍的心理準備，所以人們在打草稿時，一般會加快運筆節奏，而不刻意追求字蹟的工整。

以唐代書法家顏眞卿爲例。他書寫碑文時，全都使用楷書。〔註5〕寫碑額則有時用篆書，如：〈東方先生畫贊碑〉碑陽的碑額（圖三九）即是；有時用八分書，如：〈東方先生畫贊碑〉碑陰的碑額（圖四○）即是。至於草擬文章或書信時，則用行書或草書，〔註6〕如：現藏臺北故宮博物院的〈祭姪文稿〉（圖四一），就是以行書書寫。〈祭姪文稿〉除了字蹟本身較顏魯公所書的碑

〔註4〕參見本章各節所引之歷代相關書論。

〔註5〕參見：蔣星煜，《顏魯公之書學》，頁47至57，《藝術叢編》，第一集，第六冊之四七，臺北，世界書局，民國63年4月三版。

〔註6〕同前註。

版潦草之外，更有圈除文字十七處、旁補文字十一處、壓改文字一處、脫漏文字一處。圈除文字十七處，包括：第二行「從父」、第八行「方憑積善」、第十行「□制」及右旁「被脅」、第十二行「恐」、第十四行「賊臣擁眾不救」及「擁」、第十五行「搆」、第十九行「河東近」及「爾之」、第二十行「亦自常山」及右旁「提」、第廿一行「俟」字左上某字兩筆、「□□」、「爲」及右旁「及」、第廿二行「撫」。旁補文字十一處，包括：第二行右旁「第十三」、第十行左旁「竭誠」、第十四行右旁「不」、第十九行右旁「河」及「泉明」、第二十行右旁「比者再陷常山」、「攜爾」及左旁「及茲同還」、第廿一行右旁「遠日」及「卜」、第廿二行右旁「幽」。壓改文字一處，即第七行「標」。脫漏文字一處，即第二行末「祿」與第三行首「夫」間脫「大」字。〔註7〕在顏眞卿的心目中，顯然碑版較文稿重要，而碑版上的碑額又較碑文重要；故才會以篆書或八分書寫碑額，以楷書寫碑文，以行書或草書寫文稿。

　　褚少孫補《史記・三王世家》云：

　　　　謹論次其眞、草詔書，編于左方，令覽者自通其意而解說之。〔註8〕

詔書而分「眞、草」，蓋謂詔書之正本與草稿；漢武帝時詔書的草稿未必即用草書書寫，〔註9〕唯較之正本書寫迅速，字蹟潦草，則毋庸置疑。

　　草擬文稿的快速書寫，對於草書的產生起了相當程度的促進作用。庾肩吾、張懷瓘和《宣和書譜》的編撰者甚至認爲：草書起於作文打草稿，而因爲最初是使用於草擬文稿，所以才叫「草書」。〔註10〕其中，又以《宣和書譜》說得最詳明，云：

　　　　且草之所自，議者紛如，或以爲稿草之草，或以爲草行之草，或以
　　　　爲赴急之書，或以爲草昧之作。然則謂之草，則非正也。孔子所謂
　　　　「爲命，禆諶草創之」是也。若楚懷王使屈原造憲令，草稿未成，
　　　　上官見欲奪之；董仲舒欲言災異，草稿未成，主父偃竊而奏之。今
　　　　猶以起草爲稿者，其近之也。〔註11〕

〔註7〕關於〈祭姪文稿〉圈除及脫漏文字部分，參見：故宮博物院，《唐顏眞卿書祭姪文稿》，頁13，《故宮法書》，第五輯，臺北，民國62年8月再版。

〔註8〕司馬遷，《史記》，卷六〇，臺北，臺灣商務印書館，民國77年1月臺六版。

〔註9〕顧炎武《日知錄》卷二二〈草書〉云：「褚先生補《史記・三王世家》曰：『至其次序分絕，文字之上下，簡之參差長短，皆有意，人莫之能知；謹論次其眞，草詔書，編于左方。』」臺南，平凡出版社，民國63年9月再版。

〔註10〕參見本文第二章第一節。

〔註11〕宋宣和官修，《宣和書譜》，卷一三，《藝術叢編》，第一集，第一冊之四，臺

案：「草書」一名，乃假借爲「糙書」，取其爲粗略文字之意，而非因草擬文稿所用。〔註12〕至於「草稿」，固然與草書有關聯，草書中，甚至有名爲「草稿」或「稿草」之別體；〔註13〕但打草稿也只是促使漢代草書產生的眾多原因中「心理輕忽」一項中的一例而已。

圖三九　顏真卿〈東方先生畫贊碑〉　圖四〇　顏真卿〈東方先生畫贊碑〉碑
　　　　碑陽碑額（局部）　　　　　　　　陰碑額（局部）

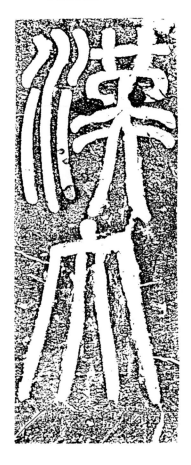 

北，世界書局，民國 64 年 4 月四版。

〔註12〕同註 10。

〔註13〕（傳）羊欣〈古來能書人名〉載：「衛覬……子瓘，字伯玉，爲晉太保。采張芝法，以覬法參之，更爲「草稿」，「草稿」是相聞書也。」張彥遠，《法書要錄》，卷一，《藝術叢編》，第一集，第一冊之二，臺北，世界書局，民國 64 年 4 月四版。趙宧光《寒山帚談》卷上云：「草書中，……一曰稿草，或眞或行或草，大小疏密隨宜，如顏平原〈坐位〉、〈祭姪〉二帖是也。」《藝術叢編》，第一集第三冊之一九。臺北，世界書局，民國 62 年 7 月三版。

圖四一　顏真卿〈祭姪文稿〉

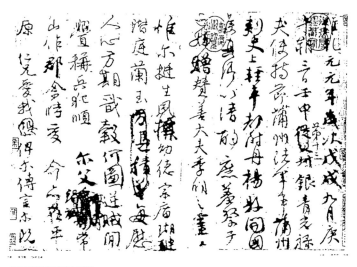

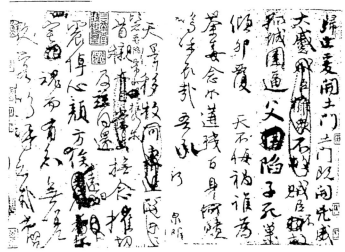

　　除了作文打草稿之外，心理容易輕忽的情況，尚有所謂「日用文字」的書寫，也就是一些日常性的實用文字。如：本文第一章第一節所提到的商代甲骨文，就是日用文字，故其製作往往較同時期的金文潦草。事實上，就商代甲骨文而言，亦有實用性文字與紀念性文字之區別。例如：胡厚宣《戰後京津新獲甲骨集》第一二五五片甲骨（圖四二），所記載的內容爲日常性的貞卜之事，故以單刀刻法，簡率爲之。至於董作賓《小屯殷虛文字甲編》第三九四○片鹿頭刻辭（圖四三），所記載內容商王帝辛征夷方之事，具有紀念性，乃以複刀刻法，認眞模擬筆寫書蹟。

圖四二 《戰後京津新獲甲骨集》一　圖四三 《小屯殷虛文字甲編》
　　　　 二五五片甲骨　　　　　　　　 三九四〇鹿頭刻辭

後代的日用文字，以書信爲大宗。劉勰《文心雕龍·書記》云：

　　三代政暇，文翰頗疏。春秋聘繁，書介彌盛。繞朝贈士會以策，子家
　　與趙宣以書，巫臣之遺子反，子產之諫范宣，詳觀四書，辭若對面。
　　又子叔敬叔進弔書于滕君，固知行人挈辭，多被翰墨矣。及七國獻書，
　　詭麗輻湊；漢來筆札，辭氣紛紜。觀史遷之報任安，東方之難公孫，
　　楊惲之酬會宗，子雲之答劉歆，志氣槃桓，各含殊采：並杼軸乎尺素，
　　抑揚乎寸心。逮後漢書記，則崔瑗尤善。魏之元瑜，號稱翩翩；文舉
　　屬章，半簡必錄，休璉好事，留意詞翰；抑其次也。嵇康絕交，實志
　　高而文偉矣；趙至敘離，迺少年之激切也。至如陳遵占辭，百封各意；
　　彌衡代書，親疏得宜，斯又尺牘之偏才也。〔註14〕

大意是說：書信自春秋時代漸盛，後代遂多有擅長尺牘者。而書信當中，官

〔註14〕劉勰、王更生注譯，《文心雕龍讀本》，卷五，頁462至463，臺北，文史哲出
　　　　版社，民國73年3月初版。

方的公關性質較爲重要，或許會較敬謹爲之；至於私人信札，多施於至親好
友之間，故可率意揮灑，而不必斤斤於字蹟之端飭與否，故反多自然眞趣，
而爲人喜愛，至有被奉爲「法帖」者。歐陽修跋〈晉王獻之法帖〉云：

> 所謂「法帖」者，其事率皆弔哀、候病、敍睽離、通訊問，施於家
> 人朋友之間，不過數行而已。蓋其初非用意，而逸筆餘興，淋漓揮
> 灑，或妍或醜，百態橫生。披卷發函，爛然在目；使人驟見驚絕，
> 徐而視之，其意態愈無窮盡。故使後世得之以爲奇翫，而想見其人
> 也。至於高文典冊，何嘗用此。〔註15〕

「初非用意」就是本文所謂的「心理輕忽」；而「高文典冊，何嘗用此」，正
表示書信書蹟之潦草有別於重要文書之謹飭。

　　書信的率意書寫促進了草書的產生，而漢代之尺牘，亦有使用草書之例。
如：東漢明帝之驛馬令北海敬王劉睦「作草書尺牘十首」〔註16〕即是。而東
漢草書名家崔瑗，又善爲書記；〔註17〕則在漢時，書信與草書的關係應極密
切。靈帝引「爲尺牘及工書鳥篆者」爲鴻都門學生，其所謂的「尺牘」或即
指草書而言。〔註18〕吳保合云：

> 章草可說是漢代用於尺牘中的書體。〔註19〕

其說雖屬推論，然亦非無據。

　　漢、魏之際，書信所使用的書體乃自草書而派生出來，稱爲「行狎書」，
〔註20〕蓋爲「行理書」之誤。「行理」爲傳遞訊息的使者，〔註21〕「行理書」

〔註15〕歐陽修，《歐陽修全集》，卷五，〈集古錄跋尾·一〉，臺北，河洛圖書出版社，
　　　　民國 64 年 3 月初版。

〔註16〕范曄，《後漢書》，卷一四，〈宗室四王三侯傳〉，臺北，臺灣商務印書館，民
　　　　國 70 年 1 月臺五版。

〔註17〕范曄，前引書，卷五二，〈崔駰傳〉載：「瑗高於文辭，尤善爲書、記、箴、
　　　　銘。」《文心雕龍》所謂「後漢書記，則崔瑗尤善」，或本於《後漢書》。

〔註18〕范曄，前引書，卷八，〈靈帝紀〉載：「光和元年……二月，……始置鴻都門
　　　　學生。」同書卷六〇下，〈蔡邕傳·下〉載：「初，帝好學，自造《羲皇篇》五
　　　　十章，因引諸生能爲文賦者。本頗以經學相招，後諸爲尺牘及工書鳥篆者，
　　　　皆加引召，遂至數十人。」「尺牘」與「鳥篆」相提並論，很有可能皆作書體
　　　　名稱使用。

〔註19〕吳保合，〈中國書學與書風的演變〉，《文藝復興》，（民國 72 年 3 月），140 期，
　　　　頁 34。

〔註20〕（傳）羊欣〈古來能書人名〉載：「鍾書有三體，……三曰行狎書，相聞者也。」
　　　　張彥遠，前引書，卷一。

〔註21〕《左傳·昭公十三年》載：「行理之命，無月不至。」注：「行理，使人通聘

者，即前引《文心雕龍》所謂「行人掔辭」時所使用之書體。「理」、「狎」形近而訛。「行理書」後代簡稱爲「行書」。〔註22〕而後世之論中國書體者，亦有人將行書包含於草書之中。〔註23〕

史籍所載，有不以草書作書信者。如：《北齊書‧趙彥深傳》載：

彥深有七子，仲將知名。……學涉群書，善草隸。雖與弟書，書字楷正，云草不可不解，若施之於人，即似相輕易，若與當家中卑幼，又恐其疑所在宜爾，是以必須隸筆。〔註24〕

又，《舊唐書‧文苑傳‧中》記載：

席豫……與弟晉，俱以詞藻見稱，而豫性尤謹，雖與子弟書及吏曹簿領，未嘗草書，謂人曰：「不敬他人，是自不敬也。」或曰：「此事甚細，卿何介意？」豫曰：「細猶不謹，而況巨耶！」〔註25〕

趙仲將與席豫不以草書作書信，而立傳者特記之，可以反證以草書作書信乃一般人之習慣；〔註26〕而趙、席所謂「相輕易」或「不敬」，亦即心理輕忽之意。

較不重要的公文書也常會有輕忽的心理。上引《舊唐書‧文苑傳》所謂「吏曹簿領」，當時機關的內部文書，自留爲紀錄者。《舊唐書》以「雖與……吏曹簿領，未嘗草書」，來彰顯席豫之性謹，可見一般人在書寫「吏曹簿領」之類較不重要的公文書時，難免會心理輕忽，而潦草書寫。

此外，一般人對於寫來供自己閱讀的一些備忘性質的文字資料，也常會心理輕忽而潦草書寫。

在傳世的漢代簡牘中，可以找到許多屬於心理輕忽的草書書蹟，例如——

一、草　稿

甘肅省文物考古研究所〈敦煌馬圈灣漢代烽燧遺址發掘報告〉載：

問者。」見：左丘明傳、杜預注、孔穎達疏，《左傳正義》，卷四六，《十三經注疏》，第六冊，臺北，藝文印書館，民國65年5月六版。

〔註22〕王僧虔〈論書〉云：「行狎書，行書是也。」張彥遠，前引書，卷一。

〔註23〕董作賓〈漫談中國文字書法的美〉云：「世因有『篆隸眞草』四體之名，……草書包括章草今草狂草以及行書。」《平廬文存》，卷四，頁741，臺北，藝文印書館，民國52年10月初版。

〔註24〕李百藥，《北齊書》，卷三八，臺北，鼎文書局，民國69年3月三版。

〔註25〕劉昫等，《舊唐書》，卷一九○‧中，臺北，鼎文書局，民國70年元月三版。

〔註26〕劉昫等，前引書，卷七二，〈李玄道傳〉載：「後遇（王）君廓入廟，……玄道附書，君廓私發，不識草字，疑其謀己，懼而奔叛，玄道坐流巂州。」是亦唐人以草字作書信之一證。

（二）奏書。共一○三枚，佔全部出土簡牘的 8.44%。絕大多數為王莽派往西域之五威將王駿的幕府檔案，全為底稿，草書，人名多以△號省略。其文書格式，首書年、月、日、官職、爵位，下稱「冀土臣△，稽首再拜上書」，另起行，稱「皇帝陛下　臣△叩頭叩頭」，或「臣△伏白」，尾書「臣稽首以聞」，或「臣△稽首再拜」。〔註27〕

此項敦煌出土的奏書草稿，有「臣△」者，為編號五○、六○、七五、八二A、B、九一、一○四、一一○、一一七、一一八、一二○、一三二、一三八、一三九、一四六、一四七、一五○、一五一、一五八、一八二、九七○、九七五計廿一簡；有「臣稽首」者，為編號四九二簡一枚（圖四四）。

二、書 信

如：居延漢簡四九五‧四A、B，甲一八六二A、B號木牘（圖四五），文云：

> 吏奴下薄賤多所迫迫近宮廷不得去尺寸家數失往人甚毋狀叩頭子覆不羞葸
> 貧入收錄置羌中數年无以報厚恩彭叩頭因道彭今年毋狀小疾
> 內錢家室分離獨居困致毋禮物至子覆君正月前甚毋狀獨賜膗
> 貲初歲宜當奔走至前迫有行塞者未敢去署叩頭請覆冐
> （以上A面）
> 伺便致言解俱叩頭比得謁見始除盛寒不和唯有時平衣強奉
> 酒食愚戇毋倫甚焉叩頭數已張子春累毋已子覆奉以彭故不
> 遺亡至意得已蒙厚恩甚厚謹因子春致書彭叩頭單記□□□不謁彭叩頭
> （以上B面，〔註28〕）

觀其文辭，蓋為彭託張子春帶給某人的私人書信，以草書書寫，末言「記」，乃漢代人書疏之稱。〔註29〕

〔註27〕甘肅省博物館等，《敦煌漢簡》，附錄，頁 69，北京，中華書局，民國 80 年 6 月第一版第一次印刷。

〔註28〕勞榦，《居延漢簡‧考釋之部》，釋文，頁 124、125，臺北，中央研究院歷史語言研究所，民國 75 年 5 月出版。另，中國社會科學院考古研究所，《居延漢簡甲乙編》，釋文頁 253、254，北京，中華書局，民國 69 年 12 月第一版第一次印刷。A面「薄」字，勞書釋作「簿」，據《居延漢簡甲乙編》改。

〔註29〕參見：陳槃，《漢晉遺簡識小七種》，頁 13，〈書疏稱「記」〉，臺北，中央研

圖四四　敦煌漢簡四九二簡　　圖四五　居延漢簡四九五・四Ａ、Ｂ木牘
（甲一八六二Ａ、Ｂ）

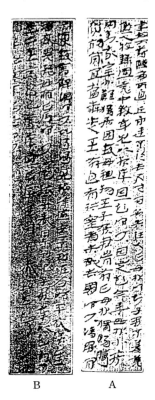

Ｂ　　Ａ

　　三、較不重要的公文書。如本文第二章第三節已提及之〈永元兵物簿〉
（見：圖三五至三七），爲民國十九年至二十年於張掖郡肩水都尉府的廣地候
官遺址所發現，共七十八枚木簡編爲一冊，內容爲東漢和帝永元年間（西元
89年至105年）廣地候長所報上的官兵器物統計簿，包括：廣地候長所轄破
胡燧和河上燧的永元五年六月、同年七月以及永元六年七月「見官兵釜磑月
言簿」三編，以及永元七年正月盡三月以及同年四月盡六月「官兵釜磑四時
簿」。屬於例行性之公文書，其重要性不大，故以草書書寫，且是先寫好之後，
再用麻繩編聯成冊，編冊的兩道麻繩壓住了簡上同一高度的文字。〔註30〕

　　　　院歷史語言研究所，民國64年6月出版。
〔註30〕參見：勞榦，前引書，釋文頁190至192。中國社會科學院考古研究所，前引
　　　　書，釋文頁253、254。林劍鳴，《簡牘概述》，頁135至138，臺北，谷風出
　　　　版社，民國76年9月初版。永田英正著，謝新平譯，〈論新出居延漢簡中的
　　　　若干冊書〉，甘肅文物考古研究所，《秦漢簡牘論文集》，頁236至255，蘭州，
　　　　甘肅人民出版社，民國78年12月第一版第一次印刷。陳夢家將〈永元兵物

　　四、備忘性的文字資料。如：民國六十一年十一月於甘肅省武威縣旱灘坡漢墓出土的醫藥簡牘，根據中醫研究院醫史文獻研究室表示：「似乎是當時醫家的一部讀書和醫療實踐的紀錄，記載作者個人醫療心得和當時較有實用價值的方劑。」〔註31〕其書蹟多為潦草隸書，間雜有若干草書寫法的文字，尤其編號八三Ａ、Ｂ的一片木牘（圖四六），內容為公孫君之一藥方，其文字全為草書。此蓋為抄寫者供自己閱讀之備忘性文字資料。

圖四六　武威醫簡八三Ａ、Ｂ木牘

Ｂ　　　Ａ

　　上舉漢代簡牘中屬於心理輕忽的草書書蹟，其書寫的年代蓋皆在漢宣帝之後，當時，草書書體固已產生。唯以此作為「心理輕忽」乃促成草書產生之一輔證而已。

簿〉歸為「低級的官文書」，見：《漢簡綴述》，頁 310，北京，中華書局，民國 69 年 12 月第一版第一次印刷。

〔註31〕參見：甘肅省博物館、甘肅武威縣文化館，〈武威旱灘坡漢墓發掘簡報——出土大批醫藥簡牘〉，《文物》，民國 62 年，12 期，頁 18 至 21；中醫研究院醫史文獻研究室，〈武威漢代醫藥簡牘在醫學史上的重要意義〉，《文物》，民國 62 年，12 期，頁 23 至 29。

第二節　時間緊迫

文書書寫的時間緊迫，則書者在急於完成的壓力之下，勢必加快書寫的速度，而無暇顧及工拙，遂導致書蹟的潦草化。如：春秋末年晉國的侯馬盟書，就是由於時間緊迫而造成的潦草書蹟。〔註32〕至於張芝「適迫遽，故不及草」之言，應是伯英給親友書信中的文句，大概是因為時間緊迫，所以來不及打草稿，直接寫了信就寄發；故特加說明，請求收信者原諒字跡的潦草雜亂。而非如趙壹等人所謂來不及用草書來寫信的意思。〔註33〕

文書書寫的時間緊迫，為促成草書書體產生的動力之一。而在時間緊迫的文書中，又以羽檄等軍事文書為最具代表性。蔡邕云：

> 昔秦之時，諸侯爭長，簡檄相傳，望烽走驛，以篆、隸之難，不能救速，遂作赴急之書：蓋今草書是也。〔註34〕

大意是說，秦代末年，〔註35〕由於戰事頻仍，篆書和隸書過於繁難，無法應付緊急的需要，所以才創造了草書。

蔡邕的這段話，明白提出草書之所以產生的原因，在於彌補篆、隸「不能救速」的不足，而期達到「赴急」的目的。救，助濟也；〔註36〕速，迅疾也；〔註37〕「救速」就是滿足迅疾的需求。赴，奔趨也；〔註38〕「急」，迫切

〔註32〕 參見本文第一章第一節。

〔註33〕 趙壹〈非草書〉云：「私書相與，庶獨就書，云：『適迫遽，故不及草。』草本易而速，今反難而遲，失指多矣。」見：張彥遠，前引書，卷一。衛恆〈四體書勢〉云：「弘農張伯英者，……下筆必為楷則，號忽忽不暇草書。」見：房玄齡等，《晉書》，卷三六，臺北，鼎文書局，民國69年3月三版。

〔註34〕 梁武帝〈草書狀〉引，陳思，《書苑菁華》，卷三，《文淵閣四庫全書》，第八一四冊，臺北，臺灣商務印書館，民國72年10月初版。

〔註35〕 參見本文第一章第三節。

〔註36〕 「救」字「從攴、求聲」，本義為「止」，見：許慎，《說文解字》，卷三·下，丁福保，《說文解字詁林》，冊三，頁1226，臺北，鼎文書局，民國72年4月二版。如：《論語·八佾篇》載：「季氏旅於泰山。子謂冉有曰：『女弗能救與？』」馬融曰：「救，猶止也。」見：何晏注、刑昺疏，《論語正義》，卷三，《十三經注疏》，第八冊，臺北，藝文印書館，民國65年5月六版。引申為助濟等義，如：《禮記·檀弓·下》引《詩經，邶風·谷風》云：「凡民有喪，扶服救之。」鄭玄注：「救，猶助也。」見：鄭玄注、孔穎達疏，《禮記正義》，卷一○，《十三經注疏》，第五冊，臺北，藝文印書館，民國65年5月六版。

〔註37〕 「速」字「從辵、束聲」，本義為「疾」，見：許慎，《說文解字》，卷二·下，丁福保，前引書，冊三，頁52。如：《禮記·學記篇》云：「甚去之必速。」鄭玄注：「速，疾也。」見：鄭玄注、孔穎達疏，前引書，卷一八。

也；〔註39〕「赴急」就是達到迫切的目的。也就是說，爲了應付羽檄軍書時緊迫的需求，故而發展出草書書體。

與蔡邕年代相彷彿的趙壹，也提出了類似的看法。趙壹〈非草書〉云：

> 夫草書之興也，其於近古乎！……蓋秦之末，刑峻網密，官書煩冗；
> 戰攻並作，軍書交馳，羽檄紛飛；故爲隸、草，趨急速耳！〔註40〕

大意是說，草書乃是產生於秦代末年。一方面由於刑法嚴峻，官獄文書數量繁多，而創造出隸書來；另一方面則由於戰爭不斷，軍事時限緊急，所以又創造草書來，都是爲了應付快速書寫的需要。〔註41〕

軍事文書包括：檄書、露布、武移……。〔註42〕

以檄書爲例。「檄書」之名，蓋戰國始有，〔註43〕初本用以調集軍隊。《六韜‧犬韜‧分合第五一》云：

> 武王問太公曰：「王者帥師三軍，分爲數處，將欲期會合戰，約誓賞罰，爲之奈何？」太公曰：「凡用兵之法，三軍之眾必有分合之變。其大將先定戰地戰日，然後移檄書與諸將吏期，攻城圍邑，各會其所；明告戰日，漏刻有時。大將設營而陣，立表轅門，清道而待諸將吏；至者較其前後，先期至者賞，後期至者斬，如此則遠近奔集，

〔註38〕「赴」字當如段玉裁所改「從走、卜聲」，本義爲「趨」，見許慎，《說文解字》，卷二‧下，丁福保，前引書，冊二，頁 1330。如：《左傳‧昭公二十五年》云：「古人之能自曲直以赴禮者，謂之成人。」杜預注：「赴，謂奔走。」見：左丘明傳、杜預注、孔穎達疏，前引書，卷五一。

〔註39〕「急」字「從心、及聲」，本義爲「褊」，見：許慎，《說文解字》，卷一○‧下；丁福保，前引書，冊八，頁 1222。如：范曄《後漢書》卷一一一〈范丹傳〉載：「以狷急不能從俗。」臺北，臺灣商務印書館，民國70年1月臺五版。「狷急」即狷介褊狹。引申爲迫切等義，如：《孟子‧滕文公篇‧下》云：「未嘗聞仕如此其急。」見：趙歧注、孫奭疏，《孟子正義》，卷六‧下，《十三經注疏》，第八冊，臺北，藝文印書館，民國65年5月六版。「如此其急」，即如此迫切。

〔註40〕張彥遠，前引書，卷一。

〔註41〕「故爲隸、草，趨急速耳」，「隸草」一詞當作隸書和草書解。參見本文第二章註1。

〔註42〕據《文心雕龍‧檄移》所述，軍書有戒、誓、檄、露布、武移……多種，戒和誓乃是對自己的部下的宣示，檄、露布和武移則所以威讓敵軍。見：劉勰著、王更生注譯，《文心雕龍讀本》，頁375至377，臺北，文史哲出版社，民國72年10月初版。

〔註43〕《文心雕龍‧檄移》云：「暨乎戰國，始稱爲檄。」劉勰著、王更生注譯，前引書，頁375。

三軍俱至，併力合戰。」〔註44〕

古時檄書用木簡書寫，故「檄」字從木。〔註45〕若軍事緊急，則加鳥羽，故曰「羽檄」。《漢書·高帝紀》云：

> 吾以羽檄徵天下兵。

顏師古注云：

> 檄者，以木簡爲書，長尺二寸，用徵召也；其有急事，則加以鳥羽插之，示速疾也。〔註46〕

檄書亦用以威讓敵軍，達到先聲奪人之效。《文心雕龍·檄移》云：

> 至周穆西征，祭公謀父稱：「古有威讓之令，有文告之辭。」即檄之本源也。及春秋，征伐自諸侯出，懼敵弗服，故兵出須名，振此威風，暴彼昏亂，劉獻公之所謂「告之以文辭，董之以武師」者也。……故分閫推轂，奉辭伐罪，非唯致果爲毅，亦且屬辭爲武；使聲如衝風所擊，氣似欃槍所掃，奮其武怒，總其罪人，徵其惡稔之時，顯其貫盈之數，搖奸宄之膽，訂信順之心，使百尺之衝，摧折於咫書；萬雉之城，顚墜於一檄者也。〔註47〕

不管是調集軍隊的羽檄，抑或是威讓敵軍的檄書，其書寫的時間應該都是很緊迫的。

檄書之外，報告戰果之軍書，也是很緊急的。《周禮·夏官·太僕》云：

> 太僕……建路鼓於大寢之門外，而掌其政，以待達窮者與遽令，聞鼓聲，則速逆御僕與御庶子。

鄭玄注云：

> 鄭司農云：「……遽，傳也，若今時驛馬，軍書當急聞者，亦擊此鼓。」〔註48〕

傳遞者既須以驛馬，且又擊路鼓以急聞；則書寫者定不得從容爲之。其書蹟之潦草，可以想見。

〔註44〕呂望，《六韜》，卷六，臺北，臺灣商務印書館，民國64年6月臺三版。

〔註45〕許慎《說文解字》卷六·上：「檄，二尺書，從木、敫聲。」，丁福保，前引書，第五冊，頁860。

〔註46〕班固，《漢書》，卷一，臺北，臺灣商務印書館，民國77年1月臺六版。

〔註47〕劉勰著、王更生注譯，前引書，頁375至376。

〔註48〕鄭玄注、賈公彥疏，《周禮注疏》，卷三一，《十三經注疏》，第三冊，臺北，藝文印書館，民國65年5月六版。

漢代之前的軍事文書，主要見於《尙書》。《尙書》中共有七篇為軍事文書，包括：〈甘誓〉、〈胤征〉、〈湯誓〉、〈泰誓〉、〈牧誓〉、〈費誓〉和〈秦誓〉。〔註49〕漢代之前的軍事文書，大皆只傳其文辭，而未存其書蹟。

漢代的軍事文書，則有書蹟傳世。黃伯思〈記與劉無言論書〉云：

> 劉憲御史熹無言來，予與論書。劉因言：政和初，人於陝西發地，得木竹簡一竇，皆漢世討羌戎馳檄文書，若今吏案行遣，皆章草書，然斷續不綴屬，惟鄧騭永初二年六月一篇成文爾。今宗室仲忽及梁師成家尚多得之；石本乃就簡上摹得者。

其〈漢簡辨〉云：

> 近歲關右人發地，得古竇，中有東漢竹簡甚多，往往散亂考。獨永初二年討羌符文字尚完，皆章草書，書蹟古雅可喜。其詞云：「永初二年六月丁未朔，二十日丙寅，得車騎將軍莫府文書，上郡屬國都中二千石守丞廷義縣令三水，十月丁未到府受印綬發夫討畔羌，急急如律令。」〔註50〕

此為漢代軍事文書出土最早之紀錄，實物今已不存；唯據日人北川博邦所述，明、清偽刻之《絳帖》中有鄧騭〈討畔羌帖〉，帖末較黃伯思所述多「馬卅四、驢二百頭日給」九字。〔註51〕

近世出土的漢代簡牘中，亦不乏軍事文書。例如——

一、居延漢簡二七八・七A・B，乙貳零玖版的一枚觚（圖四七），其文云：

> 十二月辛未甲渠候長安候史佃人敢言之蚤食時臨木隧卒□□□□□
> □□□□□□□舉蓬　燔一積薪虜即西北去毋有亡失敢言之　／
> 十二月辛未將兵屯田官居延都尉渭城倉長禹屬行〔丞事〕（第一面）
> 廣田以次傳行至望遠止（第二面上端）
>
> 寫移疑虜有大眾不去欲並入為寇檄到循行部界中嚴教吏卒驚烽火明天田謹迹候候望禁止往來行者定蓬火輩送便兵戰鬥具毋為虜所萃椊

〔註49〕見：孔安國傳，孔穎達正義，《尚書正義》，卷七、八、一一、二○，《十三經注疏》，第一冊，臺北，藝文印書館，民國65年5月六版。

〔註50〕黃伯思，《東觀餘論》，卷上，臺北，漢華文化公司，民國63年8月初版。

〔註51〕北川博邦，《章草大字典》，頁5「收載資料目錄」，頁6「收載資料簡說」，東京，雄山閣，民國82年5月初版。

已先聞知失亡重事毋忽如律

二月壬申殄北甲〔渠〕（第二面）

候長緩）未央候史包隊長畸籌疑慮有大眾並欲入為寇檄到緩等各循

行部界中嚴教吏卒定蓬火輩送便兵戰鬥具毋為虜所萃槧已先聞知失

亡重事毋忽如律令（第三面，〔註52〕）

榮榦謂「此觚為露布文移」，內容大意為：十二月辛未日，臨木隧卒望見虜有

大眾，意欲入寇，遂舉烽火示警，虜見有備，遂向西北去。次日壬申，因文

移諸候隧，警備烽火，修習戰具。〔註53〕

圖四七　居延漢簡二七八・七Ａ・Ｂ觚（乙貳零玖）

此觚書體為潦草隸書，其中，「定」、「為」等字已近乎草書。

〔註52〕中國社會科學院考古研究所，前引書，釋文，頁199。

〔註53〕勞榦，《居延漢簡・考釋之部・居延漢簡考證》，頁41。

圖四八　敦煌漢簡五一及七八簡　　　圖四九　敦煌漢簡九二及一四八簡

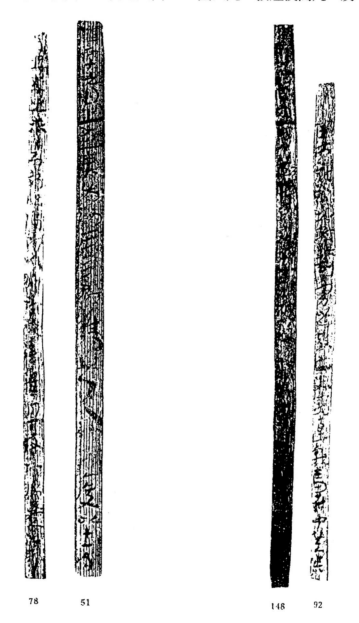

78　　51　　　　　　　　　148　　92

二、敦煌漢簡五一號簡云：

　　二十六日上急責發河西四郡精兵　　□度以十一月。〔註54〕

三、敦煌漢簡七八號簡云：

〔註54〕甘肅省博物館等，前引書，釋文，頁222。

聞兵且來出未常安也何歧邠旋微遣且發部郡兵出耶。〔註55〕

以上兩枚敦煌漢簡（圖四八），蓋言調集軍隊之事，書體為草書。

四、敦煌漢簡九二號簡云：

其營就大張格射擊劫虜皆散亡又前連戰焉者中兵矢。〔註56〕

五、敦煌漢簡一四八號簡云：

促信第一輩兵天減往令戌部吏士飢餒復處千里艱水草食死畜因。

〔註57〕

以上兩枚敦煌漢簡（圖四九），蓋為軍情報告，其書體為草書。唯上舉四枚敦煌簡乃留存之底稿，〔註58〕其正本是否亦為草書，則不得而知。

要之，軍書等書寫時間較為緊迫的文書，對於草書書體的產生有促成之力，應無疑議。只是，蔡邕和趙壹將影響草書書體的產生限於秦代末年的戰爭，則仍有可商。秦代末年由於連年征戰所造成的軍書時間緊迫的壓力，固然直接促成了漢代草書的產生，但是，這一段時期之前的戰爭，尤其是戰國時代的戰爭，對於漢代草書的產生也應該是有促成之功的。

第三節　字數繁多

所書寫的字數繁多，除了會造成身體的勞累之外，也會導致心理的不耐其煩。因此，往往會加快書寫的速度，而逐漸促成了草書書體的產生。

字數繁多的實例，可以官書作為代表。

「官書」乃公務上之文書，即今所謂之「公文」。《周禮·天官·宰夫》載：

掌百官府之徵令，辨其八職……六曰史，掌官書以贊治。〔註59〕

所謂的「官書」，即公務文書。

官書包括：奏章、憲令、刑獄文書……等。

官書數量繁多本為隸書書體之所以產生的原因。《漢書·藝文志》云：

〔註55〕甘肅省博物館等，前引書，釋文，頁223。

〔註56〕甘肅省博物館等，前引書，釋文，頁224。

〔註57〕甘肅省博物館等，前引書，釋文，頁225。

〔註58〕甘肅省博物館等，前引書，附錄，〈敦煌馬圈灣漢代烽燧遺址發掘報告〉，頁83：「馬圈灣簡，正是這一時期王駿等人來往文書底稿。」

〔註59〕鄭玄注、賈公彥疏，前引書，卷三。

《蒼頡》七章者，秦丞相李斯所作也；《爰歷》六章，車府令趙高所作也；《博學》七章者，太史令胡母敬作也。文字多取《史籀篇》，而篆體復頗異，所謂「秦篆」者也。是時，始造隸書矣！起於官獄多事，苟趨省易，施之於徒隸也。〔註60〕

另，許慎〈說文解字敘〉云：

是時，秦……大發吏卒、興戍役，官獄職務繁；初有隸書，以趨約易。〔註61〕

另，趙壹〈非草書〉云：

秦之末，刑峻網密，官書煩冗，戰攻並作，軍書文馳，羽檄紛飛；故爲隸、草，趨急速耳。〔註62〕

另，衛恆〈四體書勢〉云：

秦既用篆，奏事繁多，篆字難成，即令隸人佐書，曰「隸字」。〔註63〕

另，江式〈論書表〉云：

於是秦……官獄繁多，以趨約易，始用隸書。〔註64〕

另，張懷瓘《書斷》卷上「隸書」云：

秦造隸書，以赴急速，爲官司刑獄用之。〔註65〕

另，張萱〈八分隸楷辨〉云：

秦政時，法令繁劇，軍期嚴迫，大小篆難倅就，乃約之而爲隸，以其可施於徒隸，故曰隸；或云程邈所作，邈，故徒隸也。〔註66〕

都是以官書，尤其是刑獄文書數量繁多爲隸書的起因。而「隸書」之得名，正與刑徒罪隸有關。如上引衛恆〈四體書勢〉云：

秦……即令隸人佐書，曰「隸字」。〔註67〕

另，虞世南〈書旨述〉云：

〔註60〕班固，前引書，卷三〇。

〔註61〕許慎，《說文解字》，卷一五・上，丁福保，前引書，冊一一，頁900。

〔註62〕張彥遠，前引書，卷一。

〔註63〕房玄齡等，前引書，卷三六，〈衛恆傳〉引。

〔註64〕李延壽，《北史》，卷三四，〈江式傳〉引，臺北，鼎文書局，民國69年5月三版。

〔註65〕張彥遠，前引書，卷七。

〔註66〕張萱，《疑耀》，卷三，《百部叢書集成》九三，《嶺南遺書》二一、二二，臺北，藝文印書館，民國54年出版。

〔註67〕同註69。

至若程邈隸體，因之罪隸以名其書。〔註68〕

另，韋續《墨藪》云：

> 古隸書者，秦程邈獄中變大篆所作，始皇嘉焉，拜侍御史，名「徒
> 隸之書」。……、徒隸之書，因程邈幽囚爲徒隸書也。〔註69〕

都強調「隸書」或「隸字」之名與刑徒、罪徒、罪隸有關。

官書數量繁多是隸書的起因，也是草書書體的起因。可能是因爲隸書猶仍繁難，故再進一步求文字形體的簡易和運筆節奏的迅捷，遂而形成了草書。崔瑗〈草書勢〉云：

> 時之多僻，政之多權，官事荒蕪，勦其墨翰；惟作佐隸，舊字是刪。
>
> 草書之法，蓋又簡略。〔註70〕

則是以官書數量繁多爲草書之所以產生的原因。

官書數量乃是伴隨著政治事務的加重而增多的。大概自春秋時代，「諸侯力政」，〔註71〕「務在彊兵并敵」，〔註72〕勢必造成政治事務和官書數量的激增。到了秦代，一方面由於前人所指出的「刑峻網密」之緣故，一方面由於政治體制的劃時代變革，使得政治事務較往昔又更明顯地加重，官書的數量乃益加繁多。

據《史記·秦始皇本紀》所載：秦始皇爲秦王的第廿六年（西元前 221年），「秦初并天下」，〔註73〕秦代無論是疆域的遼闊，或是中央政府的強勢，都是空前的；誠如當時的王綰、馮劫和李斯等人對秦始皇帝所言：

> 昔者五帝地方千里，其外侯服、夷服，諸侯或朝或否，天子不能制：

〔註68〕張彥遠，前引書，卷三。

〔註69〕韋續，《墨藪》，第一篇〈五十六種書〉，《藝術叢編》，第一集，第一冊之三，臺北，世界書局，民國64年4月四版。

〔註70〕同註69。

〔註71〕許慎〈說文解字敘〉云：「至孔子書六經，左丘明述《春秋》傳，皆以古文，厥意可得而說。其後，諸侯力政，不統於王，……分爲七國。」丁福保，前引書，冊二，頁 901。其所謂「諸侯力政」，指孔子、左丘明之後的戰國時代而言；唯「諸侯力政」的情形，在春秋時代已然，故《史記·十二諸侯年表》云：「及厲王……亂自京師始，而共和行政焉。是後或力政，彊乘弱；與師不請天子，然挾王室之義·以討伐爲會盟主，政由五伯。」司馬遷，前引書，卷一四。

〔註72〕《史記·六國表》云：「三國終之卒分晉，田和亦滅齊而有之，六國之盛自此始。務在彊兵并敵，謀詐用而從衡短長之說起。」司馬遷，前引書，卷一五。

〔註73〕司馬遷，前引書，卷六。

今陛下興義兵，誅殘賊，平定天下，自上古以來未嘗有。〔註74〕

疆域遼闊的帝國，而政權又集中於中央政府，則中央政府的政務勢必加重，其組織不得不大幅擴張。張其昀曾比較秦代與先秦政治制度不同所造成的差異，略謂：

> 原來在封建制度下，天子的施政只及於王畿之內，而諸侯疆域內之政教，則由諸侯自主。如是則諸侯的政令雖不免各自爲政，紛歧百出；而王室之政治，卻因畿境甚小，故政令甚爲簡約。至改行郡縣制後，一切政令必須中樞爲之指示，故中樞之權力大爲增強，而政務之繁重實增益倍蓰，故中央必須有一有力之行政機構爲之主持。〔註75〕

政務加重，組織擴張，自然造成官書數量的激增。

近世出土的秦簡中，即有爲數不少的官書。例如：四川省青川縣郝家坪出土的木牘，其內容爲秦國更修田律事。〔註76〕湖北省雲夢縣睡虎地出土的竹簡中，〈語書〉爲秦王政二十年（西元前227年）四月二日南郡的郡守騰頒發給本郡各縣、道的一篇文告；〔註77〕〈秦律十八種〉爲「田律」、「廄苑律」等十八種秦律的摘錄；〔註78〕〈效律〉詳細記載核驗縣及都官物資帳目的制度；〔註79〕〈秦律雜抄〉爲「除吏律」、「游士律」等十一種秦律的摘錄，僅「除吏律」一種與「秦律十八種」中之「置吏律」相似之外，餘並無重複；〔註80〕〈法律答問〉爲秦國法律中的主體部分，即刑法的解釋，「決不會是私人對法律的任意解釋，在當時應具有法律效力」；〔註81〕〈封

〔註74〕同註73。

〔註75〕張其昀，《中華五千年史》，第八冊，〈秦代史〉，頁15，臺北，中國文化大學出版部，民國70年3月出版。

〔註76〕參見：四川省博物館等，〈青川縣出土秦更修田律木牘——四川青川縣戰國墓發掘簡報〉，《文物》，民國71年，1期，頁1至13。于豪亮，〈釋青川木牘〉，《文物》，民國71年，1期，頁22至24。李學勤，〈青川郝家坪木牘研究〉，《文物》，民國71年，10期，頁68至72。

〔註77〕參見：熊鐵基，〈釋《南郡守騰文書》——讀「雲夢秦簡」〉，《中國史研究》，民國68年，3期，頁159至160。睡虎地秦墓竹簡整理小組，《睡虎地秦墓竹簡》，釋文註釋，頁13。

〔註78〕參見：睡虎地秦墓竹簡整理小組，前引書，釋文註釋，頁19。

〔註79〕參見：睡虎地秦墓竹簡整理小組，前引書，釋文註釋，頁69。

〔註80〕參見：睡虎地秦墓竹簡整理小組，前引書，釋文註釋，頁79。

〔註81〕參見：睡虎地秦墓竹簡整理小組，前引書，釋文註釋，頁93。

診式〉包括「治獄」、「訊獄」等多節，爲對官吏審理案件的要求及對案件進行調查、檢驗、審訊等程序的文書程式，包括各類案例，以供有關官吏學習。〔註82〕湖北省雲夢縣龍崗出土的簡牘，內容包括：「禁苑」、「田贏」和「鞠之辭」，爲禁苑、田地和治獄的相關法規。〔註83〕上述這些秦代簡牘，都是以秦隸書寫。

漢代傳世的官書書蹟，主要見於居延和敦煌出土的簡牘中。而從另外一方面言，居延和敦煌出土的漢代簡牘，除了部分的「小學類」（如：《蒼頡篇》和《急就章》等字書）、「術數類」（如：曆譜、占書和相馬法等）、「方技類」（如：醫方）和私人信函之外，其餘絕大部分都是官書，相當於《流沙墜簡》所謂的「屯戍叢殘」一項。〔註84〕

居延和敦煌的官書中，有不少是定期性的帳簿。永田英正將居延地區破城子所出土的定期性簿作了如下之分類——

一、吏卒現有人員
　　甲、吏卒名籍
　　乙、病卒名籍
二、烽隊勤務
　　甲、作簿
　　乙、日跡簿
　　丙、郵書
　　丁、舉書
三、器物
　　甲、守御器簿
　　乙、戍卒被簿
四、現錢出納
　　甲、錢出入簿

〔註82〕 參見：睡虎地秦墓竹簡整理小組，前引書，釋文註釋，頁147。

〔註83〕 參見：湖北省文物考古研究所等，〈雲夢龍崗六號秦墓及出土簡牘〉，《考古學集刊》，第八集，頁87至122，北京，科學出版社，民國83年12月出版。

〔註84〕 《流沙墜簡》將斯坦因（Aurel Stein）在敦煌等地所發現的漢晉遺簡分爲小學術數方技書、屯戍叢殘和簡牘遺文三種；小學術數方技書包括小學類、術數類和方技類，屯戍叢殘包括簿書類、烽燧類、廩給類、器物類、雜事類，簡牘遺文則彙及各類書信。參見：羅振玉、王國維，《流沙墜簡》，北京，中華書局，民國82年9月第一版第一次印刷。

　　　　乙、吏受奉名籍
　　五、糧食
　　　　甲、谷出入簿
　　　　乙、吏卒廩名籍
　　　　丙、卒家屬廩名籍
　　　　丁、與糧食有關的其他類
　　六、其他〔註85〕

　　以「日跡簿」一項為例。在烽隧服勤的吏卒，有一項公務為巡視天田。「所謂『天田』，就是指在烽隧周圍所設置的一定範圍的砂地。巡視天田的吏卒每天要把砂地耙平一次，根據砂地上留下腳印的數目和方向來判斷晚上是否有敵人進來，有多少人進來，從什麼方向進來的，或者是判斷有沒有人逃跑。……檢查天田上的腳印，叫作跡。所謂『日跡簿』，就是吏卒每天對天田進行檢查和報告有無異常情況的匯編」。〔註86〕破城子出土的居延舊簡中，屬於日跡簿正文的，共有十七枚，〔註87〕即——

　　一、居延漢簡六‧七，甲四六。

　　二、居延漢簡一八‧八，乙壹伍版。

　　三、居延漢簡二四‧一五，甲一八○。

　　四、居延漢簡四五‧一七，乙肆零版。

　　五、居延漢簡五六‧三，乙伍壹版。

　　六、居延漢簡一○三‧三七，甲五九七。

　　七、居延漢簡一三二‧二九，乙玖捌版。

　　八、居延漢簡一四五‧三三‧乙壹零柒版。

　　九、居延漢簡一七五‧一四，乙壹貳柒版。

〔註85〕永田英正著、謝桂華譯，〈居延漢簡集成之一——破城子出土的定期文書（一）〉，中國社會科學院歷史研究所戰國秦漢史研究室，《簡牘研究譯叢》，第一輯，頁39至74，北京，中國社會科學出版社，民國72年4月第一版第一次印刷。
〔註86〕永田英正著、謝桂華譯，〈居延漢簡集成之二——破城子出土的定期文書（二）〉，中國社會科學院歷史研究所戰國秦漢史研究室，《簡牘研究譯叢》，第二輯，頁80，北京，中國社會科學出版社，民國76年5月第一版第一次印刷。
〔註87〕同註92，頁77至80。

一〇、居延漢簡二〇六‧二，甲二四三四。

一一、居延漢簡二一四‧一一八，乙壹陸零版。

一二、居延漢簡二五七‧三，乙壹捌玖版。

一三、居延漢簡二五七‧一九，乙壹玖零版。

一四、居延漢簡二六七‧二一，甲二四二三。

一五、居延漢簡二七六‧一七，甲一四九一。

一六、居延漢簡二八五‧一，甲一五三七。

一七、居延漢簡五〇七‧一五，乙貳陸玖版。

其中，有用隸書寫的，如：二〇六‧二號簡（圖五〇），文云：

　　吞遠候史李赦之

　　三月辛亥跡盡丁丑積廿七日從萬年隧北界南盡　次吞界母人馬蘭越

　　塞天田出入跡

　　三月戊寅送府君至卅井縣索關因送御史李卿居延盡庚辰三日不跡

　　〔註88〕

有用潦草的隸書寫的，如：一三二‧二九號簡（圖五一），文云：

　　雒光九月癸未盡丁酉積十五日跡　凡積卅日□□

　　李安九月戊戌盡壬子積十五日跡

　　趙賜九月旦者詣文〔註89〕

有用隸書介乎草書寫的，如：二四‧一五號簡（圖五二），文云：

　　候長武光候史拓　十月壬子盡庚辰積廿九日

　　日跡從第卅隧北盡鉼庭隧北界母蘭越塞天田出入跡〔註90〕

有用草書寫的，如：二五七‧一九號簡（圖五三），文云：

　　十月戊寅卒董益跡盡十月十日　十月戊寅卒王僮跡盡十月十日

　　十月戊子卒王相跡盡十一月十日　凡五日跡母越塞出入跡〔註91〕

　　從上舉漢代日跡簿的情形，可以推測：大概在漢代以前，官書數量隨著政務的加劇而不斷擴大，文書人員所需書寫的字數繁多，書蹟乃逐漸潦草化，而成為漢代草書的促成力量之一。

〔註88〕中國社會科學院考古研究所，前引書，釋文，頁136。

〔註89〕中國社會科學院考古研究所，前引書，釋文，頁92。

〔註90〕中國社會科學院考古研究所，前引書，釋文，頁15。

〔註91〕中國社會科學院考古研究所，前引書，釋文，頁182。

圖五〇　居延漢簡二〇六・二簡　　圖五一　居延漢簡一三二・二九簡
　　　　（甲二四三四）　　　　　　　　　　　（乙玖捌）

圖五二　居延漢簡二四‧一五簡　　圖五三　居延漢簡二五七‧一九簡
　　　（甲一八〇）　　　　　　　　　　（乙壹玖零）

圖五二　居延漢簡二四‧一五簡　　圖五三　居延漢簡二五七‧一九簡
　　　（甲一八〇）　　　　　　　　　　（乙壹玖零）

第四節　一味求快

　　心理輕忽、時間緊迫和字數繁多固然會使人們想辦法加快書寫的速度，因而導致書蹟的潦草化，並且形成了草書書體。但是，有很多時候，人們加快書寫的速度，並不是由於上述的三種原因，而僅僅是由於習慣了較為急促的書寫節奏，是以寫字時一味求快。如：戰國時代〈楚王酓忑鼎銘〉可能就是一味求快所產生的潦草書蹟。〔註92〕

　　案：「節奏」為客觀事物運動的重要屬性，是一種合規律的週期性變化之運動形式。在現實生活中，人的呼吸、脈搏、動作等生理活動都具有一定的生物節奏。人的心理情感活動會引起生理節奏的變化。例如：人的感情活動平靜時，生理節奏比較平緩；感情活動激烈時，生理節奏也會相應地比較急促。相反地，改變人的生理節奏，也會在一定程度上引起人情感活動的變化。孟子云：

　　　　志壹則動氣，氣壹則動志。今夫蹶者、趨者，是氣也，而反動其心。

　　　　〔註93〕

就是在說感情活動與生理節奏的相互影響，且肯定生理節奏之可能影響感情活動。

　　人們之習於較為急促的書寫節奏而在寫字時一味求快一事，正可從感情生活與生理節奏的相互影響來理解。大概隨著代易時移，人類社會的事務越來越複雜，生活步調越來越緊張；為了適應此一社會變遷，人們乃逐漸習慣於緊張的生活步調，因而在寫字時亦出以較為急促之節奏。而從文字的書寫本身來說，由於心理輕忽、時間緊迫、字數繁多，直接造成文字書寫的節奏加快；久而久之，人們亦遂習於此加快之後的書寫節奏。

　　而在人們習慣較為急促的書寫節奏的過程中，有一項極為重要的影響因素，就是急促的書寫節奏所帶來的快感。

　　案：「快」字本義為心理的悅適，〔註94〕引申為縱逸、急疾、鋒利……等

〔註92〕參見本文第一章第一節。

〔註93〕《孟子·公孫丑·上》。朱熹註：「壹，專一也，蹶，顛躓也，趨，走也。孟子言志之所向專一，則氣固從之；然氣之所在專一，則志亦反為之動，如人顛躓趨走，則氣專在是而反動其心焉。」見：朱熹，《四書集註》，上孟·卷二，臺北，世界書局，民國62年9月十八版。

〔註94〕許慎《說文解字》卷一〇·下：「快，喜也，從心、夬聲。」丁福保，前引書，冊八，頁1122。

義。〔註95〕大概是因為心理的悅適所感受到的乃是節奏上的順暢無滯，因此，凡是節奏上順暢無滯的外在事物，大概都能帶來心理上的悅適，而為人們所耽嗜。《淮南子‧原道訓》云：

> 所謂樂者，豈必處京臺、章華，游雲夢、沙丘，耳聽〈九韶〉、〈六瑩〉，口味煎熬芬芳，馳騁夷道，釣射鸕鴉之謂樂乎！〔註96〕

所謂「馳騁夷道」，即在平坦之道路上馳驅車馬之意，猶今之「飆車」。「馳騁夷道」之飛揚奔騰，亦能帶來心理上的悅適，固為一般人所樂為；劉安則謂不必以此為樂而已。

急促的書寫節奏亦能帶來心理上的悅適。韓愈〈送高閑上人序〉云：

> 往時張旭善草書，不治他技；喜怒窘窮，憂悲愉佚，怨恨思慕，酣醉無聊，不平有動於心，必於草書焉發之。〔註97〕

張旭之「不平有動於心，必於草書焉發之」，大概就是透過草書較為急促的書寫節奏，使心中鬱積的情結迅速解放，而得到暢樂悅適。

急促的書寫節奏所帶來的快感，加速人們對於急促書寫節奏的習慣，使得人們在不必要快速書寫時仍一味求快，而成為促成草書書體產生的動力之一。

漢代以前，由於一味求快的原因所造成的潦草書蹟，除了上舉〈楚王盦忎鼎銘〉之外，另如：曾侯乙墓以及望山、包山、信陽長臺關、長沙仰天湖等地出土的竹簡之潦草篆書，〔註98〕應該也都算是。戰國時期楚系的文字書寫者，〔註99〕大概都比較習慣於較為急促的書寫節奏，此試比較同一時期的秦國文字，如：青川郝家坪、天水放馬灘、雲夢睡虎地等地出土的竹簡之隸

〔註95〕 《戰國策‧趙策‧王立周紹為傳》：「恭於教而不快。」鮑彪註：「快謂縱逸。」見：劉向，《戰國策》，卷一九，臺北，里仁書局，民國71年1月出版。《三國志‧管輅傳》：「竟成快雨。」「快雨」即急疾之雨。見：陳壽，《三國志》，卷二九，臺北，臺灣商務印書館，民國77年1月臺六版。杜甫〈戲題王宰畫山水圖歌〉：「焉得并州快翦刀，翦取吳淞半江水。」「快翦刀」即鋒利之剪刀。見：楊倫，《杜詩鏡銓》，卷七，頁543，臺北，正大印書館，民國63年6月臺一版。

〔註96〕 劉安撰、高誘注，《淮南子》，卷一，臺北，臺灣中華書局，民國60年9月臺二版。

〔註97〕 韓愈，《韓昌黎全集》，卷二一，臺北，新興書局，民國56年9月新一版。

〔註98〕 參見本文第一章第二節。

〔註99〕 曾侯乙墓竹簡為曾國文物，曾國就是文獻中的「隨國」，與楚國文化淵源甚深。參見：李學勤，《東周與秦代文明》，頁138至142，北京，文物出版社，民國73年11月第二版第二次印刷。

書書蹟，〔註100〕即可明白。

　　漢代，因一味求快而造成的潦草書蹟，則當以長安男子張磚、公羊傳磚、延熹七年紀雨磚以及曹操宗族墓所出土一日持書磚等若干磚文爲代表。分述如下──

　　一、長安男子張磚（圖五四），刻於東漢帝元和二年（西元85年），民國十四年於陝西西安西南出土。文云：

　　　　元年二年七廿二日

　　　　長安男子張

凡二行十三字。原刻文「七」字下應脫一「月」字；末一字「張」刻劃極淺，初搨本尚可辨識。〔註101〕書體爲潦草隸書，「和」字順向牽帶之跡甚爲明顯。

　　二、公羊傳磚（圖五五），民國十四年於陝西西安西南郊與長安男子張磚等三十餘塊同時出土。文云：

　　　　元年春王正月元年者何君之

　　　　始年也春者何歲之始日王者

　　　　孰胃胃文王也曷爲先言王而

　　　　後正月王之正月也何言乎王

　　　　之正月大一統也

凡五行五十五字。〔註102〕書體爲潦草之隸書，「歲」字有順向牽帶之跡。

圖五四　〈長安男子張磚〉　　　　圖五五　〈公羊傳磚〉

〔註100〕參見本章第三節，及何雙全，〈天水放馬灘秦簡綜述〉，《文物》，民國78年，2期，頁23至31。

〔註101〕參見：劉正成，《中國書法全集》，第九冊，《秦漢金文陶文》，頁72、203，北京，榮寶齋，民國81年10月第一版第一次印刷。

〔註102〕參見：劉正成，前引書，頁74、203。

三、延熹七年紀雨磚（圖五六），刻於東漢桓帝延熹七年（西元 164 年），
傳河北定州出土。文云：

延熹七年

五月九日己

卯日入時雨

凡三行十四字，書體爲行書。〔註 103〕

圖五六　　〈延熹七年紀雨磚〉

四、一日持書磚（圖五七），民國六十二年於安徽省亳縣曹操宗族墓董園
村一號墓出土。文云：

一日持書平安

世何等言子

□君於無可食

凡三行十七字，〔註 104〕書體爲行草，「書」字爲草書寫法，「平」字順向牽帶

之跡極明顯。

　　五、會稽曹君磚（圖五八），民國六十六年於安徽省亳縣曹操宗族墓元寶坑一號墓出土。文云：

　　　　會稽曹君

凡一行四字，〔註105〕書體爲章草，成熟度極高。

圖五七　〈一日持書磚〉　　　　　　圖五八　〈會稽曹君磚〉

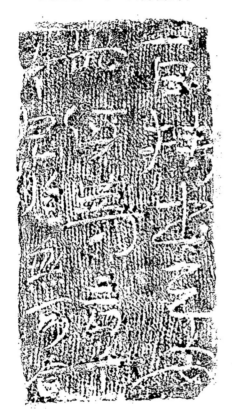 

六、當奈何磚（圖五九），與會稽曹君磚同時同地出土。文云：

　　　　當奈何

〔註104〕參見：劉正成，前引書，頁 88、209。「言」字，原釋作「三口」；唯據所上下字距判斷，當只一字，而漢代「言」字草書正有作「言」者，見：陸錫興，《漢代簡牘草字編》，頁 41，上海，上海書畫出版社，民國 78 年 12 月第一版第一次印刷。故改釋爲「言」。又，「於」字，原釋「臨」，唯據比較漢代草字「於」字和「臨」字寫法，仍以釋「於」爲是。見：陸錫興，前引書，頁 72、168。

〔註105〕參見：劉正成，前引書，頁 91、210。

凡一行三字，書體爲行書，運筆純熟。〔註106〕

　　七、爲將奈何磚（見：圖三八），與會稽曹君磚同時同地出土。文云：

　　　爲將奈何

　　　吾眞愁懷

凡二行八字。〔註107〕書體爲今草，揮運瀟灑。

　　八、爲蒙恩當報磚（圖六〇），與會稽曹君磚同時同地出土。文云：

　　　爲了素矢

　　　梨文爲蒙

　　　恩當報□□接

凡三行十四字。〔註108〕書體爲行草，「矢」、「接」等字有明顯順向牽帶之跡。

　　圖五九　〈當奈何磚〉　　　　　　　圖六〇　〈為蒙恩當報磚〉

〔註106〕同前註。

〔註107〕參見：劉正成，前引書，頁94、211。

〔註108〕參見：劉正成，前引書，頁95、212。

　　上舉八件漢代磚文，均爲濕刻；即先在未乾之泥坯上刻劃，再燒製成磚。〔註109〕所刻劃的書體，無論是潦草的隸書，或草書，或行書，其揮運都十分迅捷，可以很清楚地感受到刻劃者相當熟習於急促的書寫節奏，甚至以如此弄筆爲樂。雖然其中亦多少帶有心理輕忽的因素，但是，這些磚文所顯現的弄筆的意味，無寧更爲強烈。而這種熟能生巧的弄筆意味，正是本文所謂的一味求快。

第五節　草化成熟

　　心理輕忽、時間緊迫、字數繁多和一味求快所造成的快速書寫，固然都會導致書蹟的潦草化，卻不足以立即促成草書書體的出現。草書書體必須到文字本身普遍草化成熟之際，方才出現。

　　所謂「草化成熟」，是指文字形體的潦草化到了某個程度，因而具備了與篆書和隸書清楚區別的特徵。例如：戰國時代包山楚簡第一八五簡，〔註110〕「九月己亥」的「亥」字作「亥」，乃是自「亥」一形衍化而來，將橫畫下方原本的四個筆畫，即「外」牽帶作一筆書寫。〔註111〕包山楚簡「亥」字的這種寫法，其草化的程度不但較諸漢代草書之作「亥」〔註112〕還要成熟許多；即使較諸後代「亥」字最進步的草法之作「亥」，〔註113〕也不遑多讓。尤其是在將「外」牽帶作一筆書寫時，出現了由左下至右上牽帶筆畫所縈繞出的圈圍，乃是後代草書書體的一重要特徵。因此，包山楚簡「亥」字作「亥」，其草化程度可謂相當成熟。

　　然而，包山楚簡的「亥」字即使已經草化成熟，仍不能因此便謂草書書體於戰國時代便已出現；因爲包山楚簡的其他絕大部份的文字尚未草化成熟，都還只算是篆書的潦草書寫而已。草書書體之出現，最後關鍵於在文字的普遍草化成熟，亦即是全面性的文字之潦草化，達到了法度化和系統化的階段，因而具備了足以與篆、隸兩種書體清楚區別的特徵。漢代的草書就是

〔註109〕參見：王鏞，〈秦漢金文陶文書法初論〉；劉正成，前引書，頁1至13。
〔註110〕參見本文第一章圖。
〔註111〕參見本文第一章第二節。
〔註112〕陸錫興，前引書，頁287。
〔註113〕洪鈞陶，《草字編》，頁109，北京，文物出版社，民國78年4月第一版第一次印刷。

普遍草化成熟的例子。

　　根據本文第一章第三節所討論，草書書體在西漢昭帝時代應該就已產生，然則，中國文字在昭帝時當已普遍草化成熟。只是，由於漢代初年的草書書蹟過少，尚無法據以討論中國文字普遍草化成熟的問題。

　　最能直接有效地作為文字普遍草化成熟的證據，就是「草書」一名的出現。因為必須文字普遍草化成熟，其潦草化達到了法度化和系統化的階段，具備了足以與篆、隸兩種書體清楚區別的特徵，而成為一種新興的書體；人們為了將此新興的書體與原先的篆書和隸書區分，才會造立「草書」此一新名詞來。

　　根據目前所知，「草書」一名的最早出處為許慎《說文解字》；〔註114〕而《說文解字》一書成於東漢和帝永元十二年（西元 100 年，〔註115〕）。因此，永元十二年就是中國文字普遍草化成熟的最後斷限，亦即最遲在東漢和帝永元十二年之前，中國文字已經普遍草化成熟。

　　茲以陸錫興《漢代簡牘草字編》所收的漢代草字，來觀察漢代草書草化成熟的情形。

　　《漢代簡牘草字編》共收一千四百一十一個單字。如以各單字草化程度最高的一種寫法為代表，其中已經草化成熟的，有七百七十二字，包括——

　　一、元、天、吏、上、下、禮、禱、禁、三、王、閏、璜、瑕、士、中、蘇、茞、苦、芘、芩、蕭、苛、落、藥、若、茭、折、蒙、蓬、春、小、少、八、分、尚、公、釋、半、牛、牡、物、告、吞、咳、呼、名、吾、君、召、問、唯、和、右、各、走、赴、趣、起、趙、赳、止、步、歲、此、正、胥、是、跡、隨、適、過、進、逆、逢、通、還、送、遣、遂、追、逐、近、迫、遠、道、復、往、待、得、律、御、建、延、行、齒、足、器、干、拘、十、丈、千、博、廿、卅、世、言、謂、請、謁、許、諸、識、謹、信、誠、詔、說、計、調、誼、讞、護、記、訖、詣、譚、誤、託、證、誅、章、奉、丞、兵、具、興、農、要、勤、釜、為、又、父、及、秉、反、取、度、卑、史、事、書、堅、臧、寸、將、故、數、敵、更、赦、敦、敗、收、教、用、甯、

〔註114〕許慎〈說文解字敘〉云：「漢興，有草書。」見：丁福保，前引書，冊一一，頁 901。

〔註115〕許慎〈說文解字後敘〉：「于時大漢……粵在永元困頓之年。」徐鍇曰：「漢和帝永元十二年，歲在庚子也。」見：丁福保，前引書，冊一一，頁 983。

目、相、省、盲、自、皆、者、百、翁、翬、羊、美、羌、鳥、鳳、鴻、烏、
再、幼、予、放、爰、受、敢、殄、死、別、肉、肩、胡、刀、削、利、初、
前、則、罰、刑、券、劍、𨢯、解、竹、箭、節、籍、等、第、箸、篋、簿、
其、左、佐、工、甘、甚、曰、曹、乃、可、乎、平、杅、盡、去、蓋、主、
井、即、既、爵、食、養、飯、餔、餘、合、今、舍、會、倉、入、內、缺、
矢、侯、知、高、亭、就、厚、良、稟、嗇、來、麥、麴、致、愛、夏、弟、
久、木、李、桂、杜、楊、梗、某、本、宋、根、末、材、柱、椽、櫝、梧、
杯、案、椎、樂、札、檄、校、橫、槽、椒、枚、東、桑、之、師、出、索、
南、𣏾、束、橐、圖、國、因、員、財、賢、貸、賞、賜、贖、責、賈、買、
賁、貪、貴、邑、都、郵、窮、郝、鄭、叩、部、郅、鄯、郭、鄉、日、時、
昭、冒、暑、暴、旦、施、月、朔、霸、有、明、夕、夜、多、貫、虜、函、
粟、牒、禾、稚、私、尤、杭、移、積、秩、康、稿、榜、年、穀、稍、秋、
程、兼、黍、米、耀、家、宣、定、安、察、富、實、宰、守、宥、宜、寫、
宿、客、寄、寒、宋、害、宗、空、疾、病、同、兩、罪、置、常、布、白、
人、仁、伯、佳、他、何、備、位、倫、俱、倚、付、伍、作、假、候、代、
便、任、使、傳、僞、傷、伏、伐、眞、頃、從、北、丘、眾、徵、望、重、
監、臨、身、衣、表、襲、雜、卒、裒、求、老、孝、壽、居、尺、屬、屈、
履、服、方、先、見、視、親、欲、歌、歐、次、飲、頭、領、順、頓、煩、
面、首、縣、弱、文、司、令、印、色、卿、辟、敬、山、府、庫、庭、廄、
廣、廢、廖、仄、厭、丸、危、石、破、碏、長、勿、而、狠、馬、駒、駮、
駁、驪、驗、駝、駰、騎、馳、驚、駐、駕、法、犬、狗、狀、犯、獨、能、
火、尉、灸、光、熱、烽、黑、黨、熒、赤、大、亦、交、幸、執、報、夫、
立、並、心、意、應、愼、惲、憲、恩、慶、懼、急、忽、忘、忌、恚、愁、
恐、水、河、江、漢、漆、溜、凌、治、淵、潰、沙、池、溝、渠、澗、決、
沒、漬、漿、淳、泉、永、谷、冬、冶、魚、龍、非、不、到、房、門、開、
閣、閒、闌、閉、關、聞、手、拜、抵、持、承、撫、失、舉、振、擊、捕、
挂、搜、掖、推、女、姓、嫁、妻、母、姑、威、婢、奴、始、如、婁、姦、
毋、民、也、氏、戎、戍、武、直、望、亡、匈、匹、弓、張、弘、弩、發、
彌、弦、孫、統、絕、約、縛、縑、練、綰、累、綺、繩、編、繳、素、總、
虫、強、蚤、它、龜、二、𠤎、凡、土、地、堪、墼、在、坐、封、城、塞、
塗、堎、塢、里、田、界、當、留、黃、男、力、勳、功、助、勞、劾、金、

銅、鐵、錭、錢、鉏、鋸、鈞、鑱、鍉、勺、處、斤、所、新、斗、斛、升、
車、輔、載、軍、轉、輸、官、陰、陽、阿、降、防、陳、陶、除、隊、隧、
四、五、至、六、七、九、萬、禹、甲、乙、乾、丙、丁、戊、戌、巴、庚、
辛、辭、壬、癸、子、字、孟、存、育、丑、寅、卯、辰、巳、以、午、未、
酒、醇、醉、尊、戍、亥。

　　至於尚未草化成熟的，則有六百三十九字，包括——

　　旁、示、祿、福、神、社、皇、玉、璣、靈、班、屯、毒、莊、蓼、蘭、
茅、蒲、董、茉、葛、莖、葉、莢、茲、蒼、蔽、蔡、芻、苣、薪、蔥、莎、
葦、芳、范、草、莫、葬、莉、薑、曾、必、余、牝、口、喙、喉。咽、嗌、
孩、含、命、哉、周、味、哀、嚴、單、喪、趨、越、歸、登、乏、造、迎、
遷、遲、達、連、遺、逃、邋、邊、德、循、徐、後、衝、衛、踰、路、跗、
跂、嗣、囂、商、古、冊、詩、議、訊、諱、課、試、警、謝、繼、訾、讓、
誰、譯、善、音、竟、業、叢、對、戒、樊、共、異、舁、與、革、鞶、執、
曼、尹、友、支、筆、畫、畵、毆、段、叀、皮、變、斂、整、寇、牧、卜、
貞、兆、庸、脅、督、眇、魯、習、隻、雞、離、雁、雄、奪、群、瞿、集、
雍、鸞、難、鶉、鳴、於、焉、畢、糞、棄、幾、玄、舒、爭、殆、殘、骨、
腎、肺、膽、胃、腸、膏、背、胅、腹、脛、脂、脩、膞、肯、肥、肦、臘、
刻、副、辨、封、制、刺、創、耒、耦、耤、角、觿、觸、符、笥、籠、算、
簪、奠、曷、寧、奇、喜、憙、彭、嘉、鼓、豆、豐、虞、虎、盧、醯、盇、
益、盈、血、衂、丹、青、靜、饒、射、短、矢、市、央、憂、韋、韓、鞮、
乘、桃、桔、杉、梧、桐、榆、樹、果、朴、條、槁、極、柖、橦、樫、牀、
槃、槧、檢、梁、采、樑、休、板、槓、檠、賣、生、隆、稽、回、圜、囚、
固、困、貝、貨、貢、齎、負、賓、費、賤、賦、貧、購、郡、邸、酆、郤、
邯、鄲、鄧、早、晏、昏、晦、昆、普、暨、游、星、參、晨、期、外、齊、
棗、棘、牘、檽、釋、稻、程、秦、補、梁、藥、麼、糧、糒、氣、臬、麻、
室、完、容、寬、營、呂、竈、穿、癭、惡、疝、痿、痹、瘳、瘥、冠、最、
岡、署、罷、罵、巾、幣、帶、惟、席、帒、帛、敝、俊、仲、健、儋、傅、
侍、俠、仰、借、侵、償、似、偓、係、但、偝、僦、伋、匕、化、并、比、
虛、聚、量、臥、殷、褕、袍、裘、褒、襄、被、補、裡、衰、裹、褚、展、
屠、屋、尿、舟、俞、兒、充、兄、觀、覺、欠、欽、欷、歈、盜、頸、願、
顧、須、卻、鬼、魏、岑、密、崩、庶、碕、耐、豕、豬、豪、豢、易、豫、

驪、馮、騂、駱、鹿、麗、麤、兔、免、猥、猛、狄、狼、獄、炊、煎、煌、
赭、夾、吳、奔、壹、奏、奚、端、忠、快、恭、懷、悰、愈、愈、愚、怒、
惡、感、惶、忍、溫、溺、渭、汝、汾、沈、深、淮、泄、海、衍、涓、況、
氾、滿、澤、涅、沸、津、渡、沈、涸、消、渴、浚、泔、湯、泣、減、滅、
漏、川、巠、豢、雨、雷、云、露、鮮、翼、乳、西、戶、閱、耳、耿、聖、
聽、職、聲、聾、聑、指、扶、撮、接、投、撓、搔、擅、摩、捶、搗、抹、
捐、贏、姚、婦、嫗、妹、好、委、嬰、弗、氏、戟、賊、或、我、義、匿、
曲、瓦、弛、彈、彊、彄、系、糸、綃、經、紀、續、細、級、給、終、繒、
紬、繡、絳、緹、紺、縷、維、緡、絮、絡、緩、暴、繢、紱、率、蛾、雖、
蜀、宝、盧、風、均、垣、堂、塤、塋、墨、埠、垂、圭、塊、毀、野、畔、
畜、務、勝、動、勳、加、勢、飭、錄、銚、鐙、錯、鍼、鉗、釭、劉、鑯、
釦、且、斧、斷、魁、軸、輕、輿、斬、陸、陷、阬、罕、禽、亂、尤、己、
辯、疑、疏、疎、辱、申、臾、酉、醫、酸、盇。

　　如上所述，中國文字最遲在東漢和帝永元十二年之前應已普遍草化成
熟；然而，在《漢代簡牘草字編》所收的一千四百十一個草字之中，尚未草
化成熟的，竟高達百分之四五・二九！兩者之間似乎有所衝突。

　　事實上，《漢代簡牘草字編》中的文字之所以將近半數尚未草化成熟，可
以從兩方面加以解釋——

一、與《漢代簡牘草字編》收字的體例有關。案：此書所謂的「草」字，
　　顯然是採取廣義的用法，只要稍涉潦草，即加以收入。

二、與例字太少有關。在尚未成熟的六三九個草字中，有三五〇字只收一
　　例，一三八字收二例，八二字收三例，二七字收四例，二二字收五
　　例，一五字收六例，二字收七例，另外各有一字分別收八例、九例、
　　一一例，百分之九九・三七為六例以下者；即三例以下者亦佔百分
　　之八九・三六，將近九成。

　　因此，漢代文字實際已經草化成熟的比例，應該較諸《漢代簡牘草字編》
所顯示者為高。此項推論，尚可從類似以下諸字的情形獲得證明——

一、「蘭」字作「𧃒」，〔註116〕尚未草化成熟；而「闌」字作「𪔂」，〔註117〕
　　已經草化成熟。故漢當有已經草化成熟之「蘭」字作「𧀎」者。

〔註116〕陸錫興，前引書，頁8。
〔註117〕陸錫興，前引書，頁223。

二、「口」字作「口」，〔註118〕尚未草化成熟；而從「口」諸字，如「告」、「名」、「吾」、「君」、「台」……，其所從之「口」皆作「ㄴ」或「ㄴㄴ」〔註119〕已經草化成熟。故漢代當有已經草化成熟之「口」字作「ㄴ」或「ㄴㄴ」者。

三、「喉」字作「喉」、「堠」字作「堠」，〔註120〕皆未草化成熟；而「侯」字作「侯」、「候」字作「候」、「鍭」字作「鍭」，〔註121〕皆已草化成熟。故漢代當有已經草化成熟之「喉」字作「喉」、「堠」字作「堠」者。

四、「造」字作「造」，〔註122〕尚未草化成熟；而「告」字作「告」，〔註123〕已經草化成熟。故漢代當有已經草化成熟之「造」字作「造」者。

五、「連」字作「連」，〔註124〕尚未草化成熟；而「車」字作「車」，〔註125〕已經草化成熟。故漢代當有已經草化成熟之「連」字作「連」者。

六、「路」字作「路」、「絡」字作「絡」，〔註126〕皆未草化成熟；而「各」字作「各」，〔註127〕已經草化成熟。故漢代當有已經草化成熟之「路」字作「路」、「絡」字作「絡」者。

七、「跗」字作「跗」、「符」字作「符」，〔註128〕皆未草化成熟；而「付」字作「付」、「府」字作「府」，〔註129〕皆已草化成熟。故漢代當有已經草化成熟之「跗」字作「跗」、「符」字作「符」者。

八、「貝」字作「貝」，〔註130〕尚未草化成熟；而從「貝」諸字，如「財」、「賢」、「賞」、「賜」、「贖」、「責」、「賈」、「買」、「貰」、「貪」……，

〔註118〕陸錫興，前引書，頁 18。
〔註119〕陸錫興，前引書，頁 18 至 21。
〔註120〕陸錫興，前引書，頁 18、256。
〔註121〕陸錫興，前引書，頁 100、160、264。
〔註122〕陸錫興，前引書，頁 29。
〔註123〕陸錫興，前引書，頁 18。
〔註124〕陸錫興，前引書，頁 31。
〔註125〕陸錫興，前引書，頁 268。
〔註126〕陸錫興，前引書，頁 38、247。
〔註127〕陸錫興，前引書，頁 22。
〔註128〕陸錫興，前引書，頁 38、85。
〔註129〕陸錫興，前引書，頁 159、186。
〔註130〕陸錫興，前引書，頁 120。

其所從之「貝」作「見」或「夨」，〔註131〕已經草化成熟。故漢代當
有已經草化成熟之「貝」字作「見」或「夨」者。

九、「郡」字作「郒」，〔註132〕尚未草化成熟；而「君」字作「尺」，〔註133〕
　　已經草化成熟。故漢代當有已經草化成熟之「郡」字作「尺?」者。

　　整體而言，漢代草書的潦草化乃是採取縮短筆畫、減省筆畫、連接筆畫
和牽帶筆畫四種方式來進行，而這四種潦草化的方式又各自依循若干的途徑
來達到目標；〔註134〕如此則到達了法度化的階段。而漢代草書在使用各種潦
草化的方式和途徑時，乃是全面性地展開，因此，凡是同一部首或偏旁，其
寫法大致統一，如：「口」作「い」或「ﾉ」，而「心」作「いﾉ」或「一」；
「水」作「レ」，而「言」作「レ」……；〔註135〕如此則到達了系統化的階段。
漢代的草書由於潦草化達到法度化和系統化的階段，故其大部分文字的形體
都具備了足以與篆、隸兩種書體區分的特徵。因此，漢代草書可以說是中國
文字第一次普遍草化成熟的產物。而正由於中國文字在漢代已普遍草化成
熟，而成為一種新興的書體，才會出現「草書」之名。

〔註131〕陸錫興，前引書，頁 120 至 124。
〔註132〕陸錫興，前引書，頁 125。
〔註133〕陸錫興，前引書，頁 20。
〔註134〕參見本文第五章。
〔註135〕陸錫興，前引書，頁 20 至 23、204 至 209、209 至 217、42 至 48。

第四章　漢代草書的字形淵源

　　草書於漢代產生之後，起初學習草書的人，大概就是照著前賢的寫法逐字臨仿。趙壹〈非草書〉云：

　　　　今之學草書者，……直以爲杜、崔之法，龜龍所見也，其攣扶柱桎、
　　　　詰屈夭乙，不可失也。〔註1〕

即謂東漢末年之學習草書者，對於杜度和崔瑗草書的寫法敬謹遵行，甚至連其牽連縈繞、轉折勾趯，都不敢違失。〔註2〕稍後之學草書者，蓋以筆法爲重，故論者亦專主筆法。（傳）王羲之〈題衛夫人筆陣圖後〉云：

　　　　若欲學草書，……須緩前急後，字體形勢，狀等龍蛇，相鈞連不斷。
　　　　仍須稜側起復用筆，亦不得使齊平，大小一等。每作一字，須有點
　　　　處，且作餘字摠竟，然後安點，其點須空中遙擲筆作之。其草書亦
　　　　復須篆勢、八分、古隸相雜；亦不得急，令墨不入紙。若急作，意
　　　　思淺薄，而筆即直過。惟有章草及章程、行狎等不用此勢，但用擊
　　　　石波而已。〔註3〕

到了宋代，學草書者或苦於草書字形之難記憶，始有人將前賢草字形體歸納，編纂〈草訣歌〉一篇，供學習草書者參考。

　　案：〈草訣歌〉最早收錄於《稗編》，作者署名「王羲之」。〔註4〕楊慎云：

　　　　〈草訣百韻歌〉乃宋人編成，以示初學者，託名于羲之。〔註5〕

〔註1〕張彥遠，《法書要錄》，卷一，《藝術叢編》，第一集，第一冊之二，臺北，世
　　　　界書局，民國64年4月四版。
〔註2〕參見本文第六章第三節。
〔註3〕同註1。
〔註4〕唐順之，《稗編》，卷七八，臺北，新興書局，民國61年出版。
〔註5〕楊慎，《升庵外集》，卷八八，臺北，學生書局，民國60年5月景印初版。

楊慎之說，當有所本。張栻云：

> 草書不必近代有之，必自筆箚已來便有之。……只是法備於右軍，
> 附以己書為說。〔註6〕

所謂「法備於右軍，附以己書為說」，當是宋代當時有人集王羲之之草字以闡說草書之法，而託名于羲之；或即是〈草訣歌〉。〔註7〕

〈草訣歌〉主要在談論草字的形體，其內容包括疑似分辨與形體提示：疑似分辨又包括疑似偏旁與疑似單字；形體提示則包括偏旁形體與單字形體。例如——

一、「有點方為水，空挑卻是言」，談草字水傍（氵）與言旁（訁）之差異，為疑似偏旁之分辨。

二、「長短分知去，微茫視每安」，談草字「知」（ち）與「去」（ち）之差異，以及「每」（あ）與「安」（あ）之差異，為疑似單字之分辨。

三、「宀頭無左畔，辵繞闕東邊」，談草字宀頭（⼧）與辵旁（辶）之寫法，為偏旁寫法之提示。

四、「步觀牛引足，羞見羊踏田」，談草字「步」（步）與「羞」（羞）之寫法，為單字寫法之提示。

〈草訣歌〉固然有益於草字形體之記憶，唯所列舉出的偏旁或單字終究太少。今人于右任為推廣草書，乃與草書社同志根據歷代草書名家的書蹟共同建立草書的「代表符號」，希望草書因此而易記、易寫。草書的代表符號凡五類，即——

一、左旁符廿七個，代表一一五種部首。如：以「丨」代表左旁亻、彳是。

二、右旁符廿三個，代表七十五種部首。如：以「刂」代表右旁刀、口、寸、丁是。

三、字上符七個，代表卅六種部首。如：以「⺈」代表字上艸、竹是。

四、字下符七個，代表卅五種部首。如：以「求」代表字下木、參是。

五、雜例符五個（不含「補筆符」），代表七十八種部首。如：以「八」或「丷」代表字內對稱部分是。〔註8〕

〔註6〕孫岳頌等，《佩文齋書畫譜》，卷二，引《南軒文集》，臺北，新興書局，民國71年9月出版。

〔註7〕今版〈草訣歌〉即有署名王羲之者，見：書藝出版社，《放大王羲之草訣歌》，臺北，民國78年4月出版。

〔註8〕參見：于右任，《標準草書》，凡例，頁1至3，臺北，中央文物供應社，民國

　　無論是宋代的〈草訣歌〉或現代的草書「代表符號」，對於草字形體的認識和記憶都有所幫助；只是，經由此二者來認識草字形體，不免有知其然不知其所以然的問題存在。如欲真正明白草字形體之所以然，可以有二法，其一為認識其字形淵源，其二為瞭解其筆畫演變。例如：「愛」字，今草作「🖌」，〔註9〕與我們慣看的楷書形體相差很遠。〈草訣歌〉說「愛鑿與奎聯」，只談「愛」（🖌）與「鑿」（🖌）與「奎」（🖌）三字之疑似；而從于右任等人的草書代表符號，也推敲不出草書「愛」字何以作「🖌」。但是，假如我們知道「愛」字草書乃淵源於「🖌」一形，〔註10〕經過筆畫的縮短（如：「⌐」縮為「一」，「心」縮為「‥」）、減省（如：「又」減省為「一」）、連接（如：「心」由「‥」連為「一」）和牽帶（如：將縮、省、連而來的三橫牽帶為「⅚」）。則對於「愛」字草書之作「🖌」將很容易理解，而且也容易記憶。

　　因此，對於漢代草書的形體，亦宜從其字形淵源與筆畫演變兩方面來進行瞭解。

　　本章討論漢代草書的字形淵源，至於其筆畫演變，則留待下章討論。

　　根據分析，漢代草書的字形淵源大致可以歸納為三項，包括：一、自篆書來，二、自隸書來，三、自篆、隸來。其中，有的字僅有一項淵源；有的字則有兩種以上的寫法，有兩種以上不同的淵源；有的字的一種寫法中也可能有兩種淵源。

　　本章分為三節，分別討論漢代草書的三項不同淵源。

第一節　自篆書來

　　明人獨庵道衍跋鄧文肅公臨《急就章》云：

　　　章草之來，作于科斗、籀、篆，觀其運筆圓轉，用意深妙。烏有不通籀、篆而能學草者哉！〔註11〕

---

　　　42 年 6 月第八次修正本。

〔註 9〕洪鈞陶，《草字編》，頁 598，北京，文物出版社，民國 78 年 4 月第一版第一次印刷。

〔註10〕陸錫興《漢代簡牘草字編》頁 104「愛」字下收有「🖌」一形，其下之橫畫當為心之省連。上海，上海書畫出版社，民國 78 年 12 月第一版第一次印刷。

〔註11〕汪砢玉，《珊瑚網》，卷一〇，《國學基本叢書》一五三、一五四，臺北，臺灣商務印書館，民國 57 年 12 月臺一版。道衍其人不詳。

意謂：章草之淵源，爲古文、籀文和小篆，故其圓轉婉通，頗有深妙之意趣。因此，如果不通籀文、小篆等書體，根本無法學好草書。

　　道衍所謂「科斗」，即「科斗文字」，爲史籀大篆之前的古文字。按：孔安國〈尙書序〉云：

> 至魯共王好治宮室，壞孔子舊宅以廣其居，於壁中得先人所藏古文虞夏商周之《書》及傳、《論語》、《孝經》，皆科斗文字。

注曰：

> 科斗，蟲名，蝦蟆子，書形似之。〔註12〕

又，許愼〈說文解字敍〉云：

> 及亡新居攝，……時有六書，一曰古文，孔子壁中書也。……壁中書者，魯恭王壞孔子宅，而得《禮記》、《尙書》、《春秋》、《論語》、《孝經》。〔註13〕

是「科斗文字」即王莽時所謂之「古文」。而「古文」者，乃周宣王太史籀大篆之前的文字，故〈說文解字敍〉云：

> 及宣王太史籀著大篆十五篇，與古文或異。〔註14〕

故知：道衍所謂的「科斗」，乃指史籀大篆之前的古文字而言，因爲點畫頭粗尾細，狀似科斗（蝌蚪），故名「科斗文字」。〔註15〕

　　道衍所謂的「籀」，即「籀文」，指史籀大篆而言。《漢書・藝文志》云：

> 《史籀》十五篇。周宣王太史作大篆十五篇，建武時亡六篇矣。〔註16〕

史籀大篆又名「籀文」，如：《說文解字》「旁」字下云：

〔註12〕孔安國傳、孔穎達疏，《尙書正義》，卷一，《十三經注疏》，第一冊，臺北，藝文印書館，民國65年5月六版。

〔註13〕許愼，《說文解字》，卷一五・上；丁福保，《說文解字詁林》，冊一一，頁902，臺北，鼎文書局，民國72年4月二版。

〔註14〕許愼，《說文解字》，卷一五・上；丁福保，前引書，冊一一，頁900。

〔註15〕王國維〈科斗文字說〉謂：「科斗書之名起於後漢，而大行於魏、晉以後。……魏、晉之間所謂『科斗文』，猶漢人所謂『古文』」。其〈戰國時秦用籀文六國用古文說〉則謂：「六藝之書行於齊魯，爰及趙魏，而罕流布於秦，其書皆以東方文字書之。漢人以其用以書六藝，謂之『古文』。……是六國文字即『古文』也。」見：王國維，《觀堂集林》，卷七，北京，中華書局，民國80年12月第一版第五次印刷。王說可從。惟道衍等舊時學者，則皆承襲〈說文解字敍〉之說法，而以「古文」爲周宣王太史籀大篆之前之古文字。

〔註16〕班固，《漢書》，卷三〇，臺北，臺灣商務印書館，民國77年1月臺六版。

雰，籀文。〔註17〕

是也。

道衍所謂「篆」，即「秦篆」，爲秦代正式場合所通行之書體，亦稱「小篆」或「篆書」。《漢書・藝文志》云：

> 《蒼頡》七章者，秦丞相李斯所作也；《爰歷》六章者，車府令趙高所作也；《博學》七章者，太史令胡母敬所作也。文字多取《史籀篇》，而篆體復頗異，所謂「秦篆」者也。〔註18〕

〈說文解字敘〉亦謂「斯作倉頡篇」云云，而「所謂『秦篆』者也」一句，則作「所謂『小篆』者也」。又云：

> 及亡新居攝，……時有六書，三曰篆書，即小篆。〔註19〕

王壯爲云：

> 大篆即是古文。……大篆者其實便是小篆以前的字體，乃是一個通稱。〔註20〕

案：「大」字象人正面站立之形，本義爲「人」，〔註21〕引申爲廣大等義；〔註22〕經典中亦通作「太」，爲「太古」等義。〔註23〕「篆」字則從竹、象聲，本義爲「引書」，〔註24〕引申爲「文字」之義。〔註25〕故「大篆」即爲「太篆」，意爲

〔註17〕許慎，《說文解字》，卷一・上；丁福保，前引書，冊二，頁47。王國維〈史籀篇證序〉謂：「《史籀》一書，殆……春秋戰國之間，秦人作之以教學童，而不行於東方諸國。」又云：「其首句蓋云『大史籀書』，以目下文，後人因取首句『史籀』二字名其篇，『大史籀書』，猶言『大史讀書』。……劉班諸氏不審，乃以『史籀』爲著此書之人，其官爲大中，其生當宣王之世。」見：王國維，前引書，卷五○。其說雖屬推論所得，亦足參考。

〔註18〕同註16。

〔註19〕同註13。

〔註20〕王壯爲，《書法研究》，頁7、9，臺北，臺灣商務印書館，民國68年10月六版。

〔註21〕參見本文第五章第一節。

〔註22〕如：《周易・乾卦》：「象曰：大哉乾元。」正義曰：「陽氣昊大，乾體廣遠。」見：王弼、韓康伯注、孔穎達等正義，《周易正義》，卷一，《十三經注疏》，第一冊，臺北，藝文印書館，民國65年5月六版。

〔註23〕《荀子・禮論》：「貴本之謂文，親用之謂理，兩者合而成文，以歸於大一，夫是之謂大隆。」楊倞注曰：「大讀爲太，太一謂太古時也。」見：王先謙等，《增補荀子集解》，卷一三，臺北，蘭臺書局，民國60年9月初版。

〔註24〕許慎，《說文解字》，卷五・上；丁福保，前引書，冊四，頁995。

〔註25〕如：《漢書・藝文志》：「文字多取《史籀篇》而篆體復頗異。」見：班固，前引書，卷三○。其所謂的「篆體」即文字的形體之意。

古老的文字，與作爲書體名稱之一的「古文」實爲同義詞。〔註26〕

至於「小篆」一名，則指秦代當時通行的正式書體。案：「小」字與「少」字原爲一字，皆象沙粒之形，本義爲「沙」；〔註27〕假借爲細小、年輕等義。〔註28〕故「小篆」即「少篆」，意爲晚近的文字。蓋秦時李斯等人省改古代之文字成爲新型的文字，爲方便區分起見，乃造立「大篆」和「小篆」二名以分指先秦文字與秦時文字。

要之，道衍所謂「章草之來，作於科斗、籀、篆」，意謂章草乃淵源於廣義之「篆書」。〔註29〕孫星衍云：

> 草從篆生。〔註30〕

其見解與道衍相同。

篆書與其後的隸書之間主要差別在於篆圓隸方、篆繁隸簡。如「口」字，篆書作「凵」、「凵」……等形，〔註31〕隸書則作「口」、「口」，〔註32〕隸書不但將篆書斜曲的筆畫變爲平直，而且爲了書寫方便，還將原本「乚」──「凵」──「凵」的筆順改爲「乚」──「口」，篆書需要三筆書寫，隸書則只需二筆。漢代草書「口」字偏旁一作「ㄣ」或「ㄟ丶」，一作「ㄣ」或「ㄟノ」，

〔註26〕〈說文解字敘〉所述秦書八體中，有「大篆」而無「古文」，蓋緣大篆即古文，而非因「秦燒滅經書，滌除舊典，……而古文由此絕矣」。見：許愼，《說文解字》，卷一五·上；丁福保，前引書，冊一一，頁 900 至 901。

〔註27〕參見本文第五章第三節。

〔註28〕如：《論語·八佾》：「管仲之器小哉！」皇疏：「小者，不大也。」見：何晏等注、邢昺疏，《論語注疏》，卷三，《十三經注疏》，第八冊，臺北，藝文印書館，民國 65 年 5 月六版。又，《詩經·大雅·板》：「小子蹻蹻。」孔穎達疏：「而未知幼弱之小子反蹻蹻然自驕恣而不聽用我之言乎！」見：毛亨傳、鄭玄箋、孔穎達等正義，《毛詩正義》，卷一七，《十三經注疏》第二冊，臺北，藝文印書館，民國 65 年 5 月六版。

〔註29〕篆書，廣義包括隸書以前的所有書體以及延屬，如甲骨文、金文、石鼓文、六國古文、小篆、繆篆、疊篆等等。見：梁披雲，《中國書法大辭典》，頁 9，香港，書譜出版社，民國 73 年 10 月初版。

〔註30〕張舜徽，《說文解字約注》，頁 3920 引，臺北，木鐸出版社，民國 73 年 7 月初版。

〔註31〕參見：藝文印書館，《校正甲骨文編》，卷二·七，臺北，民國 63 年 10 月再版；及丁福保，前引書，冊二，頁 1103。

〔註32〕參見：袁仲一、劉鈺，《秦文字類編》，頁 132，西安，陝西人民教育出版社，民國 82 年 11 月第一版第一次印刷；及二玄社，《漢封龍山頌／張壽殘碑》，張頁 53，《書跡名品叢刊》一二七，東京，民國 58 年 1 月初版，民國 65 年 4 月第五刷。

〔註33〕前者淵源於篆書，後者則淵源於隸書。

漢代草書中，有不少淵源於篆書的例子。如——

一、「元」字，甲骨文作「兀」、「兀」、「兀」、「兀」……等形，〔註34〕金文作「兀」、「兀」、「兀」……等形，〔註35〕蓋作初「兀」，「於『人』之上特繪其首」，本義爲人首；其後象人首之「•」衍化爲一橫，其後又在其上加一橫。〔註36〕春秋侯馬盟書作「兀」。〔註37〕小篆作「兀」。〔註38〕秦隸作「元」。〔註39〕漢隸作「元」。〔註40〕漢代草書作「元」、「元」、「元」、「元」……等形，〔註41〕前兩形下方之「人」兩畫相連，源於篆書；後兩形「人」之兩筆分離，則是源於隸書。

二、「天」字，甲骨文作「天」、「天」、「呆」、「天」、「天」、「天」……等形；〔註42〕金文作「天」、「天」、「天」、「天」……等形；〔註43〕「即繪人形而特大其首以示意」，本義爲人首，即「顛」之本字，其筆畫衍化情形，略與「元」同。〔註44〕小篆作「兀」、「兀」。〔註45〕漢隸作「天」。〔註46〕漢代草書作「天」、「天」、「天」……等形，

〔註33〕參見：陸錫興，前引書，頁18至23。
〔註34〕藝文印書館，前引書，卷一・一、八・一二。此書依《説文解字》將「兀」與「兀」分釋爲「兀」與「元」二字，誤。參見：李孝定，《甲骨文字集釋》，卷一，頁9至12，臺北，中央研究院歷史語言研究所，民國71年6月四版。
〔註35〕容庚，《金文編》，卷一・一，臺北，洪氏出版社，民國63年9月再版。
〔註36〕參見，李孝定，《讀説文記》，頁2，臺北，中央研究院歷史語言研究所，民國81年1月初版。
〔註37〕里仁書局，《侯馬盟書——新出土春秋時期晉國盟誓玉石片》，頁302，臺北，民國69年10月初版。
〔註38〕許慎，《説文解字》，卷一・上；丁福保，前引書，冊二，頁18。
〔註39〕袁仲一、劉鈺，前引書，頁29。
〔註40〕二玄社，《漢刻石八種》，頁42等，《書跡名品叢刊》五八，東京，民國50年5月初版，民國70年12月第十一刷。
〔註41〕陸錫興，前引書，頁1。
〔註42〕藝文印書館，前引書，卷一・一。
〔註43〕容庚，《金文編》，卷一・二。
〔註44〕參見：李孝定，《讀説文記》，頁2。
〔註45〕二玄社，《秦泰山刻石／瑯邪臺刻石》，泰頁12，《書跡名品叢刊》一四，東京，民國48年7月初版，民國68年12月第十三刷；及丁福保，前引書，冊二，頁24。
〔註46〕二玄社，《漢刻石八種》，頁32等。

〔註47〕源於篆書。

三、「苦」字，甲骨文、金文俱缺。小篆作「苦」，「從艸、古聲，本義爲大苦苓」。〔註48〕秦隸作「苦」。〔註49〕漢隸作「苦」。〔註50〕漢代草書作「芸」，〔註51〕其下之「口」作「ゝゝ」，源於篆書。

四、「芩」字，甲骨文、金文俱缺。小篆作「芩」，「從艸、今聲」，本義爲蒿屬之草。〔註52〕漢代草書作「茶」、「芩」……等形，〔註53〕第一形從屮、今聲，〔註54〕其上之「屮」作「ゝゝ」，源於篆書；第二形「艸」頭作「亠」，則源於隸書。

五、「往」字，甲骨文作「𡳚」、「𡳚」、「𡳚」……等形，〔註55〕「當是從止、王聲」，〔註56〕本義爲適他方。〔註57〕金文作「徏」，〔註58〕加「彳」爲形符，義同。小篆作「徏」。〔註59〕秦隸作「往」，〔註60〕漢隸作「往」。〔註61〕漢代草書作「往」、「往」、「往」，〔註62〕第一、二形源於篆書，第三形則源於隸書。

六、「干」字，甲骨文作「單」、「單」，象方盾形，本義爲盾。〔註63〕金

〔註47〕陸錫興，前引書，頁1。

〔註48〕許慎，《說文解字》，卷一・下；丁福保，前引書，冊二，頁551。

〔註49〕袁仲一、劉鈺，前引書，頁315。

〔註50〕二玄社，《漢石門頌》，頁33等，《書跡名品叢刊》三一，東京，民國49年3月初版，民國70年8月第二十刷。

〔註51〕陸錫興，前引書，頁35。

〔註52〕許慎，《說文解字》，卷一・下；丁福保，前引書，冊二，頁643。

〔註53〕陸錫興，前引書，頁9。

〔註54〕「屮，……古文或以爲艸字」，見：許慎，《說文解字》，卷一・下，丁福保，前引書，冊二，頁447。

〔註55〕藝文印書館，前引書，卷二・二四及六・六。書中另收「𡳚」一形，從止，從土；李孝定謂「其辭例與作𡳚者不盡相似」，疑非一字。見：李孝定，《讀說文記》，頁165。

〔註56〕李孝定，《甲骨文字集釋》，卷二，頁561。

〔註57〕許慎，《說文解字》，卷二・下：「往，之也。」丁福保，前引書，冊三，頁182。「之也」，即之外地、適他方之意。

〔註58〕容庚，《金文編》，卷二・二七。

〔註59〕許慎，《說文解字》，卷二・下；丁福保，前引書，冊三，頁182。

〔註60〕袁仲一、劉鈺，前引書，頁125。

〔註61〕二玄社，《漢石門頌》，頁59等。

〔註62〕陸錫興，前引書，頁33。

〔註63〕李孝定，《甲骨文字集釋》，卷三，頁683。

文作「�」、「�」、「�」，〔註64〕蓋將「回」省爲「●」，再省爲「一」。戰國包山楚簡作「�」。〔註65〕小篆作「�」。〔註66〕秦隸作「干」。〔註67〕漢隸作「干」、「干」。〔註68〕漢代草書作「�」、「干」、「�」，〔註69〕第一形源於篆書，第二、三形則源於隸書。

七、「丈」字，商周甲骨文、金文俱缺。小篆作「�」，「從又持十」，當是「杖」之本字。〔註70〕秦隸作「支」。〔註71〕漢隸作「丈」。〔註72〕漢代草書作「支」、「�」、「丈」……等形，〔註73〕第一、二形源於小篆和秦隸，第三形則源於漢隸。

八、「放」字，商周甲骨文、金文俱缺。小篆作「�」，「從攵、方聲」，本義爲「逐」。〔註74〕漢隸作「放」。〔註75〕漢代草書作「放」、「放」……等形，〔註76〕第一形「方」作「方」，源於篆書；第二形「方」作「方」，源於隸書。

九、「罪」字，商周甲骨文、金文俱缺。小篆作「�」，當是從网、非聲，本義爲「捕魚竹网」。〔註77〕秦隸作「�」。〔註78〕漢隸作「�」。

〔註64〕容庚，《金文編》，卷三・一。
〔註65〕湖北省荊沙鐵路考古隊，《包山楚簡》，圖版一二二，北京，文物出版社，民國80年10月第一版第一次印刷。
〔註66〕許愼，《説文解字》，卷三・上；丁福保，前引書，冊三，頁407。
〔註67〕袁仲一、劉鈺，前引書，頁373。
〔註68〕二玄社，《漢北海相景君碑》，頁60等，《書跡名品叢刊》六九，東京，民國50年10月初版，民國67年3月第九刷；及二玄社，《漢曹全碑》，頁33等，《書跡名品叢刊》五，東京，民國40年1月初版，民國69年5月第三二刷。
〔註69〕陸錫興，前引書，頁39。
〔註70〕許愼，《説文解字》，卷三・上：「丈，十尺也，從又持十。」奚世榦《説文校案》則謂「當是『杖』之本字」；林義光《文源》亦謂「當即杖之古文。十古作�，象杖形，手持之」。見：丁福保，前引書，冊三，頁452至453。
〔註71〕袁仲一、劉鈺，前引書，頁492。
〔註72〕容庚，《金文續編》，卷三・一，臺北，洪氏出版社，民國63年9月1日再版。
〔註73〕陸錫興，前引書，頁40。
〔註74〕許愼，《説文解字》，卷四・下：丁福保，前引書，冊四，頁558。
〔註75〕二玄社，《漢武氏祠畫像題字》，頁12，《書跡名品叢刊》二〇五，東京，民國68年7月初版，民國70年4月第三刷。
〔註76〕陸錫興，前引書，頁99。
〔註77〕許愼，《説文解字》，卷七・下：「罪，補魚竹网，從网、非。」段玉裁等人謂「非」下當補「聲」字。見：丁福保，前引書，冊六，頁958。
〔註78〕袁仲一、劉鈺，前引書，頁390。

〔註79〕漢代草書作「飛」、「飛」、「飛」……等形，〔註80〕其下所從之「非」作「北」等形，蓋源於周代金文之「北」。〔註81〕故漢代草書「罪」字實源於篆書。

十、「亡」字，商代甲骨文作「凵」、「凵」……等形，〔註82〕「或謂凵為芒之本字，象芒刺之形」。〔註83〕周原甲骨文作「凵」、「凵」……等形。〔註84〕周代金文作「凵」、「凵」……等形。〔註85〕小篆作「凵」。〔註86〕秦隸作「凵」。〔註87〕漢隸作「亡」、「亡」。〔註88〕漢代草書作「亡」、「亡」、「亡」……等形，〔註89〕第一形源於篆書，第二形源於篆書和秦隸，第三形則源於漢隸。

除了上舉十字之外，漢代草書之中另如：「若」字作「若」或「若」、「名」字作「名」、「吾」字作「吾」、「君」字作「君」、「召」字作「召」、「和」字作「和」、「各」字作「各」、「律」字作「律」、「言」字作「言」……，〔註90〕其形體也都是淵源於篆書。

第二節　自隸書來

楊泉〈草書賦〉云：

惟六書之為體，美草法之最奇。……解隸體之細微，散委曲而得宜。

〔註91〕

意謂：各種文字的形體，以草書為最美妙。草書乃是將隸書的形體解散，去

〔註79〕二玄社，《漢乙瑛碑》，頁21等，《書跡名品叢刊》四九，東京，民國50年4月初版，民國67年3月第九刷。

〔註80〕陸錫興，前引書，頁152。

〔註81〕容庚，《金文編》，卷一一・一二。

〔註82〕藝文印書館，前引書，卷一二・一九。

〔註83〕李孝定，《讀說文記》，頁282。

〔註84〕徐錫臺，《周原甲骨文綜述》，頁313，西安，三秦出版社，民國76年出版。

〔註85〕容庚，《金文編》，卷一二・二九。

〔註86〕許慎，《說文解字》，卷一二・下；丁福保，前引書，冊一〇，頁372。

〔註87〕袁仲一、劉鈺，前引書，頁420。

〔註88〕二玄社，《漢北海相景君碑》，頁12等。

〔註89〕陸錫興，前引書，頁238。

〔註90〕陸錫興，前引書，頁11、20、21、22、35、41。

〔註91〕陳思，《書苑菁華》，卷三，《文淵閣四庫全書》第八一四冊，臺北，臺灣商務印書館，民國72年10月初版。

其繁複，而頗有得當之處。

　　楊氏所謂「六書」，當爲文字之代稱。《周禮・地官・司徒》載：

　　　　保氏掌諫王惡，而養國子以道，乃教之六藝，一曰五禮，二曰六樂，

　　　　三曰五射，四曰六書，六曰九數。〔註92〕

班固《漢書・藝文志》云：

　　　　古者八歲入小學，故《周官》保氏掌養國子，教之六書，謂象形、

　　　　象事、象意、象聲、轉注、假借，造字之本也。〔註93〕

班固之後，鄭眾、許慎亦分別對《周禮》保氏之「六書」提出不同的解釋，
唯大概都是將「六書」視爲六種造字的方法。〔註94〕歷代學者對於將《周禮》
的「六書」視爲六種造字的方法，都沒有異議；唯今人蔣伯潛提出了不同的
主張。蔣氏云：

　　　　我以爲《周官》所謂「六書」，和漢初蕭何律中「以六體試之」底「六

　　　　體」是一類的。〔註95〕

「以六體試之」的「六體」指古文、奇字等六種不同的書體。〔註96〕而根據
《周禮》保氏上下文判斷，蔣伯潛將「六書」理解爲六種書體，較班固等人
解釋爲六種造字方法，似乎更爲可靠。不過，無論視爲六種造字方法，抑或
指稱六種書體，「六書」一詞都可引申爲文字的代稱。

　　至於楊泉所謂「隸體」，即是隸書的形體之意。

　　隸書是較大、小二篆簡易的一種後起書體。班固《漢書・藝文志》於「所
謂秦篆者也」後云：

　　　　是時，始造隸書矣，起於官獄多事，苟趨省易，施之於徒隸也。

　　　　〔註97〕

〔註92〕鄭玄注、賈公彥疏，《周禮注疏》，卷一四，《十三經注疏》，第三冊，臺北，
　　　　藝文印書館，民國65年5月六版。

〔註93〕同註16。

〔註94〕《周禮・司徒・保氏》（五曰六書），鄭玄注：「鄭司農云：『……六書，象形、
　　　　會意、轉注、處事，假借，諧聲也。』」同註91。，許慎，〈說文解字敘〉：「《周
　　　　禮》，八歲入小學，保氏教國子，先以六書：一曰指事，二曰象形，……三曰
　　　　形聲，……四曰會意，……五曰轉注，……六曰假借。」見：丁福保，前引
　　　　書，冊一一，頁899至900。

〔註95〕蔣伯潛，《文字學纂要》，頁52，臺北，正中書局，民國70年11月臺二六版。

〔註96〕《漢書・藝文志》云：「又以六體試之。……六體者，古文、奇字、篆書、隸
　　　　書、繆篆、蟲書。」見：班固，前引書，卷三〇。

〔註97〕同註16。

許慎〈說文解字敘〉亦云：

> 是時，秦燒滅經書，滌除舊典，大發隸卒，興戍役，官獄職務繁，
> 初有隸書以趨約易。〔註98〕

皆主張隸書產生於秦代，為了應付大量官獄文書的赴急需求，乃將篆書加以簡化。而之所以名為「隸書」，則是因為用來書寫與服刑役的罪犯（「徒隸」或「隸卒」）有關之文件。至如：衛恆〈四體書勢〉云：

> 秦既用篆，奏事繁多，篆字難成，即令隸人佐書，曰隸字。〔註99〕

或庾肩吾〈書品論〉云：

> 隸體發源秦時，隸人下邳程邈所作，始皇見而奇之。以奏事繁多，
> 篆字難制，遂作此法，故曰隸書。〔註100〕

也都主張隸書為秦時所造，而較篆書便捷。惟其所以取喚「隸字」或「隸書」之由，一曰因派罪隸以此書體協助文書業務（「令隸人佐書」），一曰因此一書體的創造者有罪隸之身份（「隸人……所作」）。與班固與許慎之說法稍有不同。

隸書起於秦時之說，前人有疑之者。張懷瓘《書斷》卷上〈隸書〉云：

> 酈道元《水經》曰：「臨淄人發古冢，得銅棺，前版外應起為字，言：
> 齊太公六世孫胡公之棺也。惟三字是古，餘同今隸書。證知隸書出
> 古，非始於秦時。」若爾，則隸法當先於大篆矣。案：胡公者，齊
> 哀公之弟靖胡公也：五世六公計一百餘年，當周穆王時也。又二百
> 餘歲，至宣王之朝，大篆出矣。又五百餘歲，至始皇之世，小篆出
> 焉。不應隸書而效小篆。然程邈所造，書籍共傳，酈道元之說未可
> 憑也。〔註101〕

周穆王之時是否即有隸書，如酈道元所言？因所憑據之銅棺已不存，故無從判斷。惟據近世出土四川青川等地之秦統一前之簡牘，其書體已是隸書，〔註102〕則在戰國時隸書固已存在。

如本章上節所言，篆書與隸書的主要差別在於篆圓隸方、篆繁隸簡。隸書本來就是一種赴急的書體，為了快速書寫而「苟趨省易」；將篆書原本「見

〔註98〕許慎，《說文解字》，卷一五・上；丁福保，前引書，頁900至901。
〔註99〕房玄齡等，《晉書》，卷三六，〈衛恆傳〉引，臺北，鼎文書局，民國69年3月三版。
〔註100〕張彥遠，前引書，卷一。
〔註101〕張彥遠，前引書，卷七。
〔註102〕參見本文第三章第二節。

鳥獸蹄迒之跡」而「依類象形」的組成元素，〔註103〕割散成爲符號化的筆畫。
書寫起來的確較爲便捷，但中國文字的象形意味也隨之流失。例如「人」字，
甲骨文作「⼁」，〔註104〕金文作「⼈」，〔註105〕小篆作「⼈」，〔註106〕都清楚
顯現人從側面看的模樣；而秦隸作「人」，〔註107〕漢隸作「人」，〔註108〕
其象形的意味變得很淡。蔡邕〈隸勢〉云：

　　　　鳥跡之變，乃惟佐隸；蠲彼繁文，從此簡易。〔註109〕

就是強調隸書之此種重大改變。

　　漢代草書的文字形體，有不少是淵源於隸書的寫法。例如——

一、「禁」字，商、周甲骨文、金文俱缺。小篆作「禁」，「從示、林聲」，
　　本義爲「吉凶之忌」。〔註110〕秦隸作「禁」。〔註111〕漢隸作「禁」。
　　〔註112〕漢代草書作「禁」、「禁」……等形，〔註113〕其上「木」之
　　上方作一橫，源於隸書。

二、「蘇」字，商、周甲骨文俱缺。周代金文作「蘇」，〔註114〕蓋「從
　　艸、穌聲」，本義爲「桂荏」。〔註115〕小篆作「蘇」。〔註116〕秦隸
　　作「蘇」。〔註117〕漢隸作「蘇」、「蘇」。〔註118〕漢代草書作「蘇」、

〔註103〕許愼，〈說文解字敘〉：「黃帝之史倉頡，見鳥獸蹄迒之跡，知分理之可相別異
　　　　也，初造書契。……倉頡之初作書，蓋依類象形。」見：丁福保，前引書，
　　　　冊一一，頁899。
〔註104〕藝文印書館，前引書，卷八・一。
〔註105〕容庚，《金文編》，卷八・一。
〔註106〕許愼，《說文解字》，卷八・上；丁福保，前引書，冊七，頁1。
〔註107〕袁仲一、劉鈺，前引書，頁17。
〔註108〕二玄社，《漢刻石八種》，頁34等。
〔註109〕房玄齡等，前引書，卷三六，〈衛恆傳〉引。衛恆〈四體書勢〉未言〈隸勢〉
　　　　爲何人所作；《蔡中郎集》則收爲蔡邕作品。見：蔡邕，《蔡中郎集》，頁112，
　　　　臺北，新興書局，民國48年12月初版。
〔註110〕許愼，《說文解字》，卷一・上；丁福保，前引書，冊二，頁160。
〔註111〕袁仲一、劉鈺，前引書，頁198。
〔註112〕二玄社，《漢禮器碑》，頁13等，《書跡名品叢刊》三，東京，民國47年12
　　　　月初版，民國71年9月第三〇刷。
〔註113〕陸錫興，前引書，頁4。
〔註114〕容庚，《金文編》，卷一・一四。另收「𦮋」，不從艸，乃「穌」字。
〔註115〕許愼，《說文解字》，卷一・下；丁福保，前引書，冊二，頁484。
〔註116〕同前註。
〔註117〕袁仲一、劉鈺，前引書，頁326。
〔註118〕二玄社，《漢嵩山三闕銘》，頁10，《書跡名品叢刊》四六，東京，民國49年

「䕼」……，〔註119〕其上「艸」頭原象草葉之四斜曲筆畫連書成一橫畫，右方「禾」原象禾葉之兩斜曲筆畫亦連成一橫畫，乃源於隸書。至左方從「角」不從「魚」，則與漢隸第一形同。

三、「半」字，商、周甲骨文俱缺。周代金文作「半」，〔註120〕蓋從牛、八聲，本義爲「半體肉」。〔註121〕小篆作「半」。〔註122〕秦隸作「半」。〔註123〕漢隸作「半」。〔註124〕漢代草書作「于」、「𠂤」……等形。〔註125〕「牛」上原象牛角形之兩斜曲筆畫連書成一橫，源於隸書。

四、「右」字，商、周甲骨文俱缺。〔註126〕周代金文作「又」、「𠂇」……等形，〔註127〕當是「從口、又聲」，本義爲「助」。〔註128〕戰國包山楚簡作「右」、「𠂇」。〔註129〕小篆作「𠂇」。〔註130〕漢隸作「右」。〔註131〕漢代草書作「左」、「右」、「右」……等形，〔註132〕其下之「口」作兩筆書寫，源於隸書。

五、「赴」字，商、周甲骨文、金文俱缺。小篆作「赴」，當是從走、卜聲，本義爲「趨」。〔註133〕漢隸作「赴」。〔註134〕漢代草書作「赴」，

---

10 月初版，62 年 12 月第八刷；及二玄社，《漢禮器碑》，頁 37 等。

〔註119〕陸錫興，前引書，頁 8。

〔註120〕容庚，《金文編》，卷二・五。

〔註121〕許慎《說文解字》，卷二・上：「半，物中分也，從八、從牛。牛爲大物，可以分也。」又：「胖，半體肉也，一曰廣肉也，從半、從肉，肉亦聲。」丁福保，前引書，冊二，頁 1028、1030。案：「半」與「八」同屬唇音幫聲，見：陳新雄，《聲類新編》，卷五，頁 264、265，臺北，學生書局，民國 74 年 3 月再版。「半」字當是從牛取義，從八得聲。

〔註122〕許慎，《說文解字》，卷二・上；丁福保，前引書，冊二，頁 1028。

〔註123〕袁仲一、劉鈺，前引書，頁 384。

〔註124〕容庚，《金文續編》，卷二・二，〈南陵鐘〉等。

〔註125〕陸錫興，前引書，頁 16。

〔註126〕藝文印書館，前引書，卷二・八，收「又」作「右」，實借「又」字爲之。

〔註127〕容庚，《金文編》，卷二・一〇。

〔註128〕許慎，《說文解字》，卷二・上：「右，助也，從口、從又。」小徐本作「又聲」。見：丁福保，前引書，冊二，頁 1205。

〔註129〕湖北省荊沙鐵路考古隊，前引書，圖版一二四。

〔註130〕許慎，《說文解字》，卷二・上；丁福保，前引書，冊二，頁 1205。

〔註131〕二玄社，《漢刻石八種》，頁 43 等。

〔註132〕陸錫興，前引書，頁 22。

〔註133〕許慎《說文解字》，卷二・上：「赴，趨也，從走、仆省聲。」王筠《說文句讀》云：「當作卜聲。」見：丁福保，前引書，冊二，頁 1331。

〔註134〕二玄社，《漢曹全碑》，頁 37。

〔註135〕「走」上方原象人擺動之兩臂之斜曲筆畫變為橫畫，源於隸書。

六、「迹」字，商、周甲骨文俱缺。周代金文作「徒」，〔註136〕「從辵、束聲」，本義為「步處」。〔註137〕小篆作「𧗠」或「𧾷」，「從辵、亦聲」，「或從足、責」。〔註138〕漢隸作「迹」。〔註139〕漢代草書作「迹」、「乞」、「迲」、「迲」……等形，〔註140〕前兩形從辵、亦聲，原象人兩臂之兩斜畫作一橫，原象人軀幹及兩腳之兩斜畫則與頭分離，變作兩豎畫；後兩形從辵、赤聲，〔註141〕原象人兩臂及兩足之兩組斜畫各變為一橫。此四形皆源於隸書。

七、「博」字，商、周甲骨文俱缺。周代金文作「𢾇」，〔註142〕當是從十、專聲，本義為「索持」，即「博」字或體。〔註143〕小篆作「博」。〔註144〕漢隸作「博」或「博」。〔註145〕漢代草書作「博」、「𢐪」，

〔註135〕陸錫興，前引書，頁 24。

〔註136〕容庚，《金文編》，卷二・二○。

〔註137〕許慎《說文解字》卷二・下：「迹，步處也，從辵、亦聲。蹟，或從足、責。速，籀文迹，從束。」丁福保，前引書，冊三，頁 17。其中，「或從足、責」當是「或從足、責聲」之意，「從束」則是「從束聲」之意。

〔註138〕許慎，《說文解字》，卷二・下；丁福保，前引書，冊三，頁 17。

〔註139〕二玄社，《漢西狹頌》，頁 52，《書跡名品叢刊》二八，東京，民國 49 年 1 月初版。

〔註140〕陸錫興，前引書，頁 27。

〔註141〕「亦」與「赤」同屬入聲昔韻，見：聯貫出版社，《互註校正宋本廣韻》，頁517、518，臺北，民國 63 年 10 月初版。故「迹」從辵、亦聲亦可改作從辵、赤聲。

〔註142〕容庚，《金文編》，卷三・三。

〔註143〕許慎《說文解字》卷三・上：「博，大通也，從十從尃，尃，布也。」丁福保，前引書，冊三，頁 457。案：「十」原作「╂」，朱芳圃謂「╂原象大杖之形，自假為數名後，別造杙字」。見：周法高等，《金文詁林》，卷三，頁 1198 引，香港，中文大學，民國 64 年出版。「博」字從「十」取義，故其本義當與兵器大杖有關。容庚《金文編》卷一二・七收「𢾇」、「戟」兩字為「搏」，從十與從干、從戈義同。《說文解字》卷一二・上：「搏，索持也。」見：丁福保，前引書，冊九，頁 1176。另，「博」為唇音幫聲，「專」為唇音數聲，見：陳新雄，前引書，頁 266、294，當屬雙聲；故「博」可從「專」得聲，《說文》一本正作「專亦聲」。

〔註144〕許慎，《說文解字》，卷三・上；丁福保，前引書，冊三，頁 457。

〔註145〕二玄社，《漢孟琁殘碑／張景造土牛碑》，孟頁 6，《書跡名品叢刊》一六三，東京，民國 60 年 3 月初版，64 年 8 月第四刷；及二玄社，《漢西狹頌》，頁

〔註146〕右上「甫」與右下「寸」上揚之斜曲筆畫俱變爲橫畫，源
於隸書。

八、「丞」字，商代甲骨文作「」，〔註147〕「從臼，從卪，從山，乃拯
之本字」，本義爲「從阱救人」。〔註148〕周代金文作「」，〔註149〕
省山。小篆作「」。〔註150〕秦隸作「」。〔註151〕漢隸作「」。
〔註152〕漢代草書作「」、「」、「」……等形，〔註153〕原象救人
者之雙手的「」變爲左右兩點，或再連作一橫，源於隸書。

九、「永」字，商代甲骨文作「」、「」、「」……等形，〔註154〕
或謂「象水巠理之長」，本義爲「長」；〔註155〕或謂「即潛行水中之
泳字之初文，原從人在水中行」，〔註156〕皆有未安。周原甲骨文作
「」。〔註157〕周代金文作「」、「」、「」……等形。〔註158〕
春秋侯馬盟書作「」、「」……等形。〔註159〕小篆作「」。〔註
160〕漢隸作「」、「」……等形，〔註161〕漢代草書作「」、「」、
「」、「」……等形，〔註162〕其中原本兩斜曲筆畫一變爲點，一
變爲橫畫，源於隸書。

---

15 等。

〔註146〕陸錫興，前引書，頁40。

〔註147〕藝文印書館，前引書，卷三·五。另收「」、「」二形，李孝定謂是「承」
字；見：李氏，《甲骨文字集釋》，卷三，頁784。

〔註148〕李孝定，《讀說文記》，頁66。

〔註149〕容庚，《金文編》，卷三·一二。另收「」、「」，乃「承」字。

〔註150〕許慎，《說文解字》，卷三·上：丁福保，前引書，冊三，頁790。

〔註151〕袁仲一、劉鈺，前引書，頁98。

〔註152〕二玄社，《漢嵩山三闕銘》，頁9等。

〔註153〕陸錫興，前引書，頁50。

〔註154〕藝文印書館，前引書，卷一一·一〇。

〔註155〕許慎，《說文解字》，卷一一·下：丁福保，前引書，冊九，頁699。

〔註156〕高鴻縉，《中國字例》，頁309，臺北，呂青士發行，民國58年9月七版。

〔註157〕徐錫臺，前引書，頁324。

〔註158〕容庚，《金文編》，卷一一·六。

〔註159〕里仁書局，前引書，頁307。

〔註160〕同註155。

〔註161〕二玄社，《漢開通褒斜道刻石》，頁5，《書跡名品叢刊》四二，東京，民國49
年8月初版，71年2月改訂一刷；及二玄社，《漢禮器碑》，頁4等。

〔註162〕陸錫興，前引書，頁218。

十、「持」字，商、周甲骨文俱缺，周代金文作「屮」，〔註163〕即「寺」字，「從又、之聲」，〔註164〕本義爲「握」。〔註165〕小篆作「持」，〔註166〕「又」衍爲「寸」，又加「手」。漢隸作「持」。〔註167〕漢代草書作「持」、「扚」……等形，〔註168〕「手」、「之」、「寸」原本上舉之斜曲筆畫皆變爲橫畫，源於隸書。

除了上舉十例之外，漢代草書之中另如：「吏」字作「史」或「丈」、「禱」字作「禱」、「中」字作「中」、「藥」字作「藥」、「物」字作「扚」、「道」字作「芑」、「行」字作「行」、「器」字作「矢」、「奉」字作「奉」、「兵」字作「兵」、「具」字作「貝」、「史」字作「丈」、「寸」字作「寸」、「將」字作「扚」、「相」字作「相」、「自」字作「自」、「羊」字作「羊」、「簿」字作「尚」、「合」字作「合」、「麥」字作「麦」、「木」字作「木」……等，〔註169〕其形體也都是淵源於隸書。

第三節　自篆、隸來

索靖〈草書狀〉云：

> 離析八體，靡形不判；去繁存微，大象未亂。〔註170〕

意謂：草書的字形乃是由八體書剖割而成，而且是無一字不加以分解；不過，草書之剖割八體書，其作法乃是刪除繁複，保留精微之處，故其文字的大體形象仍明晰可識。

索靖所謂「八體」，應即許愼〈說文解字敘〉「秦書有八體」的八體書。案：〈說文解字敘〉云：

〔註163〕容庚，《金文編》，卷一二・七。
〔註164〕高田忠周說，見：周法高等，前引書，卷一二，頁 6624。
〔註165〕許愼《說文解字》卷一二・上：「持，握也，從手，寺聲。」丁福保，前引書，冊九，頁 1158
〔註166〕許愼，《說文解字》，卷一二・上：丁福保，前引書，冊九，頁 1158。
〔註167〕二玄社，《漢西嶽華山廟碑》，頁 18，《書跡名品叢刊》七一，東京，民國 50 年 11 月初版，73 年 2 月改訂一刷。
〔註168〕陸錫興，前引書，頁 227。
〔註169〕陸錫興，前引書，頁 2、4、7、11、17、32、36、39、49、50、51、57、60、65、66、69、86、97、103、106。
〔註170〕房玄齡等，前引書，卷六○，〈索靖傳〉引。

自爾秦書有八體，一曰大篆，二曰小篆，三曰刻符，四曰蟲書，五
曰摹印，六曰署書，七曰殳書，八曰隸書。〔註171〕

在交待完秦書八體之後，〈說文解字敘〉繼云：「漢興，有草書。」明白表示
草書乃繼八體之後而產生的另外一種書體。而索靖認爲草書「離析八體」，則
不僅肯定秦書八體與漢代草書的時代先後，並且強調漢代草書對於秦書八體
的繼承關係，亦即將秦書八體視爲漢代草書的字形淵源。

秦書八體又可分爲四類。啓功云：

「秦書八體」，實有四大方面：一是小篆以前的古體，即大篆；二是
同文以後的正體，即小篆；三是新興的「以趨約易」的俗體，即隸
書；四是其他不同用途的字體。〔註172〕

張舜徽亦云：

秦書八體，……大篆與小篆之異，一繁複、一簡易也；大小篆與隸
書之異，一謹嚴，一率便也。此外刻符、蟲書、摹印、署書、殳書
五體，要皆因物制宜，筆勢有殊，而爲用各異，故並列焉。〔註173〕

大概都是將秦書八體分爲大篆、小篆、隸書和其他不同用途的書體四類。

本章前兩節已討論大篆、小篆和隸書三類；茲介紹刻符等五體。

一、刻符，蓋爲刻於兵符之類的符信上之書體。兵符一名「虎符」，爲發
兵之憑證，合符而後授兵。如：《史記·信陵君列傳》載，侯嬴勸信陵君自魏
王所竊晉鄙之兵符，「則得虎符，奪晉鄙軍」；唯又恐「即合符而晉鄙不授公
子兵」，乃使朱亥俱行。後「晉鄙合符，疑之」，朱亥乃椎殺晉鄙，信陵君「遂
將晉鄙軍」。〔註174〕傳世之秦代陽陵兵符，（圖六一）銅製，虎形，由頭至尾，
中剖之，左右半虎之外側各刻鑄有文字，曰：

甲兵之符右在

皇帝左在陽陵〔註175〕

可與《史記》所載相印證。此件刻符書體與秦代刻石相類，爲秦篆，即小篆。

〔註171〕許慎，《說文解字》，卷一五·上；丁福保，前引書，冊一一，頁901。
〔註172〕啓功，《古代字體論稿》，頁10，北京，文物出版社，民國53年8月第一版
第二次印刷。
〔註173〕張舜徽，《說文解字約注》，卷二九，頁3919至3920，臺北，木鐸出版社，
民國73年7月初版。
〔註174〕司馬遷，《史記》，卷七七，臺北，臺灣商務印書館，民國77年1月臺六版。
〔註175〕容庚，《秦漢金文錄》，卷一，頁98，臺北，洪氏出版社，民國63年6月初
版。

圖六一　秦代〈陽陵兵符〉

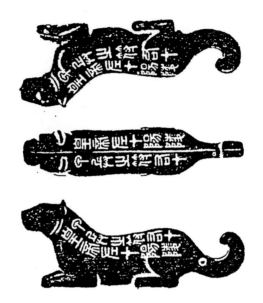

二、蟲書，即「鳥蟲書」，〔註176〕「爲蟲鳥之形，所以書幡信也」。〔註177〕
唐蘭云：

　　春秋戰國之際就有鳥蟲書，大都用在兵器，鳥形跟蟲形的圖案，往
　　往錯見。〔註178〕

以今可見之若干實例（圖六二，〔註179〕）觀之，蟲書或鳥蟲書，乃是一種裝
飾性的篆書。

　　三、摹印，乃用以設計印文的書體。由於〈說文解字敘〉下文提及王莽
「六書」時，有「繆篆，所以摹印」之言，〔註180〕而「繆」字又有「絞」義，
一般遂以蔡公子果戈等筆畫故作曲折的文字當之。〔註181〕唯傳世的秦代鉨印
（圖六三），其書體仍近小篆，唯筆畫稍平直而已，若干文字隨印形變化，亦
無絞曲之狀。〔註182〕

〔註176〕段玉裁《說文解字注》：「新莽六體有鳥蟲書，所以書幡信也，此蟲書即書幡
　　　　信者也。」見：丁福保，前引書，冊一一，頁934。
〔註177〕顏師古，《漢書・藝文志》注；見：班固，前引書，卷三〇。
〔註178〕唐蘭，《中國文字學》，頁159，臺北，開明書店，民國82年11月臺九版。
〔註179〕見：向夏，前引書，頁164。
〔註180〕丁福保，前引書，冊一一，頁902。
〔註181〕參見：向夏，前引書，頁165。
〔註182〕參見：林廷勳，《鉨印集林》，第一冊，頁11至26。

圖六二　春秋戰國鳥蟲書　　　　圖六三　秦代鉨印

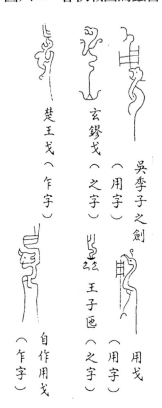

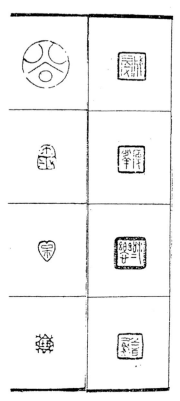

　　四、署書，爲題於檢署及門扁上之書體。〔註183〕秦代檢署及門扁尙無實物傳世，居延等地出土的漢代簡牘中，則有不少檢署實物；〔註184〕唯其書體爲漢隸，固不足當秦代之署書。

　　五、殳書，爲刻於靈殳上之書體。靈殳爲辟邪的玉質佩物，由「剛卯」和「嚴卯」兩枚組成，故又稱爲「雙卯」。〔註185〕《漢書・王莽傳》顏師古注引晉灼曰：

　　　剛卯長一寸，廣五分，四方，當中央從穿作孔，以采絲茸（葺）其底，如冠纓頭蕤，刻其上，面作兩行書，文曰：「正月剛卯旣央，靈

〔註183〕參見：向夏，前引書，頁165至166。

〔註184〕參見：勞榦，《居延漢簡・考釋之部》，考證頁2至3，臺北，中央研究院歷史語言研究所，民國75年5月出版。

〔註185〕參見：勞榦，〈玉佩與剛卯〉，《勞榦學術論文集甲編》，頁817至818，臺北，藝文印書館，民國65年初版；及那志良，《中國古物通鑑》，頁81，臺北，維巍公司，民國69年5月出版。

殳四方，赤青白黃，四色是當，帝令祝融，以教夔龍，庶疫剛癉，
莫我敢當。」其一銘曰：「疾日嚴卯，帝令夔化，順爾固伏，化茲靈
殳，既正既直，既觚既方，庶疫剛癉，莫我敢當。」〔註186〕

秦代靈殳未見；漢代靈殳上的文字多有減筆假借，不易辨識。〔註187〕唐蘭認
爲：

我們可以看出它是殳書的遺製，這種文字是較爲方整的，隨著觚形
而產生的，所以我認爲秦代的若干觚形的權上較方整的書法，像枸
邑權，就是殳書。〔註188〕

今所見之旬邑權銘文（圖六四），其書體仍是小篆，唯筆畫較方硬而已。

圖六四　秦代〈旬邑權銘〉

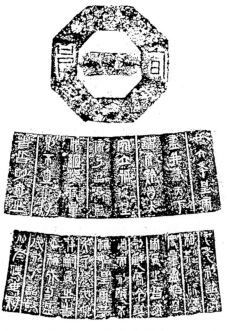

　　如上所述，則秦書八體主要仍爲篆書和隸書兩大類；其中，「蟲書」雖然
較爲奇特，然其強烈的裝飾性，固與草書之赴急需求難以相容，草書實不可
能淵源於此。因此，索靖〈草書狀〉所謂「離析八體」，應該只是概括表示：
草書的文字形體乃是淵源篆書和隸書。

〔註186〕班固，前引書，卷六九・上。
〔註187〕參見：那志良，前引書，頁81。
〔註188〕唐蘭，前引書，頁161。

　　只是，所謂「草書的文字形體乃是淵源於篆書和隸書」，其意涵包括：草書形體有自篆書來的，也有自隸書來的，以及草書的形體有自篆、隸一路而來的。自篆書來，謂與隸書有別；〔註189〕自隸書來，謂與篆書有別；〔註190〕自篆、隸一路來，則謂篆書與隸書在文字構成上無顯著差別。例如：「一」字，篆、隸、草皆只作一橫畫，雖其橫畫之形狀仍可區分，要無顯著差別；故草書「一」字乃自篆、隸來者。

　　本章第一、二節已分別介紹自篆書來與自隸書來的漢代草書，以下介紹自篆、隸來之漢代草書實例。

　　一、「章」字，商、周甲骨文俱缺，周代金文作「🀄」、「🀄」、「🀄」……
　　　　等形，〔註191〕李孝定云：

　　　　銘意皆用爲圭璋字，疑即璋之象形，又與禮家所說璋之形製不合，
　　　　存以俟考。〔註192〕

「禮家」有「半圭爲璋」之說法，〔註193〕則彼所謂之璋當爲長板狀（圖七六）；而金文所象之璋則當爲圓形，如璧狀。此或係古今名稱不同所致。春秋侯馬盟書作「🀄」。〔註194〕戰國包山楚簡作「🀄」。〔註195〕石鼓文作「🀄」。〔註196〕小篆作「章」。〔註197〕漢隸作「章」。〔註198〕漢代草書作「🀄」、「🀄」……等形，〔註199〕自大篆及漢隸來，而與石鼓文及《說文》小篆略有不同。

　　二、「刑」字，商、周甲骨文俱缺，周代金文作「🀄」，〔註200〕當是從刀、
　　　　井聲，本義爲「罰罪」。〔註201〕小篆作「🀄」。〔註202〕秦隸作「🀄」。

〔註189〕參見本章第一節。
〔註190〕參見本章第二節。
〔註191〕容庚，《金文編》，卷三・九。
〔註192〕李孝定，《讀說文記》，卷三，頁62。
〔註193〕見：《尚書・顧命》「璋以皮」傳，孔安國傳、孔穎達疏，前引書，卷一八；《詩・小雅・斯干》「載弄之璋」傳，毛亨傳、鄭玄箋、孔穎達正義，前引書，卷一一・二。
〔註194〕里仁書局，前引書，頁330。
〔註195〕湖北省荊沙鐵路考古隊，前引書，圖版一四四。
〔註196〕二玄社，《周石鼓文》，頁30，《書跡名品叢刊》四，民國47年12月初版，70年10月二二刷。
〔註197〕許慎，《說文解字》，卷三・上；丁福保，前引書，冊三，頁752。
〔註198〕二玄社，《漢石門頌》，頁57等。
〔註199〕陸錫興，前引書，頁49。
〔註200〕容庚，《金文編》，卷五・二四。
〔註201〕許慎《說文解字》卷五・下：「刑，罰罪也，從井、從刀。《易》曰：『井，法

〔註203〕漢隸作「荆」、「刑」。〔註204〕漢代草書作「荆」、「𤛮」……等形，〔註205〕源於篆書和隸書，唯與漢隸第二形有異。

三、「之」字，商代甲骨文作「㞢」、「㞢」，〔註206〕「從止、從一」，本義爲「往」。〔註207〕周代金文作「㞢」、「㞢」、「㞢」……等形。〔註208〕春秋侯馬盟書作「㞢」、「㞢」。〔註209〕戰國包山楚簡作「㞢」、「㞢」。〔註210〕小篆作「㞢」。〔註211〕秦隸作「之」。〔註212〕漢隸作「之」、「㞢」。〔註213〕漢代草書作「乙」、「之」……等形，〔註214〕源於篆、隸。

四、「身」字，商代甲骨文作「𠂉」，「從人而隆其腹，象人有身之形」，〔註215〕本義爲懷孕。周原甲骨文作「身」。〔註216〕周代金文作「身」、「身」。〔註217〕春秋侯馬盟書作「身」、「身」。〔註218〕戰國包山楚簡作「身」、「身」……等形。〔註219〕小篆作「身」。〔註220〕秦隸

也。』井亦聲。」丁福保，前引書，冊五，頁19。「井，法也」，當是借「井」爲「刑」而已，「刑」字當是從井聲。

〔註202〕許慎，《說文解字》，卷五・下：丁福保，前引書，冊五，頁19。
〔註203〕袁仲一、劉鈺，前引書，頁351。
〔註204〕二玄社，《漢魯峻碑》，頁27，《書跡名品叢刊》一七二，東京，民國61年2月初版，69年2月第五刷；及二玄社，《漢武氏祠畫像題字》，頁7等。
〔註205〕陸錫興，前引書，頁82。
〔註206〕藝文印書館，前引書，卷六・六。
〔註207〕羅振玉，《增訂殷虛書契考釋》，中，頁63・下，臺北，藝文印書館，民國58年12月再版。
〔註208〕容庚，《金文編》，卷六・一一。
〔註209〕里仁書局，前引書，頁302。
〔註210〕湖北省荊沙鐵路考古隊，前引書，圖版一二三。
〔註211〕二玄社，《秦泰山刻石／瑯邪臺刻石》，瑯頁42。
〔註212〕袁仲一、劉鈺，前引書，頁104。
〔註213〕二玄社，《漢孟琭殘碑／張景造土牛碑》，孟頁4等；及二玄社，《漢張遷碑》，頁8等，《書跡名品叢刊》一六，東京，民國48年7月初版，70年11月第二五刷。
〔註214〕陸錫興，前引書，頁115。
〔註215〕李孝定，《甲骨文字集釋》，卷八，頁2719。
〔註216〕徐錫臺，前引書，頁348。
〔註217〕容庚，《金文編》，卷八・一二。
〔註218〕里仁書局，前引書，頁312。
〔註219〕湖北省荊沙鐵路考古隊，前引書，圖版一三一。
〔註220〕許慎，《說文解字》，卷八・上；丁福保，前引書，冊七，頁410。

作「身」。〔註221〕漢隸作「身」、「身」。〔註222〕漢代草書作「身」、「身」……等形，〔註223〕乃源於篆、隸。

五、「尺」字，商、周甲骨文、金文俱缺。小篆作「尺」，「從尸、從乙」，本義為「十寸」。〔註224〕秦隸作「尺」。〔註225〕漢隸作「尺」。〔註226〕漢代草書作「尺」、「尺」，〔註227〕乃自小篆、隸書來。

六、「在」字，商、周甲骨文俱缺。〔註228〕周代金文作「杜」、「扗」、「扗」，〔註229〕「從土、才聲」，本義為「存」。〔註230〕小篆作「扗」。〔註231〕秦隸作「在」。〔註232〕漢隸作「在」、「在」、「在」、「在」。〔註233〕漢代草書作「在」、「在」……等形，〔註234〕乃自金文第三形、秦隸及漢隸第一形來。

七、「界」字，商、周甲骨文、金文俱缺。小篆作「畍」、「界」，「從田、介聲」，本義為「境」。〔註235〕漢隸作「界」、「界」。〔註236〕漢代草書作「界」、「界」、「界」……等形，〔註237〕乃自小篆第一形及漢隸來。

〔註221〕袁仲一、劉鈺，前引書，頁 160。
〔註222〕二玄社，《漢孟琁殘碑／張景造土牛碑》，孟頁 16；及二玄社，《漢北海相景君碑》，頁 12 等。
〔註223〕陸錫興，前引書，頁 169。
〔註224〕許慎，《說文解字》，卷八・下；丁福保，前引書，冊七，頁 641。
〔註225〕袁仲一、劉鈺，前引書，頁 52。
〔註226〕二玄社，《漢孟琁殘碑／張景造土牛碑》，張頁 36。
〔註227〕陸錫興，前引書，頁 174。
〔註228〕商、周甲骨文皆假「才」為「在」，見：藝文印書館，前引書，卷一三・八；及徐錫臺，前引書，頁 316。
〔註229〕容庚，《金文編》，卷一三・一一。
〔註230〕許慎，《說文解字》，卷一三・下；丁福保，前引書，冊一○，頁 1149。
〔註231〕同前註。
〔註232〕袁仲一、劉鈺，前引書，頁 434。
〔註233〕二玄社，《漢刻石八種》，頁 39 等；二玄社，《漢西嶽華山廟碑》頁 15 等；漢華文化公司，《漢雁門太守鮮于璜碑》，頁 3 等，臺北，民國 69 年元月初版；二玄社，《漢韓仁銘／夏承碑》，夏頁 40，《書跡名品叢刊》二○六，東京，民國 68 年 12 月初版，70 年 4 月第三刷。
〔註234〕陸錫興，前引書，頁 253。
〔註235〕許慎，《說文解字》，卷一三・下；丁福保，前引書，冊一○，頁 3000。
〔註236〕王夢鷗，《漢簡文字類編》，頁 69，臺北，藝文印書館，民國 63 年 10 月初版。
〔註237〕陸錫興，前引書，頁 280。

八、「五」字，商代甲骨文作「𝕏」，〔註238〕象收繩器之形，「本義當為收繩器」，為「互」與「𥭥」之初文。〔註239〕周原甲骨文作「𝕏」、「𝕏」。〔註240〕周代金文作「𝕏」、「𝕏」。〔註241〕春秋侯馬盟書作「𝕏」。〔註242〕戰國包山楚簡作「𝕏」、「𝕏」。〔註243〕小篆作「𝕏」。〔註244〕秦隸作「五」。〔註245〕漢隸作「𝕏」、「五」、「五」。〔註246〕漢代草書作「𝕏」、「𝕫」、「𝕫」……等形，〔註247〕自甲骨文一路而來，唯與漢隸第三形稍有不同而已。

九、「丙」字，商代甲骨文作「內」、「內」，〔註248〕或謂「象魚尾」，或謂「象人肩」，或謂「象几形」，或謂「象物之安」，未知孰是。〔註249〕周代金文作「𝕏」、「𝕏」、「内」、「内」、「内」……等形。〔註250〕春秋侯馬盟書作「内」。〔註251〕小篆作「丙」。〔註252〕秦隸作「丙」、「丙」。〔註253〕漢隸作「丙」。〔註254〕漢代草書作「丙」、「丙」、「丙」……等形，〔註255〕源於小篆、秦隸第二形及漢隸。

十、「壬」字，商代甲骨文作「工」，〔註256〕「即滕之古文，機持經者也，

〔註238〕藝文印書館，前引書，卷一四・七。另收「三」一形，積五畫為之，乃數名「五」之專學。

〔註239〕丁山說，見：李孝定，《甲骨文字集釋》，卷一四，頁4173至4175引。

〔註240〕徐錫臺，前引書，頁183。

〔註241〕里仁書局，前引書，頁304。

〔註242〕容庚，《金文編》，卷一四・一六。

〔註243〕湖北省荊沙鐵路考古隊，前引書，圖版一二四。

〔註244〕二玄社，《秦泰山刻石／琅邪臺刻石》，琅頁37。

〔註245〕袁仲一、劉鈺，前引書，頁5。

〔註246〕二玄社，《漢刻石八種》，頁39等；二玄社，《漢西狹頌》，頁25等；二玄社，《漢張遷碑》，頁47等。

〔註247〕陸錫興，前引書，頁273。

〔註248〕藝文印書館，前引書，卷一四・一一。

〔註249〕參見：李孝定，《甲骨文字集釋》，卷一四，頁4231至4234。

〔註250〕容庚，《金文編》，卷一四・二二。

〔註251〕里仁書局，前引書，頁306。

〔註252〕許慎，《說文解字》，卷一四・下；丁福保，前引書，冊一一，頁627。

〔註253〕袁仲一、劉鈺，前引書，頁7。

〔註254〕二玄社，《漢乙瑛碑》，頁25等。

〔註255〕陸錫興，前引書，頁277。

〔註256〕藝文印書館，前引書，卷一四・一四。

象形」。〔註257〕周原甲骨文作「工」。〔註258〕周代金文作「工」、「㞷」、「王」。〔註259〕戰國包山楚簡作「王」。〔註260〕小篆作「王」。〔註261〕秦隸作「王」。〔註262〕漢隸作「王」、「王」。〔註263〕漢代草書作「王」、「王」……等形，〔註264〕乃自金文之第三形一路而來。

除了上舉十例之外，漢代草書之中另如：「一」字作「一」、「上」字作「山」、「下」字作「下」、「三」字作「三」、「王」字作「王」、「小」字作「小」、「止」字作「止」、「十」字作「十」、「又」字作「又」、「反」字作「反」、「曰」字作「曰」、「井」字作「井」、「久」字作「久」、「國」字作「囻」、「日」字作「囚」、「北」字作「北」、「二」字作「二」、「土」字作「土」……等，〔註265〕其形體也都是自篆、隸來。

〔註257〕林義光，《文源》，卷一，頁 26。

〔註258〕徐錫臺，前引書，頁 305。

〔註259〕容庚，《金文編》，卷一四・二八。

〔註260〕湖北省荊沙鐵路考古隊，前引書，圖版一二四。

〔註261〕許慎，《說文解字》，卷一四・下；丁福保，前引書，冊一一，頁 677。

〔註262〕袁仲一、劉鈺，前引書，頁 386。

〔註263〕二玄社，《漢刻石八種》，頁 40 等。二玄社，《漢乙瑛碑》，頁 23 等。

〔註264〕陸錫興，前引書，頁 279。

〔註265〕陸錫興，前引書，頁 1、2、3、14、25、39、54、55、88、94、105、119、128、166、250、251。

第五章　漢代草書之筆畫演變

中國文字自創造以後，迭經改變，而產生了篆、隸、草、行、楷各種書體；此即許慎〈說文解字敍〉所謂之「改易殊體」。〔註1〕而根據實際的例證看來，中國文字「改易殊體」的辦法不外乎三種，包括：改變構造法則、改變組成元素及改變文字筆畫——

一、改變構造法則。例如：「沫」字，本義爲「洒面」。〔註2〕甲骨文作「」，「象人散髮就皿洒面之狀」；〔註3〕蓋從頁、從臼、從皿，其構造法則爲「會意」。〔註4〕小篆改作「」，「從水、末聲」，〔註5〕其構造法則爲「形聲」。〔註6〕

二、改變組成元素。例如：「靈」字，本義爲「靈巫」。〔註7〕金文作「」，〔註8〕「從示、霝聲」；〔註9〕小篆作「靈」或「」，「從玉、霝聲，……或

〔註1〕 丁福保，《說文解字詁林》，冊一一，頁899。臺北，鼎文書局，民國72年4月二版。

〔註2〕 許慎，《說文解字》卷一一·上；丁福保，前引書，冊九，頁574。

〔註3〕 羅振玉，《增訂殷虛書契考釋》，卷中，頁67，臺北，藝文印書館，民國58年12月再版。

〔註4〕 許慎，〈說文解字敍〉：「會意者，比類合誼，以見指撝。」見：丁福保，前引書，冊一一，頁900。「會意」的構造法則，就是將兩個以上的文字組成一個文字，藉由此兩個以上的文字之意義的結合，以產生所要表達的意義。參見：向夏，《說文解字敍講疏》，頁98，香港，中華書局，民國63年2月出版。

〔註5〕 同註2。

〔註6〕 許慎，〈說文解字敍〉：「形聲者，以事爲名，取譬相成。」見：丁福保，前引書，冊一一，頁900。「形聲」的構造法則，就是由表義的形符和表音的聲符兩部分組成一個文字；參見：向夏，前引書，頁59。

〔註7〕 許慎，《說文解字》卷一·上；丁福保，前引書，冊二，頁393。

〔註8〕 容庚，《金文編》卷一·一一，臺北，洪氏出版社，民國63年9月再版。

〔註9〕 朱芳圃，《殷周文字釋叢》，頁145：「霝，從示，霝聲。……楚人名巫爲靈子，蓋巫爲女子能事無形，以舞降神，是其職能爲人神之媒介，其本身具有神義。

從巫」。〔註10〕上舉「靈」字三種寫法，其構造法則皆爲「形聲」；所不同的，只是其組成元素中之形符有別而已。

三、改變文字筆畫。例如：「因」字，本義爲「茵褥」，〔註11〕即「茵」字初文。〔註12〕甲骨文作「囚」、「因」、「因」，〔註13〕金文作「因」，〔註14〕秦泰山刻石小篆作「因」，〔註15〕漢隸作「因」、「因」、「因」、「己」。〔註16〕都是「象茵褥之形，中象縫線文理」，〔註17〕其構造法則和組成元素都無不同；而各體寫法之所以互異，則是改變了文字筆畫所致。〔註18〕

漢代草書之所以異於其先的篆書和隸書，主要在於文字筆畫的改變。例如：「天」字，其最初的形體應該是作「天」；〔註19〕漢代草書的「天」字一

示，神事也。故從示作。」臺北，學生書局，民國61年8月景印初版。
〔註10〕同註7。至於「靈」字從玉之故，許慎謂是因「靈巫以玉事神」。
〔註11〕朱駿聲《說文通訓定聲》引江永曰：「因，象茵褥之形，中象縫線文理。」見：丁福保，前引書，冊五，頁217。
〔註12〕朱駿聲《說文通訓定聲》、林義光《文源》、謝彥華《說文閩載》並以「因」爲「茵之古文」，見：丁福保，前引書，冊五，頁217至218。
〔註13〕藝文印書館，《校正甲骨文編》將「囚」、「因」、以及「因」分釋爲「因」和「因」，見該書卷三‧一及卷六‧九。惟據朱駿聲《說文通訓定聲》：「席，篆古文作『因』，蓋從因從厂象形。《廣雅‧釋器》：『因，席也。』正『因』字之誤文。」見：丁福保，前引書，冊五，頁1117。故將「囚」、「因」及「因」合釋爲「因」字。
〔註14〕容庚，《金文編》卷六‧一六。
〔註15〕二玄社，《秦泰山刻石／瑯邪臺刻石》，泰頁30，《書跡名品叢刊》一四，東京，民國48年7月初版。
〔註16〕漢代碑刻中，武氏祠畫像刻石和尹宙碑作「因」，史晨碑及西狹頌作「因」；曹全碑亦有一「因」字，惟漫漶不清，惟據該碑「恩」作「恩」，則其「因」字寫法當與武氏祠和尹宙碑同。見：二玄社，《漢武氏祠畫像石》，頁8及75，《書跡名品叢刊》二〇五，東京，民國68年7月初版，70年4月第三刷。《漢尹宙碑》，頁9，《書跡名品叢刊》三九，東京，民國49年7月初版，71年10月第十三刷。《漢史晨前後碑》，頁44及63，《書跡名品叢刊》八五，東京，民國51年5月初版，72年4月第十六刷。《漢西狹頌》，頁39，《書跡名品叢刊》二八，東京，民國49年1月初版，71年9月發行。《漢曹全碑》頁5及29，《書跡名品叢刊》五，東京，民國40年1月初版，69年5月第三二刷。漢簡作「因」、「己」，見：王夢鷗，《漢簡文字類編》，頁22，臺北，藝文印書館，民國63年10月初版。
〔註17〕參見：註11。
〔註18〕即「中象縫線文理」之「仌」省作「人」，再由「人」訛爲「大」、「介」、「士」、「工」和「乙」。
〔註19〕參見本文第四章第一節。

作「㇄」。〔註20〕從「㾛」到「㇄」，其間的衍化過程大略如下——

一、由「㾛」變爲「禾」，〔註21〕將頸項及軀幹的肥筆改細，肩臂和腿足的曲畫改作斜畫。

二、由「禾」變爲「禾」，〔註22〕將頭部圓塊改橫畫。〔註23〕

三、由「禾」變爲「交」，〔註24〕將原來的筆順：「一」－「丁」－「大」－「禾」－「禾」改作「一」－「丁」－「㇏」－「㇗」－「交」。

四、由「交」變爲「㇄」，〔註25〕將原來的第二至第四筆連作一筆。

五、由「㇄」變爲「㇄」，〔註26〕將最後一筆與原來第二至第四筆連書。

六、由「㇄」變爲「㇄」，將第一筆與其他筆畫連。

從上列的衍化過程可知：「天」字由初形「㾛」至漢代草書「㇄」，其構造法則與組成元素並無不同；所不同的，只是文字的筆畫有所改變而已。而此種筆畫的改變，乃是長時間的逐步演進；故宜以「筆畫演變」稱之。

根據個人對於漢代一千四百一十一個草字的分析，並參酌前人對於漢代草書筆畫演變的看法，〔註27〕漢代草書的筆畫演變方式可以歸納爲縮、減、

〔註20〕陸錫興，《漢代簡牘草字編》頁2，居二二六・二〇，上海，上海書畫出版社，民國78年12月第一版第一次印刷。

〔註21〕容庚，《金文編》，卷一・二，大豐簋等。

〔註22〕古文字的衍化過程中，多有將圓塊變爲橫畫的例子，如：「土」之由「土」變「土」、「午」之由「午」變「午」、「生」之由「生」變「生」、「十」之由「十」變「十」……皆是。

〔註23〕藝文印書館，前引書，卷一・一，存下九四〇等。

〔註24〕陳建貢・徐敏，《簡牘帛書字典》，頁196，秦簡二，上海，上海書畫出版社，民國80年12月第一版第一次印刷。

〔註25〕陸錫興，前引書，頁2，流戍一一。

〔註26〕陸錫興，前引書，頁2，武八四乙。

〔註27〕歷來討論漢代草書筆畫演變的著作，以今人陸錫興〈論漢代草書〉一文最爲精闢，見陸錫興，前引書，代序。陸文將「漢草草法」歸納爲「省、簡、連三途」。所謂「省法」，「就是不加替代地直接省略部分點畫、結構」，包括「省筆畫」和「省部件」二種方法；而「省部件」又分「省相同的並列部件」和「省上部」、「省中部」、「省右上角」、「省右下角」。所謂「簡法」，「就是把比較複雜的部分簡化；寫成比較簡單的筆畫」；包括「用點」和「用符號」兩種方法。所謂「連法」，「就是連書，把本該逐筆書寫的點畫連貫起來寫成一筆」；包括「連書筆畫」和「連書分散的部件」兩種方法。陸氏此項見解的確有其獨到之處；唯其中亦有若干值得商榷的地方。例如：一、「用點」乃是縮短筆畫的眾多途徑之一，陸文卻只討論「用點」，而未及於其他縮短筆畫的途徑。二、「用符號」的結果則造成文字筆畫的減少，與陸氏所謂「省法」中的「省

連、牽四種。「縮」為縮短筆畫,「減」為減省筆畫,「連」為連接筆畫,「牽」為牽帶筆畫,而此四種方式又各包括若干不同的途徑、漢代草書的演變,一個字有單獨使用縮、減、連、牽四種方式中的一種的,也有使用其中兩、三種的,也有四種都使用的;也有同一個字而重複使用同一種演變方式的。

　　本章下分四節,第一節「縮短筆畫」,第二節「減省筆畫」,第三節「連接筆畫」,第四節「牽帶筆畫」,各舉若干例字說明漢代草書的不同演變方式與途徑。

第一節　縮短筆畫

　　「縮短筆畫」是指將文字的某些筆畫的長度減短。縮短筆畫一方面可以加快文字書寫的速度,一方面也能使文字的形體更顯疏朗。

　　中國文字縮短筆畫的現象,在商代甲骨文中便已出現。例如——

一、「宀」字,甲骨文作「𠆢」、「𠆢」和「𠆢」三形,〔註28〕「象房屋正視之形,……字當與宮室同意」。〔註29〕第一形當為初形,第二形上方中央短畫蓋為兩斜畫相交所增出,第三形則縮短代表屋頂的兩斜畫,而分別與代表牆壁的兩豎畫相連接。甲骨文中從宀的「宋」字,作「宋」、「宋」、「宋」……等形,〔註30〕其上方「宀」的筆畫漸次縮短,歷歷可見。

二、「易」字,西周〈德鼎〉作「𩰫」,〔註31〕此當是「易」字初形,象盛水器之形:「ᒪ」象器身,有流;器身中之「彡」象所容之水;右方「ᒫ」象手以把握之鋬;下方「凵」,象器足。應是「匜」字初文。〔註32〕甲骨文和金文「易」字多作「𧹙」、「𧹙」、「𧹙」、

筆畫」和「省部件」異曲同工,與「用點」的結果反較不同;陸文郤將「用符號」與「用點」同歸於「簡法」。三、「省」、「簡」二字在一般使用上其意重疊之處甚多:陸文郤以個人之定義,強加區分。

〔註28〕藝文印書館,前引書,卷七‧一六。
〔註29〕李孝定說,見:李孝定,《甲骨文字集釋》,卷七,頁2427。
〔註30〕藝文印書館,前引書,卷七‧二〇。
〔註31〕容庚,《金文編》,卷九‧二〇。
〔註32〕「易」本義為盛水器之「匜」,讀為「一ˊ」;參見:趙平安,〈釋易與匜——兼釋史喪尊〉,《考古與文物》,民國80年第3期,頁71至73。後借為「賜予」之用,借為「簡易」、「變易」之用。至於「易經」之名,則是借為「覡經」

「沇」……，〔註33〕蓋皆未畫出器足（匜亦有無足者），而縮短代表器身的筆畫所致。

三、「大」字，甲骨文作「夫」、「夫」……等形，〔註34〕「象人正立之形」，〔註35〕本義應爲人。如「亦」（夾）、「乘」（夾）等字所從之「大」皆爲人意。〔註36〕甲骨文第一形猶見兩膝，第二形則無，乃是將折曲筆畫（∩）縮短爲斜直筆畫（八）所致。

甲骨文之後，中國文字縮短筆畫的簡化作用持續進行；迄於漢代的隸書而到達了一個高峰。漢代隸書的縮短筆畫的途徑，最少有以下五種──

一、截去超出橫畫之上的豎畫。例如：「德」字，漢代隸書作「德」〔註37〕、「德」〔註38〕……等形，是從周代金文「德」〔註39〕和小篆「德」〔註40〕、「德」〔註41〕變化而來；許慎云：

　　德，升也，從彳、惪聲。〔註42〕

漢隸「德」字第二形，乃是第一形截去右邊超出第一筆橫畫之上的豎畫所致。另外，如：「曹」字之由「曹」〔註43〕變爲「曹」；〔註44〕「禮」字之由「禮」，〔註45〕變爲「禮」；〔註46〕也都是截去超出橫畫之上的豎畫所

之用，《漢書》卷三〇〈藝文志〉云：「易爲筮卜之事。」「筮卜」故取名「覡經」，唯因當時尚無「覡」（丁一ˇ）字，故借讀音相近的「易」字爲之。

〔註33〕藝文印書館，前引書，卷九·一二；及容庚，《金文編》，卷九·二〇。

〔註34〕藝文印書館，前引書，卷一〇·一一。

〔註35〕容庚，《金文編》，卷一〇·八。

〔註36〕《管子法法篇》云：「故民未嘗可與慮始而可與樂成功：是故仁者，知者，有道者，不與大慮始。」尹知章注云：「大，眾也。」筆者認爲：大，人也，即上文所謂之「民」。元版《管子》「大」作「人」，見安井衡，《管子纂詁》，卷六，頁80。此蓋爲「大」字作本義用法之僅見例。

〔註37〕二玄社，《漢孔宙碑》，頁16，《書跡名品叢刊》一一，東京，民國48年4月初版，69年1月第一四刷。

〔註38〕二玄社，《漢韓仁銘／夏承碑》，夏頁31，《書跡名品叢刊》二〇六，東京，民國68年12月初版，70年4月第三刷。

〔註39〕容庚，《金文編》，卷二·二六。

〔註40〕二玄社，《秦泰山刻石／瑯邪臺刻石》，泰頁8。

〔註41〕許慎，《說文解字》，卷二·下；丁福保，前引書，冊三，頁174。

〔註42〕同前註。

〔註43〕二玄社，《漢曹全碑》，頁42。

〔註44〕漢華文化公司，《漢雁門太守鮮于璜碑》，頁9，臺北，民國69年元月初版。

〔註45〕二玄社，《漢禮器碑》，頁9，《書跡名品叢刊》三，東京，民國47年12月初版，71年9月第三〇刷。

致。

二、截去貫穿橫畫之下的豎畫。例如：「義」字，漢代隸書作「義」〔註47〕、「義」，〔註48〕是從商代甲骨文「羊」、「義」……〔註49〕、周代金文作「義」、「義」……〔註50〕變化而來。筆者認爲：「義」字乃是從「羊」（象頭飾形）、我聲，本義爲「頭飾」，即「儀」字古文。〔註51〕漢隸「義」字第二形，乃是第一形截去上段貫穿第三橫畫之下的豎畫所致。另外，如：「告」字之由「告」〔註52〕變爲「告」，〔註53〕「直」字之由「直」〔註54〕變成「直」，〔註55〕都是截去貫穿橫畫之下的豎畫所致。

三、變橫向斜曲筆畫爲橫畫。例如：「止」字，漢代隸書作「止」〔註56〕、「止」，〔註57〕是由甲骨文「屮」、「屮」〔註58〕和小篆「止」〔註59〕一路

〔註46〕二玄社，《漢史晨前後碑》，頁 10。

〔註47〕二玄社，《漢西嶽華山廟碑》，頁 10，《書跡名品叢刊》七一，東京，民國 50 年 11 月初版，73 年 2 月改訂一刷。

〔註48〕二玄社《漢武氏祠畫像題字》，頁 31。

〔註49〕藝文印書館，前引書，卷一二·一八。

〔註50〕容庚，《金文編》，卷一二·二九。

〔註51〕「義」字甲骨文一作「羊」（甲三四四五），其上所從之「屮」，蓋象鳥類羽毛所製成之頭飾，當即「義」字初文。後乃加「我」爲聲符，作「義」；後再加「人」爲形符，作「儀」。《周易·漸·上九》：「鴻漸于陸，其羽可用爲儀。」見：王弼、韓康伯注、孔穎達等正義，《周易正義》，卷五，《十三經注疏》，第一冊，臺北，藝文印書館，民國 65 年 5 月六版。則「儀」可用鴻鳥之類的羽毛來做。《周禮·春官·肆師》：「凡國之大事，治其禮儀，以佐宗伯。」鄭玄注：「故書『儀』爲『義』，鄭司農云：『義』讀爲『儀』，古者書『儀』但爲『義』，今時所謂『義』爲『誼』。」見：鄭玄注、賈公彥疏，《周禮注疏》，卷一九，《十三經注疏》，第三冊，臺北，藝文印書館，民國 65 年 5 月六版。蓋「義」爲「儀」之古文，故「古者書『儀』但爲『義』」；而「今時所謂『義』爲『誼』」，可證「義」原讀平聲，與「儀」同。

〔註52〕袁仲一、劉鈺《秦文字類編》，頁 210，西安，陝西人民教育出版社，民國 82 年 11 月第一版第一次印刷。

〔註53〕二玄社《漢孟琁殘碑／張景造土牛碑》，張頁 34 等，《書跡名品叢刊》一六三，東京，民國 60 年 3 月初版，64 年 8 月第四刷。

〔註54〕袁仲一、劉鈺，前引書，頁 149。

〔註55〕二玄社，《漢乙瑛碑》，頁 10，《書跡名品叢刊》四九，東京，民國 50 年 4 月初版，67 年 3 月第九刷。

〔註56〕二玄社，《漢韓仁銘／夏承碑》，夏頁 63。

〔註57〕二玄社，《漢魯峻碑》，頁 45，《書跡名品叢刊》一七二，東京，民國 61 年 2 月初版，69 年 2 月第五刷。

〔註58〕藝文印書館，前引書，卷二·一五。

變化而來，象人腳形，本義爲足。〔註60〕漢隸「止」字第二形，乃是第一形右方橫向斜曲筆畫變爲橫畫所致。另外，如：「造」字之由「造」〔註61〕變爲「造」；〔註62〕「寸」字之由「𠂔」〔註63〕變爲「寸」，〔註64〕都是變橫向斜曲筆畫爲橫畫所致。

四、變縱向斜曲筆畫爲豎畫。例如：「弈」字，漢代隸書作「弈」，〔註65〕乃是從小篆「弈」〔註66〕變化而來（此字甲骨文、金文俱缺），許愼云：

> 弈，圍棋也，從廾，亦聲。〔註67〕

漢代隸書的「弈」字，乃是將小篆「弈」字上部「𠖔」象人肩臂的「∧」變爲一橫畫，象人身腿的「人」變爲「八」；再將下部「𢍐」象人指掌的「ㄩ」和「ᗔ」各變爲一短橫，再將此二短橫連成一長橫；象人兩支手臂的「𠬞」則變爲「廾」。「人」變爲「八」和「𠬞」變爲「廾」就是變縱向斜曲筆畫爲豎畫。另如：「人」字邊之由小篆「𠔏」〔註68〕變爲「亻」（參見漢代隸書人部諸字）；豎心旁之由小篆「忄」〔註69〕變作「忄」（參見漢代隸書心部諸字）；都是變縱向斜曲筆畫爲豎畫。

五、變長筆畫爲點，例如：「爲」字，漢代隸書作「爲」〔註70〕、「爲」〔註71〕、「爲」〔註72〕……等形。此字商代甲骨文作「𤔲」、「𤔲」……等形，〔註73〕從又、從象會意，本義爲「役使象以助勞」，〔註74〕筆者以爲：「爲」

〔註59〕許愼，《說文解字》，卷二・上；丁福保，前引書，冊二，頁 1396。

〔註60〕李孝定，前引書，頁 407。

〔註61〕漢華文化公司，前引書，頁 19。

〔註62〕二玄社，《漢封龍山頌／張壽殘碑》，封頁 24，《書跡名品叢刊》一二七，東京，民國 58 年 1 月初版，65 年 4 月第五刷。

〔註63〕袁仲一、劉鈺，前引書，頁 74。

〔註64〕二玄社，《漢嵩山三闕銘》，頁 67，《書跡名品叢刊》四六，東京，民國 49 年 10 月初版，62 年 12 月第八刷。

〔註65〕二玄社，《漢尹宙碑》，頁 44。

〔註66〕許愼，《說文解字》，卷三・上；丁福保，前引書，冊三，頁 811。

〔註67〕同前註。

〔註68〕許愼，《說文解字》，卷八・上；丁福保，前引書，冊七，頁 1。

〔註69〕許愼，《說文解字》，卷一〇・下；丁福保，前引書，冊八，頁 1096。

〔註70〕二玄社，《漢石門頌》，頁 7，《書跡名品叢刊》三一，東京，民國 49 年 3 月初版，70 年 8 月第二〇刷。

〔註71〕二玄社，《漢西狹頌》，頁 37。

〔註72〕二玄社，《漢封龍山頌／張壽殘碑》，封頁 11。

〔註73〕藝文印書館，前引書，卷三・一〇。

乃「撝」字初文。其後逐漸訛變而作金文「🐗」、「🐗」……〔註75〕以及小篆「🐘」〔註76〕等形。漢隸「爲」字各形又從小篆變化而來，而其下方代表象腿和象尾巴的四畫，因爲縮短爲點的緣故，都與代表象身的筆畫分離開來。另外，如：「六」字之由「介」〔註77〕而變爲「六」，〔註78〕「頁」字之由小篆「頁」〔註79〕變爲「頁」；〔註80〕也都是變長筆畫爲點的結果。

上述漢代隸書縮短筆畫的五種途徑，在漢代的草書中也可以看到，尤其是「變長筆畫爲點」一項，更是被廣泛的使用。以下各舉三例說明──

一、截去超出橫畫之上的豎畫

例如：

1. 「車」字，甲骨文作「🚗」、「🚗」、「🚗」、「🚗」……等形，〔註81〕並象商代車輛由前後視形，「簡之象兩輪，繁之象輿、輪、轅、軛、衡、軏；其作🚗者，即篆文輂之所由孳」。〔註82〕金文作「🚗」、「🚗」、「🚗」、「車」、「車」……等形，〔註83〕亦象車輛之形，第二形以下爲側視之形，且有逐漸簡化之趨勢。小篆作「車」〔註84〕、隸書作「車」〔註85〕「車」或「車」。〔註86〕漢代草書作「车」、「車」、「车」……等形；〔註87〕其第一形乃是自漢隸之作「車」者衍化而來，第二、第三兩形則是自漢隸之作「車」者而來，而「車」、「車」和「车」都截去了超出第一橫畫之上的

〔註74〕羅振玉，前引書，卷中，頁 60。
〔註75〕容庚，《金文編》，卷三・一七。
〔註76〕二玄社，《秦泰山刻石／瑯邪臺刻石》，泰頁 25。
〔註77〕參見：藝文印書館，前引書，卷一四・七；及容庚，《金文編》，卷一四・一六。
〔註78〕二玄社，《漢韓仁銘／夏承碑》，夏頁 50。
〔註79〕許慎，《說文解字》，卷九・上：丁福保，前引書，冊七，頁 869。
〔註80〕二玄社，《漢曹全碑》，頁 47。
〔註81〕藝文印書館，前引書，卷一四・三。
〔註82〕李孝定說，見：李孝定，前引書，卷一四，頁 4114。關於商代車輛的構造，則請參閱石璋如，〈殷代的車〉，《大陸雜誌》，卷三六，10 期（民國 57 年 5 月），頁 1 至 4。
〔註83〕容庚，《金文編》，卷一四・一〇。
〔註84〕許慎，《說文解字》，卷一四・上：丁福保，前引書，冊一一，頁 295。
〔註85〕二玄社，《漢武氏祠畫像題字》，頁 57。
〔註86〕陸錫興，前引書，頁 268。
〔註87〕同前註。

豎畫。漢代草書從車諸字，如：「𨋢」、「輔」、「載」、「轉」，〔註88〕其所從
之「車」，亦多有截去超出橫畫之上的豎畫之作法。

2. 「也」字，甲骨文無，僅有「池」字作「𣲷」。〔註89〕金文「也」字
作「𠃌」，容庚謂「與它爲一字」。〔註90〕楚簡作「𠄠」，〔註91〕秦篆
作「𠃊」，〔註92〕東漢許慎《說文解字》卷一二・下，則作「𠃑」，云：

　　女陰也，象形。〔註93〕

漢代隸書作「𠃑」〔註94〕、「也」〔註95〕、「也」。〔註96〕漢代草書作
「也」、「𠃑」、「𣸣」、「𠃌」、「𣲷」、「𠃊」……形，〔註97〕由「𠃌」到
「𠃊」，其衍化之跡歷歷可見。而漢代草書第三形以下，其縱向的兩個筆
畫，或一筆縮短，或兩筆縮短，都有截去超出橫畫之上的豎畫之現象。

3. 「奉」字，甲骨文缺；〔註98〕金文作「𢍰」、「𢍰」，〔註99〕高鴻縉云：

　　從廾（拱）、丰聲；秦時又加手旁作𢮦，隸定爲奉，後以奉借爲上
　　奉之奉，乃又加手旁作捧。此處𢍰通假爲封。〔註100〕

春秋晉國侯馬盟書作「𢍰」，〔註101〕戰國包山楚簡作「𢍰」，〔註102〕於
「丰」下增一橫，秦篆作「奉」，〔註103〕下方加「手」（𠂇）。許慎《說

〔註88〕陸錫興，前引書，頁 68、268、269。

〔註89〕李孝定，前引書，卷一一，頁 3395，按：藝文印書館，《校正甲骨文編》未收
　　　　「𣲷」字，唯其卷三・二五收從父從它的「𢼋」字，釋作「攸」，而云：「古
　　　　它、也爲一字。」

〔註90〕容庚，《金文編》，卷一二・二二。

〔註91〕湖北省荊沙鐵路考古隊，《包山楚簡》，圖版一二二，北京，文物出版社，民
　　　　國 80 年 10 月第一版第一次印刷。

〔註92〕二玄社，《秦泰山刻石／瑯邪臺刻石》，泰頁 24、瑯頁 39。

〔註93〕丁福保，前引書，冊一○，頁 273。

〔註94〕陸錫興，前引書，頁 236。

〔註95〕漢華文化公司，前引書，頁 3。

〔註96〕二玄社，《漢刻石八種》，頁 44，《書跡名品叢刊》五八，東京，民國 50 年 5
　　　　月初版，70 年 12 月第一一刷。

〔註97〕陸錫興，前引書，頁 236。

〔註98〕徐錫臺，《周原甲骨文綜述》，頁 221 收「𣲷」、「𣲷」，釋爲「奉」；可疑，西
　　　　安，三秦出版社，民國 76 年 9 月初版。

〔註99〕容庚，《金文編》，卷三・一一。

〔註100〕高鴻縉，《散盤集釋》，出版時地、版次不詳，頁 14。

〔註101〕里仁書局，《侯馬盟書》，頁 321，臺北，民國 69 年 10 月初版。

〔註102〕湖北省荊沙鐵路考古隊，前引書，圖版一三二。

〔註103〕二玄社，《秦泰山刻石／瑯邪臺刻石》，泰頁 19。

文解字》卷三‧上云：

奉，承也，從手，從廾、丰聲。〔註104〕

漢代隸書作「奉」〔註105〕、「𡴪」或「奉」。〔註106〕漢代草書作「牟」、「𡴪」、「𡴪」……等形，〔註107〕大概都是從漢隸「奉」衍化而來，即「丰」省爲「七」，「丰」作「扌」或由「丰」而衍化爲「主」。其中，「𡴪」又是自「𡴪」截去超出第二橫畫之上的豎畫所致。

二、截去貫穿橫畫下方的豎畫

1. 「胡」字，商、周甲骨文和金文俱缺，秦代陶文作「胡」、「𠮩」，〔註108〕許慎《說文解字》卷四‧下小篆作「胡」，許慎云：

牛頷垂也，從肉、古聲。〔註109〕

漢代金文作「胡」、「胡」，〔註110〕漢代隸書作「胡」〔註111〕、「胡」。〔註112〕從「吉」應係「古」之訛變。漢代草書作「胡」、「扚」、「扚」、「胡」……等形，〔註113〕大概都是從「從肉、古聲」的「胡」字衍化而來；其中第四形「古」的中豎截去貫穿橫畫下方的一段。

2. 「他」字，商、周甲骨文和金文俱缺；包山楚簡作「佗」；〔註114〕陶文作「仰」；〔註115〕許慎《說文解字》卷八‧上小篆作「佗」，云：

負何也，從人，它聲。〔註116〕

漢代隸書作「他」〔註117〕、「他」，〔註118〕大概是聲符「它」訛變爲

〔註104〕丁福保，前引書，冊三，頁790。

〔註105〕二玄社，《漢嵩山三闕銘》，太頁7。

〔註106〕陸錫興，前引書，頁49。

〔註107〕同前註。

〔註108〕袁仲一、劉鈺，前引書，頁163、164。按：袁、劉書中將「胡」與「𠮩」分釋爲二字；筆者認爲：二者蓋皆從肉、古聲，應皆釋爲「胡」字。

〔註109〕丁福保，前引書，冊四，頁752。

〔註110〕容庚，《金文續編》，卷四‧六。

〔註111〕二玄社，《漢禮器碑》，頁23。

〔註112〕二玄社，《漢武氏祠畫像題字》，頁69。

〔註113〕陸錫興，前引書，頁78。

〔註114〕湖北省荊沙鐵路考古隊，前引書，圖版一三○。

〔註115〕高明、葛英會，《古陶文字徵》，頁20，北京，中華書局，民國80年12月第一版第一次印刷。

〔註116〕丁福保，前引書，冊七，頁112。

「也」。漢代草書作「地」、「也」、「他」……等形，〔註 119〕都是從漢隸衍化而來；其中第三形右邊豎畫截去貫穿橫下方的一段。

3. 「恙」字，商、周甲骨文、金文俱缺，秦簡作「恙」；〔註 120〕許慎《說文解字》卷一〇・下小篆作「恙」，云：

　　憂也，從心、羊聲。〔註 121〕

漢代隸書缺；漢代草書作「羊」、「羊」、「羊」、「羊」……等形，〔註 122〕都是從心、羊聲；而其聲符「羊」的中豎多截去貫穿第三橫下方的一段。

三、變橫向斜曲筆畫為橫畫

1. 「吏」字，殷墟甲骨文作「吏」、「吏」兩形，〔註 123〕羅振玉釋為「事」字，云：

　　從又持簡書，執事之象也，與史字同意。〔註 124〕

周原甲骨文作「吏」、「吏」……，〔註 125〕字形已稍有訛變；金文作「吏」，〔註 126〕與周原甲骨文第一形同；許慎《說文解字》卷一・上，小篆作「吏」，〔註 127〕變上方相搭黏的兩斜畫（〜）為一橫畫；漢代隸書作「吏」〔註 128〕、「吏」〔註 129〕、「吏」〔註 130〕、「吏」，〔註 131〕都是小篆衍化而來；漢代草書作「吏」、「吏」、「吏」、「吏」……等形，〔註 132〕則是

〔註 117〕二玄社，《漢武氏祠畫像題字》，頁 86。

〔註 118〕二玄社，《漢孟琁殘碑／張景造土牛碑》，張頁 37。

〔註 119〕陸錫興，前引書，頁 157。

〔註 120〕袁仲一、劉鈺，前引書，頁 173。

〔註 121〕丁福保，前引書，冊八，頁 1316。

〔註 122〕陸錫興，前引書，頁 208。

〔註 123〕藝文印書館，前引書，卷一・二。

〔註 124〕羅振玉，前引書，卷中，頁 60。

〔註 125〕徐錫臺，前引書，頁 214。

〔註 126〕容庚，《金文編》，卷一・二。

〔註 127〕丁福保，前引書，冊二，頁 33。

〔註 128〕二玄社，《漢北海相景君碑》，頁 10，《書跡名品叢刊》六九，東京，民國 50 年 10 月初版，67 年 3 月第九刷。

〔註 129〕二玄社，《漢乙瑛碑》，頁 42。

〔註 130〕二玄社，《漢史晨前後碑》，頁 52。

〔註 131〕二玄社，《漢曹全碑》，頁 27。

〔註 132〕陸錫興，前引書，頁 2。

自漢隸「吏」一形來。其中「吏」係將中間兩斜曲筆畫（「凵」）各變為一橫畫；「求」則應是由「吏」而「求」而「求」，即「凵」先變為相鄰的兩斜書「丶丶」，再連接成一橫；「丈」則應是直接省去中段的「凵」。

2. 「各」字，商代甲骨文作「各」、「各」、「洛」……等形，〔註133〕筆者認為：從夂（象朝內腳形）、從凵（象居穴形），本義為自外來至；「凵」後訛為「凵」，或加「彳」（彳省，象四達之衢，〔註134〕）。金文作「各」、「洛」、「復」……，〔註135〕第一、第二形與甲骨文第二、第三形同，第三形則加「止」（象朝外腳形）為意符。許慎《說文解字》卷二・上小篆作「各」，〔註136〕自甲骨文第二形，金文第一形來；漢代隸書作「各」〔註137〕、「各」，〔註138〕自小篆來，第二形將原來第二筆分作兩筆書寫；漢代草書作「各」、「各」、「各」、「各」……等形，〔註139〕其中第一、第二兩形自小篆衍化而來，故「口」作「丶」；第三、第四兩形自漢隸衍化而來，故「口」作「丶丶」或「口」；而四形有一共同之處，即原第三筆的斜曲筆畫「丶」或「丶」均變作橫畫。

3. 「記」字，甲骨文、金文俱缺；陶文作「記」；〔註140〕秦簡作「記」；〔註141〕許慎《說文解字》卷三・上小篆作「記」，云：

〔註133〕藝文印書館，前引書，卷二・一〇。

〔註134〕商代甲骨文另有「出」字作「出」，見藝文印書館，前引書，卷六・七。李孝定云：「以内字作凵觀之，凵冂疑為坎陷之象：古人有穴居者，故從止從凵，而以止之向背別出入也。」（《甲骨文字集釋》卷六，頁2074）「古人有穴居者」云云，是也，唯當用以說明「各」（各）與「出」（出）之區別；至於李孝定釋為「内」的「凵」字（《校正甲骨文編》卷二・三釋為「正」），當是「處」字初文，從止、在冂内，會意，表人之足不出戶也，故有居處之義，許慎，《說文解字》卷一四・上「處」字一作「処」，見：丁福保，前引書，冊一一，頁229，猶存「凵」遺形，只是「冂」移右，「止」顛倒為「夂」而已。

〔註135〕容庚，《金文編》，卷二・一三。

〔註136〕丁福保，前引書，冊二，頁1269。

〔註137〕二玄社，《漢乙瑛碑》，頁13。

〔註138〕二玄社，《漢曹全碑》，頁32。

〔註139〕陸錫興，前引書，頁22。

〔註140〕高明、葛英會，前引書，頁216。

〔註141〕袁仲一、劉鈺，前引書，頁180。

疏也，從言、己聲。〔註142〕

陶文左旁「品」爲大篆寫法，右旁「己」，則是已潦草化；秦簡左旁「言」作「言」，其潦草化更甚。漢代隸書作「記」，〔註143〕主要是將小篆左旁「言」的「Ｙ」和「凵」各變爲一橫畫，而「凵」變爲「口」；漢代草書作「記」、「记」、「記」、「記」，〔註144〕乃是自漢隸衍化而來，其中第三、第四兩形，右旁「己」之上部曲畫「コ」變作橫畫。

四、變縱向斜曲筆畫為豎畫

1. 「尉」字，商、周甲骨文、金文並缺，秦簡作「尉」、「尉」、「尉」，〔註145〕筆者認爲，當是從又或寸（代表手）持火、仁聲（仁爲仁字古文，見《說文解字》卷八・上），本義爲「以尉申繒也」，〔註146〕即「熨」字初文。許慎《說文解字》卷一〇・上小篆作「尉」，〔註147〕從又，與秦簡第二形同。漢代隸書作「尉」〔註148〕、「尉」〔註149〕、「尉」，〔註150〕都從寸，與秦簡第一形同。漢代草書作「尉」、「尉」、「尉」、「尉」、「尉」……等形，〔註151〕大概都是從寸、仁（仁）聲，而沒有加火；其中第五形將左旁「尸」的斜曲筆畫「尸」變作豎畫。

2. 「忘」字，甲骨文缺，周代金文作「忘」、「忘」、「忘」、「忘」，〔註152〕許慎《說文解字》卷一〇・下小篆作「忘」，云：

不識也，從心從亡，亡亦聲。〔註153〕

漢代隸書作「忘」。〔註154〕漢代草書作「忘」、「忘」、「忘」，〔註155〕

〔註142〕丁福保，前引書，冊三，頁575。

〔註143〕二玄社，《漢孟琁殘碑／張景造土牛碑》，孟頁21。

〔註144〕陸錫興，前引書，頁46。

〔註145〕袁仲一、劉鈺，前引書，頁76、514。按：袁、劉書中將「尉」與「尉」分釋爲二字；筆者認爲後者應爲前者之小訛，故合爲一字。

〔註146〕丁福保，前引書，冊八，頁769。

〔註147〕同前註。

〔註148〕二玄社，《漢西嶽華山廟碑》，頁40。

〔註149〕二玄社，《漢石門頌》，頁6。

〔註150〕二玄社，《漢禮器碑》，頁58等。

〔註151〕陸錫興，前引書，頁199。

〔註152〕容庚，《金文編》，卷一〇・一七。

〔註153〕丁福保，前引書，冊八，頁1255。

〔註154〕二玄社，《漢封龍山頌》，頁38。

都是從心，亡聲；其中第二、第三兩形「心」省作三筆，第三形「心」的長斜曲畫「乀」且變爲一長豎。

3. 「巳」字，殷墟甲骨文作「𠂤」、「𡥩」、「𡥩」、「𡥩」、「𡥩」……，〔註156〕第一形象胎兒之形，即許愼《說文解字》卷九・上「包」字所謂「象子未成形」，〔註157〕本義爲子息，即「嗣」字初文；第二形以下象嬰兒之形，後作「子」字。周原甲骨文作「𡥩」、「𡥩」，〔註158〕與殷墟甲骨文第二形以下同，周代金文作「𠂤」、「𡥩」、「𡥩」，〔註159〕與甲骨文略同，而第二形之「ㅇ」訛爲「ㅂ」。其後「𡥩」之一形專作子女、夫子字，「𠂤」一形則專作已經、辰巳字。包山楚簡作「𠂤」、「𠂤」、「𠂤」，〔註160〕已逐漸潦草化。陶文作「𠃊」、「𡥩」、「𠂤」、「巳」，〔註161〕秦簡作「巳」、「𠃊」。〔註162〕漢代金文作「𠃊」、「𠃊」、「𠃊」、「巳」、「巳」……。〔註163〕許愼《說文解字》一四・下小篆作「𠃊」。〔註164〕漢代隸書作「巳」。〔註165〕漢代草書作「巳」、「𠃊」、「𢎆」、「ㄗ」……等形，〔註166〕第一、二形從漢隸來，第三形末筆折曲下垂，與周代金文第二形及漢代金文前四形作法相同；第四形則將縱向折曲筆畫變作一長豎。

五、變長筆畫爲點

1. 「君」字，甲骨文作「𠮷」；〔註167〕筆者以爲：當是從口、尹聲，本義爲領導者。〔註168〕金文作「𠄌」、「𠄌」、「𠄌」，〔註169〕第三形已訛

〔註155〕陸錫興，前引書，頁 208。
〔註156〕藝文印書館，前引書，卷一四・一九。
〔註157〕丁福保，前引書，冊七，頁 1153。
〔註158〕徐錫臺，前引書，頁 189。
〔註159〕容庚，《金文編》，卷一四・三五。
〔註160〕湖北省荊沙鐵路考古隊，前引書，圖版一二三。
〔註161〕高明、葛英會，前引書，頁 86。
〔註162〕袁仲一、劉鈺，前引書，頁 12。
〔註163〕容庚，《金文續編》，卷一四・二一。
〔註164〕丁福保，前引書，冊一一，頁 760。
〔註165〕二玄社，《漢北海相景君碑》，頁 65。
〔註166〕陸錫興，前引書，頁 283。
〔註167〕藝文印書館，前引書，卷二・七。
〔註168〕李孝定云：「君之稱不限於帝王，謚法：『從之成群曰君。』則小部落之酋長亦可稱君也。」見：李氏著，《甲骨文字集釋》，卷二，頁 353。
〔註169〕容庚，《金文編》，卷二・七。

變。春秋晉國侯馬盟書作「君」、「君」、「君」、「君」，〔註170〕除第一形外，其餘三形已訛變。戰國包山楚簡作「君」、「君」，〔註171〕與金文第三形同，而第二形有牽繞之筆。秦篆作「君」，〔註172〕與金文第二形同。漢代金文作「君」、「君」、「君」……。〔註173〕漢代隸書作「君」〔註174〕、「君」，〔註175〕由秦篆衍化而來，而第二形的截去長橫畫超出豎畫右邊部分。漢代草書作「君」、「君」、「君」、「君」、「君」、「君」、「君」、「君」……，〔註176〕第一至第三形「口」變作「ㄣ」或「ㄣ」，是從篆書「凵」來；第四形以下，大概都是從隸書「口」而來；至於第一、二、六形長斜畫超出橫畫之外，則與漢代金文同。漢代草書的衍化，主要是將「凵」縮為「ㄣ」、「ㄣ」或將「口」，縮為「ㄣ」，乃是變長筆畫為點的作法；至於「君」一形，則是又將長斜畫與口的第一筆相連作一筆的結果。

2.「留」字，甲骨文缺，金文作「留」，〔註177〕筆者認為：從田、卯聲，本義應為溉田的溝渠，即「溝」字初文，後亦假「㽞」為之。〔註178〕包山楚簡作「留」，〔註179〕其上之「卯」已有訛變，秦代陶文作「留」、「坐」，〔註180〕第二形從土，其上之「卯」訛為「北」；與陶文「坐」字之作「坐」〔註181〕相似。許慎《說文解字》卷一·三下云：

　　留，止也，從田、卯聲。〔註182〕

〔註170〕里仁書局，前引書，頁311。
〔註171〕湖北省荊沙鐵路考古隊，前引書，圖版一二九。
〔註172〕袁仲一、劉鈺，前引書，頁76。
〔註173〕容庚，《金文編》，卷二·四。
〔註174〕二玄社，《漢石門頌》，頁38。
〔註175〕二玄社，《漢刻石八種》，頁38。
〔註176〕陸錫興，前引書，頁20。
〔註177〕容庚，《金文編》，卷一三·一四。
〔註178〕「㽞」字，許慎，《說文解字》卷一·三下云：「燒種也，從田，翏聲。漢律曰：㽞田菻艸。」朱駿聲，《說文通訓定聲》引《晉書意義》云：「通溝溉田為㽞。」見：丁福保，前引書，冊一〇，頁1284至1285。蓋「留」字本義為田溝，引申為「通溝溉田」；或作「㽞」，乃假借字。
〔註179〕湖北省荊沙鐵路考古隊，前引書，圖版一四三。
〔註180〕高明、葛英會，前引書，頁158。
〔註181〕高明、葛英會，前引書，頁56。
〔註182〕丁福保，前引書，冊一〇，頁1310。

蓋誤以爲假借義爲本義，而誤將卯、丣分爲二字。〔註183〕漢代隸書作「畱」〔註184〕、「畱」，〔註185〕第一形是將「卯」中央二長豎縮短所致，第二形又將「口」右邊折曲筆畫「ㄱ」縮短爲點（ヽ）。漢代草書作「畱」、「畱」、「畱」、「畱」，〔註186〕第一、二形，與漢隸兩形同，而略潦草；第三形，爲第二形之進一步簡化，第四形則又再進一步簡化，而原來之「卯」遂縮短並減省爲二點「ヾ」。

3. 「赤」字，商代甲骨文作「交」、「交」……，〔註187〕筆者認爲：從火、亦聲，本義爲炎熱，〔註188〕「亦」（夳）後訛爲「大」（大）。金文作「夳」、「交」、「交」，〔註189〕第一形蓋從火、亦聲之小訛；第二、三兩形則皆訛爲「大」，如甲骨文之第二形然。包山楚簡作「夳」、「交」，〔註190〕大概都是從火、亦聲的訛變。秦簡作「交」、「夳」，〔註191〕大概都是從大，而第二形又有訛變。漢代隸書作「赤」，〔註192〕上部「大」之兩組相搭黏斜畫各衍化爲一橫，下部「火」中央「人」縮短爲「ハ」。漢代草書作「赤」、「赤」、「赤」、「赤」……，〔註193〕下部「火」或縮短爲四點，或有省作三點，或三點而連成一橫。

在上述的五種縮短筆畫的途徑中，「變長筆畫爲點」是最常使用的一種。

陸錫興〈論漢代草書〉論漢代草法的「簡中」中有「用點」一項，云：

> 點是筆畫中最短促、最簡單的部分。用筆畫的原理來說，任何筆畫都是由點開始，延伸爲各種形狀的筆畫、部件，相反，它們也可以

〔註183〕林義光《文源》：「《說文》丣聲之字，古皆從卯，如：柳古作 （散氏盤）、留古作 （留鐘），是丣、卯本一字。」見：丁福保，前引書，冊一一，頁751。又，史宗周，《中國文字論叢》，頁274云：「說文從丣得聲之字，均爲卯聲之訛。」臺北，國立編譯館，民國67年8月出版。
〔註184〕二玄社，《漢張遷碑》，頁8。
〔註185〕二玄社，《漢北海相景君碑》，頁31。
〔註186〕陸錫興，前引書，頁258。
〔註187〕藝文印書館，前引書，卷一〇・一一。
〔註188〕「亦」與「赤」兩字同爲入聲二十二昔韻。見：聯貫出版社，《互註校正宋本廣韻》，頁517、518，臺北，民國63年10月初版。
〔註189〕容庚，《金文編》，卷一〇・七。
〔註190〕湖北省荊沙鐵路考古隊，前引書，圖版一三一。
〔註191〕袁仲一、劉鈺，前引書，頁511。
〔註192〕二玄社，《漢史晨前後碑》頁17。
〔註193〕陸錫興，前引書，頁201。

濃縮還原爲點。草書中點是使用最多，最有用的筆畫。

變畫爲點：「口」變爲「ㄩ」，不過它是從篆文「ㄩ」—「ㄩ」演變而來。「不」字下的兩斜畫也可以以點表示，寫成「ㄋ」。

變部件爲點：一般是小部件，在一定條件下也可以表示複雜部件。

「器」的四個「口」以點表示，簡爲「ㄡ」；

「坐」的兩個「人」以點表示，簡爲「土」；

「留」的兩個小部件化作兩點，簡爲「田」；

「卿」的左邊兩個比較複雜部件亦可以點表示簡作「ㄟ」；

「門」用點法可以寫作「ㄟ」。〔註194〕

漢代草書中，點確實是使用最多的筆畫，但是，陸氏所謂「變部件爲點」乃是純從最後結果來看；事實上，如「留」字上方「卯」之變爲兩點，乃是經過一連串之變化過程而來，不是一下子就將兩個「部件」變爲點（參見本節五・2）。此外，如「坐」字，秦漢人的寫法上方從「卯」，寫作「坐」、「坐」或「坐」；〔註195〕因此，漢代草書的「坐」字（土），其上方兩點乃是「卯」演變而來，而不是兩個「人」；而且是經過一連串演化過程而來，即ㄨㄟ—口口—口口—ㄴ丶丶ㄧㄥ丶丶，而不是直接就將「人人」變作「丶丶」。

第二節　減省筆畫

「減省筆畫」是指直接將文字的某些筆畫省除，使該文字的總筆畫數減少。減省筆畫是簡化文字最立即有效的方法。它一方面可以加快文字書寫的速度，一方面也使得筆畫繁複的文字形體變得較爲清爽，兼具了文字簡化和美化的功能；在中國文字的演變過程中，扮演著至爲重要的角色。

減省筆畫的現象，在商代的甲骨文中就已經相當常見了。例如：「中」字，甲骨文作「中」、「中」、「中」、「中」、「中」、「中」……等形，〔註196〕原象

〔註194〕陸錫興，前引書，代序，頁6至7。

〔註195〕參見：袁仲一、劉鈺，前引書，頁435；二玄社，《漢史晨前後碑》：頁11，陸錫興，前引書，頁253。按：陶文「坐」字作「坐」，見：高明、葛英會，前引書，頁56。其上之「竹」蓋爲卯（卯）之訛變。至於許慎，《說文解字》，卷一・三下「坐」字古文作「坐」，見：丁福保，前引書，冊一○，頁1150；則應是陶文「坐」之訛變。

〔註196〕藝文印書館，前引書，卷一・九。

旗幟之形，中央長豎為旗竿，「口」為旗斗，上下飄者（≈）為旗斿，本義
當如唐蘭《殷虛文字記》頁 37 所說：「最初為氏族社會之徽幟。」其後始引
申為榜樣等義〔註197〕其作「中」者，乃省去旗斿的筆畫；「中」則是「中」
之小訛。其他如：「旁」字原作「㫃」，或省作「㫃」；〔註198〕「牛」字原作
「牛」或「牛」，而從牛的「牢」字或由「牢」省作「牢」，「告」字或由
「告」省作「告」……〔註199〕也都是減省筆畫的例子。

　　商代甲骨文之後，中國文字「減省筆畫」的作法持續進行；到了隸書時，
減省筆畫更是成為它的一種特色。崔瑗〈草書勢〉云：

> 書契之興，始自頡皇，寫彼鳥跡，以定文章。爰暨末葉，典籍彌繁；
> 時之多僻，政之多權，官事荒蕪，勦其墨翰。惟作佐隸，舊字是刪。

〔註200〕
「舊字是刪」就是針對原來的篆書，予以減省筆畫。以漢代隸書而言，其減
省筆畫的情形，大致有「刪減上下重疊的橫向筆畫」、「刪減左右並排的縱向
筆畫」和「刪減文字中段繁複的筆畫」三種途徑——

一、刪減上下重疊的橫向筆畫

　　例如：「气」字，甲骨文作「三」、「气」，〔註201〕「象雲气層疊形」，本義
為「雲氣」，借作「乞求」、「迄至」、「終訖」三種用法。〔註202〕金文作「气」、「气」，
〔註203〕或延長其上畫（左彎），或並延長其下畫（右彎），蓋所以別於「三」字。
〔註204〕許慎《說文解字》卷一・上小篆作「气」，與金文第二形同；云：

〔註197〕《尚書・仲虺之誥》：「王懋昭大德，建中于民，以義制事，以禮制心，垂裕
　　　　後昆。」見：孔安國傳、孔穎達等正義，《尚書正義》，卷八，《十三經注疏》，
　　　　第一冊，臺北，藝文印書館，民國 65 年 5 月六版。「建中」的本義當為樹立
　　　　旗幟，後乃引申為樹立榜樣。此處仲虺希望湯王能先自勉明大德，為民眾樹
　　　　立「以義制事，以禮制心」的榜樣，而為後世子孫之楷模。
〔註198〕藝文印書館，前引書，卷一・二。
〔註199〕藝文印書館，前引書，卷二・三，二・五，二・六。
〔註200〕房玄齡等，《晉書》卷三六，〈衛恆傳〉引，臺北，鼎文書局，民國 69 年 3
　　　　月三版。
〔註201〕藝文印書館，前引書，卷一・九；徐錫臺，前引書，頁 188。
〔註202〕李孝定，前引書，卷一，頁 151。
〔註203〕容庚，《金文編》，卷一・一一。
〔註204〕于省吾，《殷契駢枝》，頁 55，〈釋气〉云：「……以上所列諸气字，或從气之
　　　　字，其三橫畫皆平而中畫皆稍短，猶以其與三字易掍，故上畫左彎，下畫右
　　　　彎。」臺北，藝文印書館，民國 60 年 1 月再版，126 頁。

雲气也，象形。〔註205〕

漢代隸書作「气」〔註206〕、「乞」；〔註207〕第一形將首畫分作兩筆書寫；第二形則將末畫亦分兩筆書寫，而將重疊在中央的一橫減省。「乞」字之外，另如：「禮」字之由「禮」〔註208〕而變爲「禮」，〔註209〕「載」字之由「載」〔註210〕而變爲「載」，〔註211〕「彥」字之由小篆「彥」〔註212〕而變作「彥」……，〔註213〕都經過「刪減上下重疊的橫向筆畫」的過程。

二、刪減左右並排的縱向筆畫

例如：「曹」字，商代甲骨文作「𣠽」，〔註214〕當如戴侗和丁山之說：從口、棘聲，本義爲喧鬧，即「嘈」字初文。〔註215〕金文作「𣠽」，〔註216〕「口」衍爲「甘」，義通。許慎《說文解字》卷五‧上小篆作「曹」，〔註217〕下從「曰」，與「口」、「甘」部首義通。漢代隸書作「曹」，〔註218〕「曹」〔註219〕、「曹」〔註220〕、「曹」〔註221〕、「曹」〔註222〕……等形，其中，第一變第二形，乃是省去中段（小卜）所致；至於其後的幾種變化，則是不斷地刪減左右並排的縱向筆畫的結果。「曹」字之外，另如：「兼」字之由「兼」〔註223〕而變

〔註205〕丁福保，前引書，冊二，頁413。
〔註206〕二玄社，《漢魯峻碑》，頁43。
〔註207〕二玄社，《漢武氏祠畫像題字》，頁31。
〔註208〕二玄社，《漢韓仁銘／夏承碑》，韓頁13。
〔註209〕二玄社，《漢禮器碑》，頁12。
〔註210〕二玄社，《漢孔宙碑》，頁51。
〔註211〕二玄社，《漢石門頌》，頁67。
〔註212〕丁福保，前引書，冊七，頁1021。
〔註213〕二玄社，《漢孟琁殘碑／張景造土牛碑》，孟頁7。
〔註214〕藝文印書館，前引書，卷五‧三。
〔註215〕丁山曰：「說文米部：『糟，酒滓也，從米、棘聲。𥻿，籀文從西。』以𥻿例𣠽，戴侗疑𣠽即𣠽字，從曰，棘聲者，是也。卜辭云：『壬寅卜在𣠽王得于口亡𢆶。』（前二‧五）曹字正從口。又云：『貞伐棘其戈。』（後‧上‧十五）曹又不從口，此𣠽諧棘聲之證也。」見李孝定，前引書，卷五，頁1607引。
〔註216〕容庚，《金文編》，卷五‧一一。
〔註217〕丁福保，前引書，冊四，頁1232。
〔註218〕二玄社，《漢曹全碑》，頁5。
〔註219〕二玄社，《漢石門頌》，頁81。
〔註220〕二玄社，《漢韓仁銘／夏承碑》，夏頁39。
〔註221〕二玄社，《漢曹全碑》，頁42。
〔註222〕二玄社，《漢武氏祠畫像題字》，頁18。
〔註223〕二玄社，《漢孔宙碑》，頁14。

爲「兼」，〔註224〕再變爲「無」，〔註225〕「典」字之由「典」〔註226〕而
變作「典」，〔註227〕「赫」字之由「赫」〔註228〕而變爲「赫」，〔註229〕
再變爲「菻」……，〔註230〕都經過刪減左右並排的縱向筆畫的過程。

三、刪減文字中段繁複的筆畫

例如：「晉」字，商代甲骨文作「晉」，〔註231〕當如高鴻縉所云「從日、
臸聲」，〔註232〕本義應爲「日出」。〔註233〕金文作「晉」、「晉」，〔註234〕也
是從日、臸聲。《說文解字》卷七・上小篆作「晉」，〔註235〕構造與甲骨文、
金文同。漢代隸書作「晉」〔註236〕、「晉」〔註237〕……，第二形大概是將
第一形「臸」最上及最下之兩小橫各連接成一橫，再減省去中段的「卄」。「晉」
字之外，另如：「善」字之由「善」〔註238〕而變爲「善」，〔註239〕「書」
字之由「書」〔註240〕而變爲「書」，〔註241〕「曹」字之由「曹」而變爲
「曹」（見本節之二）……，都是經過刪減文字中段繁複的筆畫的過程。

〔註224〕二玄社，《漢韓仁銘／夏承碑》，夏頁 36。
〔註225〕二玄社，《漢孟琁殘碑／張景造土牛碑》，孟頁 6。
〔註226〕二玄社，《漢尹宙碑》，頁 14。
〔註227〕二玄社，《漢北海相景君碑》，頁 65。
〔註228〕二玄社，《漢封龍山頌／張壽殘碑》，封頁 34。
〔註229〕二玄社，《漢禮器碑》，頁 29。
〔註230〕二玄社，《漢刻石八種》，頁 43 等。
〔註231〕藝文印書館，前引書，卷七・一。按：書中另收「晉」釋作「晉」，而云「上
　　　　部有缺筆」。惟「晉」與同書卷一・一二所收「莫」字之作「莫」者全同，
　　　　可疑。
〔註232〕高鴻縉，《中國字例》，頁 610，臺北，呂青士發行，民國 58 年 9 月七版。
〔註233〕許慎《說文解字》卷七・上云：「晉，進也，日出萬物進；從日、從臸。《易》
　　　　曰：『明出地上，晉。』」見：丁福保，前引書，冊六，頁 32。按：「晉，進
　　　　也」出於《周易・晉卦》象辭，也是漢代人喜用的「音訓」手法，非「晉」
　　　　字本義。《周易・晉卦》其卦象爲☲，坤下離上，「坤爲地」，「離……爲日」
　　　　（《周易・說卦》），☷乃日出地上之象；晉卦象辭和象辭並云「明出地上」。
　　　　故「日出」應爲「晉」本義，亦爲「晉」卦取名之由。
〔註234〕容庚，《金文編》，卷七・一。
〔註235〕丁福保，前引書，冊六，頁 32。
〔註236〕二玄社，《漢封龍山頌／張壽殘碑》，張頁 47。
〔註237〕歷史博物館，《漢熹平石經》，頁 7，臺北，民國 70 年 10 月初版。
〔註238〕漢華文化公司，前引書，頁 25。
〔註239〕二玄社，《漢張遷碑》，頁 11。
〔註240〕二玄社，《漢韓仁銘／夏承碑》，夏頁 36。
〔註241〕王夢鷗，前引書，頁 52。

　　漢代隸書的三種減省筆畫的途徑，在漢代草書中亦可發現；漢代草書則除了上述的三種減省筆畫的途徑之外，還有「刪減文字上部的筆畫」和「刪減文字左旁的筆畫」二種漢隸所沒有的途徑——

一、刪減上下重疊的橫向筆畫

　　例如。「律」字，商代甲骨文作「㣸」，〔註242〕「從彳、聿聲」，本義應為「述循」。〔註243〕秦簡作「律」、「律」，〔註244〕「聿」下添加短橫或相搭黏的兩斜畫，其義無異。漢代金文作「律」、「律」、「律」……，〔註245〕都是本諸秦篆而筆畫稍有變化。漢代隸書作「律」，〔註246〕主要是將「聿」的一些斜曲筆畫變為平直。漢代草書作「律」、「律」、「律」、「律」、「伊」、「伩」……，〔註247〕「彳」或衍為「亻」，而與「人」旁混同；「聿」則或減去下方一橫，而與甲骨文之作「㣸」者同；或減去下方兩橫，而成為「尹」；或將手（又）所持之毛筆（木）整個省去，而成為從人、從又的「伩」。

二、刪減左右並排的縱向筆畫

　　例如：「此」字，商代甲骨文作「叱」、「㠭」、「此」、……，〔註248〕從匕（匕）或人（人）、止聲，〔註249〕本義為「舞不止」，即「傞」或「嫯」字初文。

〔註242〕藝文印書館，前引書，卷二・二五。

〔註243〕許慎，《說文解字》卷二・下云：「律，均布也，從彳，聿聲。」見：丁福保，前引書，冊三，頁214。按：「律」字概以「彳」（「行」省）為形符，其本義必與「行」有關。《爾雅・釋言》：「律、遹、述也。」見：郭璞注、邢昺疏，《爾雅注疏》，卷三，《十三經注疏》第八冊，臺北，藝文印書館，民國65年5月六版。「述也」應為「律」字（或作「遹」）本義。《禮記・中庸》云：「仲尼祖述堯舜，憲章文武，上律天時，下襲水土。」鄭玄注：「律，述也。」見：鄭玄注、孔穎達等疏，《禮記正義》，《十三經注疏》第五冊，臺北，藝文印書館，民國65年5月六版。「上律天時」即仰述天時而行事。《詩經・大雅・文王》云：「無念爾祖，聿脩厥德。」鄭玄箋：「聿，述。」見：毛亨傳、鄭玄箋、孔穎達等正義，《毛詩正義》，《十三經注疏》第二冊，臺北，藝文印書館，民國65年5月六版。是借「聿」為「律」。

〔註244〕袁仲一、劉鈺，前引書，頁126。

〔註245〕容庚，《金文續編》，卷二・一四。

〔註246〕二玄社，《漢孟琁殘碑／張景造土牛碑》，張頁37。

〔註247〕陸錫興，前引書，頁35。

〔註248〕藝文印書館，前引書，卷二・一八。

〔註249〕「此」字，高鴻縉，前引書，頁589云：「從匕，止聲。」徐灝《說文解字注箋》以為「匕當為聲」，朱駿聲《說文通訓定聲》亦謂「從匕聲」，見：丁福保，前引書，冊二，頁1431至1432。據聯貫出版社，前引書，頁243、250、

〔註250〕周原甲骨文作「㞢」、「㞢」，〔註251〕金文作「㞢」、「㞢」、「㞢」……，〔註252〕春秋晉國侯馬盟書作「㞢」、「㞢」，〔註253〕戰國包山楚簡作「㞢」、「㞢」，〔註254〕秦代文字作「㞢」、「此」、「此」、「此」，〔註255〕漢代金文作「㞢」、「㞢」、「此」……，〔註256〕漢代隸書作「此」〔註257〕、「比」，……〔註258〕大概都是從商代甲骨文的第一形衍化而來；其中漢代金文第二形和漢隸第三形都是「止」的最右邊一豎（或縮爲一點）移至「匕」的縱向折曲筆畫右方，且將「止」和「匕」的橫向筆畫連成一筆。漢代草書作「此」、「此」、「此」、「匕」……，〔註259〕第一形爲初形，第二形則與漢隸之第二形同；第三形爲第二形省去右方一點，第四形爲第三形省去中央一短豎。

三、刪減文字中段繁複的筆畫

例如：「當」字，甲骨文、金文缺，戰國包山楚簡作「當」，〔註260〕其說不詳。〔註261〕秦代文字作「當」，〔註262〕許慎《說文解字》卷一三·下小篆作「當」，與秦文合，云：

> 田相值也，從田，尚聲。〔註263〕

248，「此」爲上聲四紙韻，「止」爲上聲六止韻，「匕」爲上聲五旨韻；其韻母固皆可通。唯自其聲紐言之，「此」爲齒音二十清聲，「止」爲齒音二十八照聲，「匕」爲脣音三十四幫聲；見：陳新雄，《聲類新編》，頁 194、235、261。臺北，學生書局，民國 74 年 3 月再版。則「此」與「止」的聲紐較近。故「此」字當依高鴻縉說，「從匕，止聲」。

〔註250〕《詩經·小雅·賓之初筵》云：「是曰既醉，不知其郵；側弁之俄，屢舞傞傞。」毛亨傳：「傞傞，不止也。」許慎，《說文解字》卷一二·下「娑」字下引作「屢舞娑娑」，見：丁福保，前引書，冊一○，頁 1062。

〔註251〕徐錫臺，前引書，頁 224。

〔註252〕容庚，《金文編》，卷二·一九。

〔註253〕里仁書局，前引書，頁 306。

〔註254〕湖北省荊沙鐵路考古隊，前引書，圖版一二五。

〔註255〕袁仲一、劉鈺，前引書，頁 106。

〔註256〕容庚，《金文續編》，卷二·九。

〔註257〕二玄社，《漢封龍山頌》，頁 36。

〔註258〕二玄社，《漢孟琁殘碑／張景造土牛碑》，孟頁 14。

〔註259〕陸錫興，前引書，頁 26。

〔註260〕湖北省荊沙鐵路考古隊，前引書，圖版一五五。

〔註261〕湖北省荊沙鐵路考古隊，前引書，頁 51〈考釋〉二九九：「當，簡文作當。」無說。

〔註262〕袁仲一、劉鈺，前引書，頁 444。

〔註263〕丁福保，前引書，冊一○，頁 1306。

「從田、尙聲」，是也；至於謂其字本義爲「田相值也」，因未見有用此義之例證，存疑。漢代隸書作「當」〔註264〕、「當」，〔註265〕都是「從田、尙聲」，唯第二形「口」和「田」左旁豎畫連作一筆。漢代草書作「當」、「當」、「當」、「當」、「當」、「當」、「當」……，〔註266〕其中，第一至第三形，乃「從田、尙聲」，而筆畫稍有縮連；第四、五形省去中段「口」，第六、七形則是將中段的「口」刪減掉。

四、刪減文字上部的筆畫

例如：「長」字，商代甲骨文作「長」、「長」、「長」、「長」……，〔註267〕余永梁《殷虛文字續考》以爲「象人髮長貌」，其人手中或執杖。金文作「長」、「長」、「長」、「長」……。〔註268〕戰國包山楚簡作「長」、「長」、「長」，〔註269〕秦代文字作「長」、「長」、「長」、「長」……，〔註270〕漢代金文作「長」、「長」、「長」、「長」、「長」……。〔註271〕漢代隸書作「長」，〔註272〕「長」。〔註273〕漢代草書作「長」、「長」、「長」、「長」、「長」……，〔註274〕其第一形至第三形爲「象人髮長貌」之衍化，第四形猶以一小點代表「長」字上部，第五形則將上部「ヨ」或「匚」整個刪減。

五、刪減文字左旁的筆畫

例如：「陽」字，商代甲骨文作「陽」，〔註275〕從阜‧易聲，本義爲地勢高而明亮之邱阜。〔註276〕金文作「陽」、「陽」、「陽」……，〔註277〕春秋

〔註264〕漢華文化公司，前引書，頁18。
〔註265〕二玄社，《漢乙瑛碑》，頁26。
〔註266〕陸錫興，前引書，頁257。
〔註267〕李孝定，前引書，卷九，頁2967。藝文印書館，前引書，卷九‧八「長」字下但收「長」一形。
〔註268〕容庚，《金文編》，卷九‧一七。
〔註269〕湖北省荊沙鐵路考古隊，前引書，圖版一三四。
〔註270〕袁仲一、劉鈺，前引書，頁57。
〔註271〕容庚，《金文續編》，卷九‧六。
〔註272〕二玄社，《漢西狹頌》，頁47。
〔註273〕二玄社，《漢武氏祠畫像題字》，頁25。
〔註274〕陸錫興，前引書，頁191。
〔註275〕藝文印書館，前引書，卷一四‧五。
〔註276〕許慎，《說文解字》卷一四‧下：「陽，高明也，從阜，易聲。」見：丁福保，前引書，冊一一，頁449。劉熙《釋名‧釋邱》則曰：「邱高曰陽，邱體高而近陽也。」見：劉熙《釋名》，卷一，《四部叢刊初編》，經部五，臺北，臺灣

晉國侯馬盟書作「陽」，〔註278〕戰國包山楚簡作「𤕤」、「𤕤」。〔註279〕秦代陶文作「陽」、「陽」、「陽」、「陽」、「陽」……。〔註280〕漢代隸書作「陽」、〔註281〕「陽」，〔註282〕第二形右旁「昜」的中央橫畫縮短，遂混同於「易」。漢代草書作「陽」、「陽」、「陽」、「陽」、「陽」、「陽」……，〔註283〕其中，第四至第六，乃是減省「昜」左旁的「ㄅ」等筆畫所致。

第三節　連接筆畫

「連接筆畫」是指將文字中原本分離的若干筆畫連作一畫書寫。連接筆畫和減省筆畫一樣，都會使得文字的總筆畫減少；但是，文字經過連接筆畫之後，其筆畫的總長度並未減短，甚至還加長了，這是連接筆畫與減省筆畫不相同之處。因此，連接筆畫之所以能夠達到加速書寫的目的，並不在於減短的文字筆畫的總長度，而是另有原因的。

案：人們在書寫文字時，原本每一個筆畫都有起筆、行筆和止筆三道過程；起筆和止筆由於動作較行筆多，故其運使較行筆緩慢。原本一個筆畫就有一組起、止，一個文字有多少筆畫就有多少組起、止；而今將文字的筆畫連接，每多連接一個筆畫，就多減少一組起、止，所連接的筆畫越多，所減少的起、止數量就越多，就越節省書寫的時間。好比普通車和直達車一般，普通車每站都要停了再開，故行車速率低，所需的行車時間較長；直達車只停終點一站，故行車速度高，所需的行車時間較短。

中國文字的連接筆畫以加快書寫速度的作法，在商代甲骨文裏就有不少例子。如本文第一章第一節所舉十個由於有心的目的而潦草化的商代甲骨文字，包括：一、「屯」字之由「ꔇ」而變成「ꔇ」、「ꔇ」、「ꔇ」，二、「牛」字之由「ꔇ」而變作「ꔇ」，三、「臣」字之由「ꔇ」而變作「ꔇ」，四、「羊」

　　商務印書館，民國 64 年 6 月臺三版。「陽」之本義蓋為地勢高而明亮的邱阜，
　　故字從「阜」取義。
〔註277〕容庚，《金文編》，卷一四・一三。
〔註278〕里仁書局，前引書，頁 340。
〔註279〕湖北省荊沙鐵路考古隊，前引書，圖版一五二。
〔註280〕高明、葛英會，前引書，頁 257。
〔註281〕二玄社，《漢孟琁殘碑／張景造土牛碑》，孟頁 4。
〔註282〕二玄社，《漢禮器碑》，頁 21。
〔註283〕陸錫興，前引書，頁 270。

字之由「⿰」而變作「⿰」，五、「木」字旁之由「⿰」而變作「⿰」、「⿰」，
六、「禾」字之由「⿰」而變作「⿰」、「⿰」，七、「帚」字之由「⿰」而變
作「⿰」，八、「我」字之由「⿰」而變作「⿰」、「⿰」、「⿰」，九、「未」
字之由「⿰」而變作「⿰」、「⿰」，十、「巳」字之由「⿰」要變作「⿰」、
「⿰」，都是使用了連接筆畫的方法。

　　上舉商代甲骨文字連接筆畫的例子，大致可以歸納爲兩種類型，即：一、
連接左右相鄰的橫向筆畫，如：「屯」、「牛」、「羊」、「我」、「子」是；二、連
接上下相頂的縱向筆畫，如「臣」、「木」、「禾」、「帚」、「未」是。這兩種類
型的連接筆畫，乃是由左至右，或由上至下的一種順向連接的方式。〔註284〕

　　漢代草書的筆畫連接方式，也包括既有由左至右和由上至下兩種途徑——

一、由左至右的順向連接筆畫

　　例如：

1. 「門」字，商代甲骨文作「⿰」、「⿰」、「⿰」，〔註285〕羅振玉云：

　　　象兩扉形，次象加鍵，三則上有楣也。〔註286〕

　　金文作「⿰」、「⿰」、「⿰」，〔註287〕與甲骨文第一、第三兩形同，而
　　門上之楣或分作二短橫。其後，戰國包山楚簡作「⿰」、「⿰」，〔註288〕
　　陶文作「⿰」、「⿰」、「⿰」，〔註289〕秦簡作「⿰」，〔註290〕漢代金文
　　作「⿰」、「⿰」，〔註291〕漢代隸書作「⿰」，〔註292〕大概都是由甲骨
　　文第一形衍化而來。漢代草書作「⿰」、「⿰」、「⿰」、「⿰」、「⿰」，
　　〔註293〕第一、第二形之間還可以加入「⿰」一形〔註294〕再逐次省縮爲

〔註284〕中國文字的書寫，其筆畫的運行方向絕大部分爲由左至右，由上至下；僅撇
　　　　畫有由右上至左下的情形。對於右手拿筆的人來說，由左至右較由右至左順
　　　　手；至於由上至下，則無論右手執筆，或左手執筆，都較由下至上順手。
〔註285〕藝文印書館，前引書，卷一二・三。
〔註286〕羅振玉，前引書，卷中，頁12。
〔註287〕容庚，《金文編》，卷一二・三。
〔註288〕湖北省荊沙鐵路考古隊，前引書，圖版一三五。
〔註289〕高明、葛英會，前引書，頁253。
〔註290〕袁仲一、劉鈺，前引書，頁423。
〔註291〕容庚，《金文續編》，卷一二・二。
〔註292〕二玄社，《漢北海相景君碑》，頁37。
〔註293〕陸錫興，前引書，頁223。
〔註294〕如：陸錫興，前引書，頁225「聞」字之「漢四一・一五」一形。

「‧フ」最後再將「‧」與「フ」連接成「フ」。或者，也可能由「巾」
縮爲「‧‧ゝ」，〔註295〕再將「‧‧ゝ」省連作「フ」。

2. 「少」字，商代甲骨文作「灬」，〔註296〕象沙粒形，與「小」、「止」爲
一字，皆「沙」字之初文。〔註297〕周原甲骨文作「灬」，周代金文作「少」、
「灬」、「小」、「小」，〔註298〕春秋時代晉侯馬盟書作「少」，〔註299〕
戰國時代包山楚簡作「少」、「少」、「止」，〔註300〕秦代文字作「少」、
「少」、「少」，〔註301〕漢代金文作「少」、「灬」、「灬」、「ち」……，
〔註302〕漢代隸書作「少」〔註303〕、「少」，〔註304〕大概都是象沙粒之
形，而筆畫或有衍化；尤其是末筆，多加以延長彎曲，以增茂美。漢代
草書作「少」、「少」、「少」；〔註305〕第一形連接三、四兩畫一筆，第二
形連接左右兩點和長拂三畫作一筆，第四形則於右下角補一點，與秦文
字之第二形作法相同。

3. 「計」字，甲骨文，金文俱缺。秦簡作「計」，〔註306〕許慎《說文解字》
卷三‧上小篆作「計」，云：

   計，會也，算也，從言、從十。〔註307〕

〔註295〕如：陸錫興，前引書，頁223「閣」字。
〔註296〕藝文印書館，前引書，卷二‧一。
〔註297〕馬敘倫，《讀金器刻辭》，頁16〈小鼎〉云：「小、少、止一字，皆沙之初文。
《禮記‧少儀》，《釋文》：『猶小也。』《國語》：『少溲于豕牢而得文王。』注
：『小也。』《戰國策》：『謀之暉臺之下，少海之上。』吳師道謂『少』當作『沙』。
其實，少即沙字也。《孟子》：『力不能勝一匹雛。』錢大昕、邵瑛皆以匹字爲
止之訛。趙岐訓匹爲小，《孟子音義》引丁本作止，其致訛之由顯然。《方言》：
『止，小也。』魏石經《左傳》小字古文作止。《易》：『需于沙。』鄭本作沚。
甲文有灬，證以寰盤沙字作灬，少止皆由灬變也。」北京，中華書局，民
國51年12月第一版第一次印刷。
〔註298〕容庚，《金文編》，卷二‧二。
〔註299〕里仁書局，前引書，頁302。
〔註300〕湖北省荊沙鐵路考古隊，前引書，圖版一二三。
〔註301〕袁仲一、劉鈺，前引書，頁492。
〔註302〕容庚，《金文續編》，卷二‧一。
〔註303〕二玄社，《漢刻石八種》，頁41。
〔註304〕二玄社，《漢張遷碑》，頁23。
〔註305〕陸錫興，前引書，頁15。
〔註306〕袁仲一、劉鈺，前引書，頁179。
〔註307〕丁福保，前引書，冊三，頁551。

漢代金文作「計」，〔註308〕漢代隸書作「計」，〔註309〕都是從言、從十，而筆畫或有衍化。漢代草書作「計」、「計」、「計」、「廿」、「廿」，〔註310〕第一至第三形「言」旁之橫畫逐一遞減，第四形「言」經過縮、減、連而作「し」，第五形則「し」之橫向勾畫與「十」之橫畫連作一筆書寫。

二、由上至下的順向連接筆畫

例如：

1. 「守」字，甲骨文缺，周代金文作「㝊」、「㝀」、「㝌」、「㝜」……，〔註311〕筆者認爲：當是從宀（象半地穴居室形），又聲，本義爲宿衛宮室。〔註312〕其後，「又」衍爲「寸」，「宀」易爲「宀」。春秋晉國侯馬盟書作「㝊」、「㝀」、「㝌」、「㝜」、「㝖」、「㝕」……，〔註313〕第一形爲從宀、從寸，第二形以下爲從宀、從甲（防禦武器）、又聲，「又」或衍爲「寸」。陶文作「㝊」〔註314〕與周代金文第一形同。秦代文字作「㝀」、「㝜」……〔註315〕與周代金文第三、四形同。漢代金文作「守」、「宇」、「守」……，〔註316〕與周代金文第三、第四形同。漢代隸書作「守」。〔註317〕漢代草書作「守」、「㝖」、「㝓」、「㝓」、「㝕」……，〔註318〕其第一形爲縮短「宀」之左畔，第二至第四形爲連接上下橫向筆畫，第五形則爲連接上下相頂的縱向筆畫。

2. 「侯」字，商周甲骨文、金文並缺，〔註319〕秦代小篆作「㦳」，〔註320〕

〔註308〕容庚，《金文續編》，卷三・四。

〔註309〕二玄社，《漢韓仁銘／夏承碑》，夏頁39。

〔註310〕陸錫興，前引書，頁45。

〔註311〕容庚，《金文編》，卷七・二九。

〔註312〕據聯貫出版社，前引書，頁434、435，「又」、「守」同去聲四十九宥韻。《周禮・天官・內宰》：「糾其守。」注：「守，宿衛者。」見：鄭玄注、賈公彥疏，前引書，卷七。

〔註313〕里仁書局，前引書，頁309。

〔註314〕高明、葛英會，前引書，頁72。

〔註315〕袁仲一、劉鈺，前引書，頁391。

〔註316〕容庚，《金文續編》，卷七・一五。

〔註317〕二玄社，《漢開通襃斜道刻石》，頁21，《書跡名品叢刊》四二，東京，民國49年8月初版，71年2月改訂一版。

〔註318〕陸錫興，前引書，頁146。

〔註319〕商周甲骨文、金文有「㦳」、「㦳」字，諸家釋「侯」。筆者認爲：此字倚矢（㒳

當是從人、厌聲，本義爲諸侯。〔註321〕漢代金文作「**堯**」、「**庚**」、「**虎**」……，
〔註322〕漢代隸書作「**庚**」〔註323〕、「**庚**」，〔註324〕都是從人、厌聲。
漢代草書作「**庚**」、「**庚**」、「**候**」……，〔註325〕第一形將上部「人」之
第三筆與下部「厌」之左旁長斜畫連作一筆；第二形將下部兩點連作一
筆；第三形則是將「人」和「厌」的長撇連書作「**ᚠ**」，再減省「厌」（**庚**）
上下重疊的三橫中的一橫，而將其餘的上下兩橫連接書寫。

3. 「落」字，商、周甲骨文、金文及秦代文字並缺，許慎《說文解字》卷
一・下小篆作「**蓿**」，云：

凡艸曰「零」，木曰「落」，從艸、洛聲。〔註326〕

漢代隸書作「**落**」〔註327〕、「**落**」，〔註328〕也是從艸、洛聲，而筆
畫有所衍化。漢代草書作「**洛**」，〔註329〕乃是從屮、洛聲，〔註330〕
而且寫的時候先寫「水」旁，將三點水省作「**ᛚ**」，與「言」旁混同；
〔註331〕接著再寫「屮」和其下的「各」，而將「屮」的豎畫與「各」
起首二畫「**勹**」連接成一筆；其下方的「口」草作「**ᛁᛁ**」則是由小篆
「**ㅂ**」衍化而來。〔註332〕

或**矢**）畫箭厌（**厂**）之形，本義爲箭靶，應釋爲厌。與從人、厌聲的「侯」
字不同。

〔註320〕二玄社，《秦權量銘》，頁5，《書跡名品叢刊》一五，東京，民國48年7月
初版，68年12月第一三刷。

〔註321〕朱駿聲說，見：丁福保，前引書，冊五，頁208，引〈通訓定聲〉。

〔註322〕容庚，《金文續編》，卷五・一○。

〔註323〕二玄社，《漢刻石八種》，頁33。

〔註324〕二玄社，《漢禮器碑》，頁36。

〔註325〕陸錫興，前引書，頁100。

〔註326〕丁福保，前引書，冊二，頁784。

〔註327〕二玄社，《漢魯峻碑》，頁64。

〔註328〕二玄社，《漢張遷碑》，頁26。

〔註329〕陸錫興，前引書，頁10。

〔註330〕許慎，《說文解字》卷一・下云：「屮，艸木初生也，象一出形有枝莖也。古
文或以爲艸。」見：丁福保，前引書，冊二，頁447。故「芬」字一作「芬」。
見：丁福保，前引書，冊二，頁458。漢代草書「落」字蓋亦從屮。

〔註331〕草書「水」旁例作「**ᛚ**」，「言」旁例作「**ᛚ**」，故〈草訣歌〉云：「有點方爲
水，空挑卻是言。」

〔註332〕「各」字甲骨文原作「**ᚠ**」，後訛爲「**ᚠ**」，其下之「屮」遂混同於「口」。參
見本章第一節。

第四節　牽帶筆畫

「牽帶筆畫」，是指在書寫文字時，對前後筆畫作了虛筆的綴續；亦即筆畫與筆畫之間多了虛筆的游絲牽帶。

牽帶筆畫和連接筆畫一樣，都有節省書寫時間的功能。〔註333〕然而，兩者之間卻有不同──

一、連接筆畫是實筆的綴續，牽帶筆畫則是虛筆的綴續。因此，經過連接之後，原來兩筆以上的筆畫變爲一筆；而經過牽帶之後，原來兩筆以上的筆畫仍是兩筆以上的筆畫，中間的虛筆游絲只是扮演著橋梁的角色，並沒有成爲眞正的筆畫。

二、連接筆畫，無論是上下的連接或左右的連接，都是順向的綴續；牽帶筆畫則可能是順向的綴續，也可能是逆向的綴續。

中國文字的牽帶筆畫，目前所知最早的實例爲春秋晉國侯馬盟書的「不」（𣎴）、「伐」（伐）、「而」（而）、「趙」（趙）、「結」（結）等字。其後，曾侯乙墓竹簡的「珂」（珂）、「戎」（戎）、「厄」（厄）、「甲」（甲）、「尹」（尹）、「君」（君）、「安」（安），望山楚簡的「其」（其）、「君」（君），包山楚簡的「君」（君）、「丑」（丑）、「易」（易）、「亥」（亥）、「冒」（冒）、「尹」（尹）、「庚」（庚）……等楚地文字，都有明顯的順向牽帶和逆向牽帶的情形。〔註334〕漢代草書的牽帶筆畫，方式可分爲由上至下的順向牽帶筆畫、由左至右的順向牽帶筆畫、由左下至右上的逆向牽帶筆畫和由右下至左上的逆向牽帶筆畫四種途徑。

一、由上至下的順向牽帶筆畫

例如：

1. 「樂」字，商代甲骨文作「樂」或「樂」，〔註335〕羅振玉云：

從絲附木上，琴瑟之象也。〔註336〕
周代金文作「樂」、「樂」、「樂」、「樂」……等形，〔註337〕或加「白」，郭沫若謂「此實拇指之象形」，〔註338〕蓋以代表撥弦之手指。而字下所

〔註333〕參見本章第三節。
〔註334〕參見本文第一章第二節。
〔註335〕藝文印書館，前引書，卷六・二。
〔註336〕羅振玉，前引書，卷中，頁40・上。
〔註337〕容庚，《金文編》，卷六・四。
〔註338〕郭沫若，《金文叢考》，頁199，日本，文求堂書店，民國22年7月初版。

從之「木」，多有訛變。春秋侯馬盟書作「㸚」，〔註339〕與金文第二形同。戰國包山楚簡作「㮚」，〔註340〕與金文第三形同。漢代金文一作「樂」。〔註341〕漢代草書作「樂」、「樂」、「㸚」、「㶱」、「乑」……等形，〔註342〕第一形從絲（絲）從木，與甲骨文同，其餘諸形，蓋從漢代金文「樂」來，逐漸將上部縮省爲三點，再將三點連作一橫，最後一形則又將上、下兩橫順向牽帶。

2. 「有」字，商、周甲骨文俱缺。〔註343〕周代金文作「𠂇」、「𠬝」、「𠂤」，〔註344〕蓋從肉、又聲，本義爲侑食，即「侑」字初文。〔註345〕借爲有無之義。春秋侯馬盟書作「𠂇」、「𠂇」。〔註346〕戰國包山楚簡作「𠂤」。〔註347〕秦代〈繹山碑〉小篆作「𠂤」，〔註348〕《說文解字》小篆作「𠂤」，其下所從之「肉」訛爲「月」。〔註349〕漢代草書作「有」、「方」、「方」、「𠂉」……等形，〔註350〕第四形將上方橫畫與其下左方縱向筆畫牽帶書寫。

3. 「會」字，商、周甲骨文俱缺。周代金文作「會」、「會」、「會」、「會」、「鐕」、「鐕」……等形，〔註351〕蓋象上有蓋、兩側有環之青銅器形，或加「金」作「鐕」。〔註352〕戰國包山楚簡作「會」。〔註353〕秦文字作「會」、「會」、「會」。〔註354〕《說文解字》小篆作「會」。〔註355〕

〔註339〕里仁書局，前引書，頁350。

〔註340〕湖北省荊沙鐵路考古隊，前引書，圖版一六〇。

〔註341〕容庚，《金文續編》，卷六‧三。

〔註342〕陸錫興，前引書，頁111。

〔註343〕藝文印書館，前引書，卷七‧六，收「𠂇」、「㞢」爲「有」字。案：前者爲「又」字，借爲有無字；後者則「不知偏旁所從，以文義覈之，確與有無之有同義」。然皆非本義爲「侑食」之「有」字。

〔註344〕容庚，《金文編》，卷七‧一〇。

〔註345〕周法高等，《金文詁林》，卷七，頁4327，香港，中文大學，民國64年出版。

〔註346〕里仁書局，前引書，頁308。

〔註347〕湖北省荊沙鐵路考古隊，前引書，圖版一二七。

〔註348〕袁仲一、劉鈺，前引書，頁72。

〔註349〕許慎，《說文解字》，卷七‧上；丁福保，前引書，冊六，頁228。

〔註350〕陸錫興，前引書，頁134。

〔註351〕容庚，《金文編》，卷五‧二九。

〔註352〕顧鐵符，〈有關信陽楚墓銅器的幾個問題〉，《文物參考資料》，民國47年，第1期，頁6。

〔註353〕湖北省荊沙鐵路考古隊，前引書，圖版一五三。

〔註354〕袁仲一、劉鈺，前引書，頁16。

漢代草書作「念」、「會」、「会」、「会」……等形。〔註356〕第三形將中央右邊豎畫與下方左邊豎畫牽帶書寫。

二、由左至右的順向牽帶筆畫

例如：

1. 「頃」字，商、周甲骨文、金文俱缺。秦文字作「頃」、「頃」、「頃」，〔註357〕蓋「從匕從頁」會意，本義爲「頭不正也」，即「傾」字初文。〔註358〕漢代草書作「頃」、「㣺」、「㣺」、「㣺」……等形，〔註359〕其第一、四兩形左方下橫與右方下橫皆有順向牽帶之跡。

2. 「朔」字，商、周甲骨文、金文俱缺。戰國包山楚簡作「𡳿」，〔註360〕蓋「從月、屰聲」，本義爲「月一日」。〔註361〕秦文字用「朔」、「朔」。〔註362〕漢代隸書作「朔」、「朔」。〔註363〕漢代草書作「扨」、「扬」、「扬」、「扮」、「扚」……等形，〔註364〕第三、第五兩形左邊下橫與右旁「月」之左豎有順向牽帶之跡。

3. 「識」字，商、周甲骨文、金文俱缺。秦文字作「識」，〔註365〕蓋「從言、戠聲」，本義爲「知也」。〔註366〕漢代草書作「�」，〔註367〕最後兩縱向斜畫順向牽帶。

三、由左下至右上的逆向牽帶筆畫

例如：

1. 「尙」字，殷墟甲骨文缺，周原甲骨文作「尙」，〔註368〕「從八、向聲」，

〔註355〕許慎，《說文解字》，卷五・下：丁福保，前引書，冊五，頁147。
〔註356〕陸錫興，前引書，頁98。
〔註357〕袁仲一、劉鈺，前引書，頁153。
〔註358〕許慎，《說文解字》，卷八・上：丁福保，前引書，冊七，頁351。
〔註359〕陸錫興，前引書，頁165。
〔註360〕湖北省荊沙鐵路考古隊，前引書，圖版一四一。
〔註361〕許慎，《說文解字》，卷七・上：丁福保，前引書，冊六，頁212。
〔註362〕袁仲一、劉鈺，前引書，頁504。
〔註363〕二玄社，《漢韓仁銘／夏承碑》，韓頁9；及《漢北海相景君碑》，頁44等。
〔註364〕陸錫興，前引書，頁133。
〔註365〕袁仲一、劉鈺，前引書，頁190。
〔註366〕許慎，《說文解字》，卷三・上：丁福保，前引書，冊三，頁510。
〔註367〕陸錫興，前引書，頁43。
〔註368〕徐錫臺，前引書，頁338。

〔註369〕「八」爲「臂」字初文，〔註370〕故「尙」字本義應與手臂有關，筆者以爲：「尙」字本義應爲手掌，即「掌」字初文。〔註371〕周代金文作「尙」、「尙」、「尙」、「尙」，〔註372〕春秋時代晉國侯馬盟書作「尙」、「尙」，〔註373〕秦代文字作「尙」、「尙」、「尙」，〔註374〕漢代金文作「尙」、「尙」、「尙」、「尙」，〔註375〕漢代隸書作「尙」，〔註376〕都是「從八、向聲」，而筆畫或有衍化。漢代草書作「尙」、「尙」、「尙」，〔註377〕其第二形將下方「向」牽帶書寫，最右邊豎畫與「口」成爲由左下至右上的逆向牽帶。第三形則將第二形所縈繞出來的圓圈縮短爲點。

2.「前」字，先秦文字未見；〔註378〕秦文字作「前」、「前」、「前」，〔註379〕從刀、歬聲，本義當如《說文解字》卷四・下所云，爲「齊斷也」，〔註380〕

〔註369〕許慎，《說文解字》，卷二・上；丁福保，前引書，冊二，頁988。

〔註370〕馬敘倫，〈中國文字之原流與研究方法之新傾向〉云：「八字原本是畫成兩臂，變作篆文才成了八字。」見：《馬敘倫學術論文集》，頁38，北京，科學出版社，民國47年1月第一版第一次印刷。故「八」乃「臂」字初文，而以「八」爲形符的文字，除了「尙」即「掌」之外，另如：「公」字，原作「公」或「公」，見：容庚，《金文編》，卷二・三，乃從八、呂或口（宮字初文）聲，蓋即「肱」字初文。也與手臂之義有關。

〔註371〕「尙」之本義爲手掌，故引申爲主掌義。朱駿聲《說文通訓定聲》云：「尙……又爲掌。《廣雅・釋詁・三》：『尙，主也。』《後漢・周榮傳》注：『尙書，王之喉舌官也。』《史記・呂后紀》：『尙符節。』〈外戚世家〉：『侍尙衣軒中。』〈司馬相如傳〉：『使尙方。』《淮南覽冥》：『位賤尙桌。』《漢書・惠帝紀》注：『主天子物曰尙。』〈和熹鄧后紀〉注：『尙方，掌王作刀劍諸物，及刻玉爲器。』按：漢官『尙食』、『尙醫』皆是。」見：丁福保，前引書，冊二，頁988引。

〔註372〕容庚，《金文編》，卷二・三。

〔註373〕里仁書局，前引書，頁314。

〔註374〕袁仲一、劉鈺，前引書，頁137。

〔註375〕容庚，《金文續編》，卷二・二。

〔註376〕二玄社，《漢孟琁殘碑／張景造土牛碑》，孟頁13。

〔註377〕陸錫興，前引書，頁15。

〔註378〕《甲骨文字集釋》卷二，頁451收「尙」、「衜」和「衜」釋作「前」；按：第一字從「止」（象腳形）從「凡」（象盤形）會意，本義爲洗足，即「湔」字初文；第二、三字從行或彳，歬聲本義爲前進。皆非從刀，歬聲的「前」字。

〔註379〕袁仲一、劉鈺，前引書，頁345。

〔註380〕丁福保，前引書，冊四，頁837。

即「剪」字初文。《說文》小篆作「前」，〔註381〕「凡」（日或日）訛爲「舟」（舟）。漢代金文作「前」、「前」、「前」，〔註382〕第一、二形與秦文字同，第三形與《說文》小篆同。漢代隸書作「前」〔註383〕、「前」〔註384〕、「前」，〔註385〕第一、二形仍從「凡」、第三形則明顯從「舟」。漢代草書作「前」、「前」、「前」、「前」、「为」……，〔註386〕與漢隸的第一、二形同，而都有連接筆畫的現象；第一、三、四形爲由左至右的順向牽帶，第二、五形則又多了由左下至右上的逆向牽帶。

3. 「雜」字，先秦文字中未見；秦簡作「雜」、「雜」，〔註387〕《說文解字》卷八・上小篆作「雜」，云：

　　五彩相合，從衣、集聲。〔註388〕

漢代金文作「雜」、「雜」，〔註389〕漢代隸書作「雜」，〔註390〕都是「從衣、集聲」，而筆畫小有衍化。漢代草書作「雜」、「雜」、「雜」，〔註391〕也是「從衣、集聲」，而第二、三形筆畫各有多處牽帶；其中第三形左下方爲由左下至右上的逆向牽帶筆畫。

四、由右下至左上的逆向牽帶筆畫

例如：

1. 「校」字，先秦文字未見，秦文字作「校」；〔註392〕許慎《說文解字》卷六・上小篆作「校」，云：

　　木囚也，從木、交聲。〔註393〕

漢代隸書作「校」，〔註394〕「校」〔註395〕、「校」，〔註396〕第一、

〔註381〕同前註。
〔註382〕容庚，《金文續編》，卷四・八。
〔註383〕二玄社，《漢西嶽華山廟碑》，頁19。
〔註384〕二玄社，《漢石門頌》，頁29。
〔註385〕二玄社，《漢韓仁銘／夏承碑》，夏頁62。
〔註386〕陸錫興，前引書，頁80。
〔註387〕袁仲一、劉鈺，前引書，頁250。
〔註388〕丁福保，前引書，冊七，頁526。
〔註389〕容庚，《金文續編》，卷八・一○。
〔註390〕二玄社，《漢乙瑛碑》，頁29。
〔註391〕陸錫興，前引書，頁171。
〔註392〕袁仲一、劉鈺，前引書，頁303。
〔註393〕丁福保，前引書，冊五，頁887。

二形為「從木、交聲」；第三形則「木」訛為手。漢代草書作「枝」、「校」、「枝」、「找」、「找」……，〔註397〕前三形為「從木、交聲」；後兩形「木」訛為手，而最後一形不但有由左至右的順向牽帶筆畫，亦有由右下至左上的逆向牽帶筆畫。

2. 「出」字，殷墟甲骨文作「出」、「出」、「出」、「衜」、「循」……，〔註398〕從「止」（止，象腳形，表行走意）、從「凵」（凵或凵，象半地穴式居室之形，表住家意），會意，本義為自家中外出。〔註399〕「凵」或「凵」後訛為「曰」，與「口」相混；後又加「行」（行，象四達之衢形，表道路意），使外出之意更加足備；後「行」又省為「彳」。周原甲骨文作「出」、「出」、「出」，〔註400〕周代金文作「出」、「出」、「出」、「出」……，〔註401〕春秋時代晉國侯馬盟書作「出」、「出」，〔註402〕戰國時代包山楚簡作「出」、「出」、「出」，〔註403〕陶文作「出」、「出」、「出」、「出」，〔註404〕，秦文字作「出」、「出」、「出」、「出」、「出」，〔註405〕漢代金文作「出」、「出」、「土」，〔註406〕漢代隸書作「出」，〔註407〕都是從止、從凵，會意，而筆畫漸有訛變。漢代草書作「出」、「出」、「出」、「土」，〔註408〕也是從止、從凵；其中，第一形離初形還不遠，第二形則經過牽帶筆畫和縮短筆畫，與初形差別較大，第三形有由右下至左上逆向牽帶筆畫的現象，第四形則是將第一形左右相搭黏的兩組斜畫各自連接成為一橫，遂與「土」字混同。

〔註394〕二玄社，《漢石門頌》，頁 6。
〔註395〕二玄社，《漢史晨前後碑》，頁 39。
〔註396〕二玄社，《漢楊淮表記》，頁 4，《書跡名品叢刊》八七，東京，民國 51 年 7 月初版，69 年 4 月第一○刷。
〔註397〕陸錫興，前引書，頁 112。
〔註398〕藝文印書館，前引書，卷六‧七。
〔註399〕李孝定，《甲骨文字集釋》，卷六，頁 2074。
〔註400〕徐錫臺，前引書，頁 223。
〔註401〕容庚，《金文編》，卷六‧一三。
〔註402〕里仁書局，前引書，頁 306。
〔註403〕湖北省荊沙鐵路考古隊，前引書，圖版一二五。
〔註404〕高明、葛英會，前引書，頁 29。
〔註405〕袁仲一、劉鈺，前引書，頁 105。
〔註406〕容庚，《金文續編》，卷六‧六。
〔註407〕二玄社，《漢刻石八種》，頁 45。
〔註408〕陸錫興，前引書，頁 116。

3. 「傳」字，商代甲骨文作「㒉」，〔註409〕「從人、專聲」，本義當爲乘傳車之使者，故從人。〔註410〕周代金文作「㒉」、「㒉」、「㒉」，〔註411〕第二形的「二」或爲「㐅」之訛變，第三形則加了「辵」，以足義。戰國時代包山楚簡作「傳」，〔註412〕所從之「專」上段作「屮」不作「屮」，義同。陶文作「㒉」，〔註413〕從人、重聲。秦簡作「傳」，〔註414〕所從之「專」，上段作「屮」，與包山楚簡同，下段「又」衍爲「寸」。漢代金文作「傳」、「傳」、「傳」……，〔註415〕其構造都與秦簡同，只是筆畫有所衍化。漢代隸書作「傳」〔註416〕、「傳」，〔註417〕第一形「專」上段與商代甲骨文及周代金文同，第二形則與包山楚簡同；而兩形的下段都作「寸」。漢代草書作「傳」、「傳」、「传」、「㐾」、「㐾」，〔註418〕其構造都與漢隸的第二形同；其中，第一形是將「寸」的橫畫與豎勾連書，第二形又將「曰」省作「口」，第三形又將「口」縮爲「〩」，第四形將「曰」整個減省，第五形將「人」字，旁縮短作一豎，並與「專」上方橫畫順向牽帶，而第四形之「專」上方橫畫與中央縱向曲畫之間，爲一由右下至左上之牽帶；至於第五形右邊中央偏上的一點，可能是補筆，也可能是滴墨。

〔註409〕藝文印書館，前引書，卷八・三。

〔註410〕許慎，《說文解字》，卷八・上云：「傳，遽也，從人，專聲。」見：丁福保，前引書，冊七，頁208。按：《周禮・秋官・行夫》：「行夫，掌邦國傳遽之小事微惡而無禮者。」鄭玄注：「傳遽，若今時乘傳騎驛而使者也。」見：鄭玄注、賈公彥疏，前引書，卷三八。是「傳」指乘傳車之使者而言，故字從人得義。

〔註411〕容庚，《金文編》，卷八・五。

〔註412〕湖北省荊沙鐵路考古隊，前引書，圖版一五四。

〔註413〕高明、葛英會，前引書，頁23。

〔註414〕袁仲一、劉鈺，前引書，頁27。

〔註415〕容庚，《金文續編》，卷八・五。

〔註416〕二玄社，《漢孟琁殘碑／張景造土牛碑》，張頁31。

〔註417〕二玄社，《漢嵩山三闕銘》，頁7。

〔註418〕陸錫興，前引書，頁163。

第六章 草書在漢代的流行盛況

　　漢代，隸書逐漸取代小篆，成為正式場合所使用的書體；而在一些非正式場合或緊急的狀況，則往往使用草書。

　　草書為漢代新興的一種書體，其初本以赴急為目的，故將文字形體書量簡化。趙壹〈非草書〉云：

　　　夫草書之興也，其於近古乎！……蓋秦之末，刑峻網密，官書煩冗；
　　　戰攻並作，軍書交馳，羽檄紛飛；故為隸、草，趣急速耳。……但
　　　貴刪難省煩，損複為單，務取易為易知。〔註1〕

「刑峻網密，官書煩冗；戰攻並作，軍書交馳，羽檄紛飛」，意謂隸書和草書同以赴急為目的；「刪難省煩，損複為單，務取易為易知」，則謂隸、草形體之益趨簡化。「易為」是指文字筆畫簡單，書寫容易；「易知」是指文字形體明晰，辨識容易。「務取易為易知」，則是純以實用為目的。另如崔瑗〈草書勢〉云：

　　　草書之法，蓋又簡略。應時諭指，周於卒迫；兼功并用，愛日省力。
　　　〔註2〕

乃謂草書的形體比隸書又更簡略，故具有「應時諭指」和「兼功并用」的功能；使用草書來寫字，可以獲致「周於卒迫」和「愛日省力」的效益。也是從實用的角度來看待草書。上引趙壹和崔瑗之言，蓋指草書書體剛產生時的

〔註1〕 張彥遠，《法書要錄》，卷一，《藝術叢編》，第一集，第一冊之二，臺北，世界書局，民國64年4月四版。

〔註2〕 房玄齡等，《晉書》，卷三六，〈衛恆傳〉引。其中，「周於卒迫」一句，原作「用於卒迫」；依章如愚《山堂考索》卷一一改。詳細討論參見本章第三節。

情形而言，此時的草書屬於實用的草書。

　　草書書體產生之後，則在滿足赴急的實用需求的同時，亦逐漸追求美感的表現，而日益講究書寫的規矩法度。趙壹〈非草書〉云：

　　　　而今之學草書者，不思其簡易之旨，直以杜、崔之法，龜龍所見也，其攓扶柱桎、詰屈夭乙，不可失也。齔齒以上，苟任涉學，皆廢《倉頡》、《史籀》，競以杜、崔爲楷。〔註3〕

「簡易之旨」乃實用的草書所要的功效；而「攓扶柱桎，詰屈夭乙」則是杜度和崔瑗的草書所講究之所在。「攓扶柱桎」當是牽連縈繞之意，「詰屈夭乙」當是轉折勾趯之意；〔註4〕「攓扶柱桎，詰屈夭乙」蓋爲草書用筆方面的兩大特色。杜、崔之前的寫草書者，當已有人講究用筆上的「攓扶柱桎，詰屈夭乙」；如：東漢明帝在北海敬書劉睦病篤之時，猶「驛馬令作草書尺牘十首」，〔註5〕則劉睦的草書當非「易爲易知」的實用草書，而應是在運筆的牽連縈繞和轉折勾趯方面與所講究的審美草書，始有收藏的價值。杜度和崔瑗在草書一道享譽特盛，則其在草書的「攓扶柱桎，詰屈夭乙」，當更加精妙，是以成爲後之學草書者師法的對象。

　　而由於漢代草書在滿足赴急的需求之餘，又講究運筆的牽連縈繞和轉折勾趯，在實用與審美兩方面都有極高的價值；是以日益受到寫字者的喜愛，而成爲繼隸書之後的一種流行書體。在漢代的四百餘年之間，不但出現了眾多的草書書人，也留下了大量的草書書蹟，以及兩篇草書專論，在在都揭示著草書在漢代流行的事實。

　　本章分爲三節，分別自「眾多的草書書人」、「大量的草書書蹟」以及「兩篇草書專論」來探討草書在漢代的流行盛況。

第一節　眾多的草書書人

　　漢代的草書兼具實用與審美雙重價值，因此，吸引了眾多的才藝之士從事於斯，而有了極爲精彩的表現。索靖〈草書狀〉云：

　　　　於是多才之英、篤藝之彥，役心精微，耽此文憲。守道兼權，觸類

〔註3〕同註1。
〔註4〕參見本章第三節。
〔註5〕范曄，《後漢書》，卷一四，〈宗室四王三侯傳〉，臺北，臺灣商務印書館，民國70年1月臺五版。

生變；離析八體，靡形不判。去繁存微，大象未亂；上理開元，下周謹案。聘辭放手，雨行冰散；高音翰屬，溢越流漫。……著絕勢於紈素，垂百世之殊觀。〔註6〕

從歷代的文獻所載，可知：漢代耽於草書的「多才之英、篤藝之彥」涵蓋了皇室、文士和婦女；其著名者共有十三人，包括：劉睦、杜度、崔瑗、崔寔、張芝、張昶、羅暉、趙襲、姜詡、梁宣、張超、蔡琰和馬氏。而從近世出土的漢代草書簡牘上，則可以找到若干使用草書的佐史級文書人員的名字，如：給事佐明、尉史賢、丞南豐、佐忠、佐褒（元延二年）、守尉史臨、佐褒（建平五年）、尉史臨、令史齊、尉史嚴、助府佐賢世、書佐德、尉史譚、令史循、書佐敢、尉史堅、屬漢昌。

以下分著名的草書能書人與佐史級草書作者兩部分，進一步加以討論。

壹、著名的草書能書人

一、劉　睦

劉睦爲北海靖王劉興之子，光武帝長兄劉縯之孫，於東漢明帝永平七年（西元 64 年）嗣立爲北海敬王。〔註7〕劉睦自幼好學，廣讀群書，而受到光武帝喜愛。明帝爲太子時，更是經常與劉睦相處。〔註8〕

劉睦是個能屈能伸的智者。東漢初年，劉睦交遊廣闊，聲譽甚隆；到了明帝永平年間，劉睦繼承北海王王位之後，爲了遵守「蕃王不宜私通賓客」的禁令，乃辭退賓客，而縱情於音樂與各項玩好，以求自保。〔註9〕

〔註6〕房玄齡等，前引書，卷六○，〈索靖傳〉引。

〔註7〕《後漢書・宗室四王三侯傳》：「齊武王縯，字伯升，光武之長兄也。……有二子。建武二年，立長子章爲太原王，興爲魯王。……北海靖王興，建武二年封爲魯王，嗣光武兄仲。……二十七年，始就國；明年，以魯國益東海，故徙興爲北海王。……立三十九年薨，子敬王睦嗣。」同書〈顯宗孝明皇帝紀〉：「永平……七年，……秋八月戊辰，北海王興薨。」見：范曄，前引書，卷一四及卷二。

〔註8〕《後漢書・宗室四王三侯傳》：「睦少好學，博通書傳；光武愛之，數被延納。顯宗之在東宮，尤見幸待。」見：范曄，前引書，卷一四。

〔註9〕《後漢書・宗室四王三侯傳》：「中興初，禁網尚闊，而睦性謙恭好士，千里交結；自名儒宿德，莫不造門，由是聲價益廣。永平中，法憲頗峻，睦乃謝絕賓客，放心音樂。然性好讀書，常爲愛翫。歲終，遣中大夫奉璧朝賀。召而謂之曰：『朝廷設問寡人，大夫將何辭以對？』使者曰：『大王忠孝慈仁，敬賢樂士；臣雖螻蟻，敢不以實！』睦曰：『吁！子危我哉！此乃

劉睦頗有文才，曾作論文及賦、頌數十篇。又精擅書藝，為當代人所師法。甚至在劉睦病篤之時，明帝還遣使快馬要他寫十件草書信札，留作紀念。可見其書蹟受明帝愛重之甚。〔註10〕

劉睦生年不詳，卒於明帝永平十七年。〔註11〕其草書書蹟，今世無存。「劉睦」，張懷瓘作「劉穆」；〔註12〕當是同音之誤。

二、杜 度

杜度，字伯度，東漢京兆尹杜陵縣（今陝西省西安市東南）人，為御史大夫杜延年曾孫，章帝時為齊國相，〔註13〕生卒年不詳。

杜度善草書，是第一位以擅長草書而得名的人。〔註14〕杜度的草書，字

孤幼時進趣之行也。大夫其對以孤襲爵以來，志意衰惰，聲色是娛，犬馬是好。』使者受命而行。其能屈申若此。」同書〈光武十王傳〉：「沛獻王輔，建武……二十年，復徙封沛王。時禁網尚疏，諸王皆在京師，競脩名譽，爭禮四方賓客。壽光侯劉鯉，更始子也，得幸於輔。鯉怨劉盆子害其父，因輔結客，報殺盆子兄故式侯恭。輔坐繫獄，三日乃得出。自是後，諸王賓客多坐刑罰，各循法度。」兩傳所謂之「禁網」，當是指鄭眾所謂「漢有舊防，蕃王不宜私通賓客」。見：范曄，前引書，卷一四、四二、三六。

〔註10〕《後漢書‧宗室四王三侯傳》：「睦能屬文，作〈春秋旨義終始論〉及賦、頌數十篇。又善史書，當世以為楷則。及寢病，帝驛馬令作草書尺牘十首。」見：范曄，前引書，卷一四。其中，「史書」一名，歷來有二解，其一為應劭所說之「周宣王太史籀所作大篆」，見：班固，《漢書》，卷九，〈元帝紀〉，「元帝多材藝，善史書」，顏師古注引，臺北，臺灣商務印書館，民國77年1月臺六版。其二為錢大昕所說之「猶言隸書也」，見：王先謙，《漢書補注》，卷九引，臺北，臺灣商務印書館，民國57年12月臺一版。勞榦〈漢代的「史書」與「尺牘」〉，謂第一說「與漢代實際情形並不相符」，第二說則「尚近真實些」，見：《大陸雜誌》，一卷1期（民國60年7月），頁69至72。唯若如第二說，將「史書」解作「隸書」，則劉睦既善隸書，明帝何以令作草書尺牘？是錢氏之說恐亦不信。故暫將「史書」釋為「書藝」。

〔註11〕《後漢書‧宗室四王三侯傳》：「（劉睦）立十年薨。」見：范曄，前引書，卷一四。不載劉睦歲數，故無從推知其生年。

〔註12〕張懷瓘《書斷》卷上〈章草〉：「後漢北海敬王劉穆善草書，光武器之，明帝為太子，尤見親幸，甚愛其法。及穆臨病，明帝令為草書尺牘十餘首。」見：張彥遠，前引書，卷七。蓋本於《後漢書》，而誤「睦」為「穆」。

〔註13〕張懷瓘《書斷》卷中〈神品〉：「後漢杜度，字伯度，京兆杜陵人。御史大夫延年曾孫，章帝時為齊相。」見：張彥遠，前引書，卷八。

〔註14〕衛恆〈四體書勢〉：「漢興而有草書，不知作者姓名；至章帝時，齊相杜度號稱善作。」見：房玄齡等，前引書，卷三六，〈衛恆傳〉引。另：（傳）羊欣〈古來能書人名〉：「京兆杜度，為魏齊相（「魏」字當衍），始有草名。」及庾肩吾〈書品論〉：「建初中，京兆杜操始以善草知名。」並見：張彥遠，前

形結束妥貼，筆力遒勁，而點畫微瘦。〔註 15〕章帝珍賞其書跡，特詔杜度章奏上事時以草書書寫。〔註 16〕杜度之後的兩大草書名家崔瑗與張芝，其草書皆師法杜度。

杜度的草書書蹟，唐時猶存五行章草，竇臮評爲「掣波循利，創質畜怒」，〔註 17〕蓋形容其字畫之明利緊勁。今則無有隻字留存。

蕭子良等人謂章草爲杜度所創，其說固有可商；〔註 18〕或許杜度於章草別出新意，故能最先以善草書知名。又，蕭氏謂杜度本名「操」，爲避曹操諱而改爲「度」，張懷瓘已辨其非是。〔註 19〕

三、崔　瑗

崔瑗，字子玉，東漢涿郡安平縣（今河北省安平縣）人，生於章帝建初三年（西元 78 年），卒於順帝漢安二年（西元 143 年），享年六十六。官至濟北相。〔註 20〕

瑗爲崔駰中子，早孤，立志向學。十八歲時，至洛陽，向侍中賈逵質正大義；逵待之甚厚，瑗乃留京師游學，遂明天官、歷數之學，而爲儒生所宗仰。與扶風馬融、南陽張衡交誼特篤。〔註 21〕

引書，卷二。
〔註 15〕衛恆〈四體書勢〉：「杜氏殺字甚安，而書體微瘦。」見：房玄齡等，前引書，卷三六〈衛恆傳〉引。又：張懷瓘《書斷》卷中〈神品〉：「韋誕云：『杜氏傑有骨力，而子畫微瘦。』」見：張彥遠，前引書，卷八。
〔註 16〕張懷瓘《書斷》卷上〈章草〉：「杜度善草，見稱於章帝，上貴其跡，詔使草書上事。」見：張彥遠，前引書，卷七。
〔註 17〕竇臮《述書賦》卷上：「草分章體，肇起伯度，時君重而立名，自我存而作故，掣波循利，創質畜怒。」竇蒙注：「杜操，字伯度，京兆人，終後漢齊相。章帝貴其蹟，詔上章表，故號章草。今見章草書五行。」見：張彥遠，前引書，卷五。
〔註 18〕張懷瓘《書斷》卷上〈章草〉：「蕭子良云：『章草者，漢齊相杜操始變稿法。』非也。」見：張彥遠，前引書，卷七。竇臮亦謂章草爲杜度創始，參見前註。
〔註 19〕張懷瓘《書斷》卷中〈神品〉：「蕭子良云：『本名操，爲魏帝諱改爲度。』非也。案：蔡邕〈勸學篇〉云：『齊相杜度，美守名篇。』漢中郎不應預爲武帝諱也。」見：張彥遠，前引書，卷八。
〔註 20〕《後漢書·崔駰傳》：「瑗字子玉，……漢安初，……遷濟北相。……歲餘，會病卒，年六十六。」見：范曄，前引書，卷五二。張懷瓘《書斷》卷中〈神品〉：「崔瑗，字子玉，安平人，……官至濟北相。……以順帝漢安二年卒，年六十六。」見：張彥遠，前引書，卷八。
〔註 21〕《後漢書·崔駰傳》：「中子瑗。……早孤，銳志好學，盡能傳其父業。年十

　　瑗文辭高妙，尤善爲書、記、箴、銘；所著賦、碑、銘、箴、〈草書勢〉等，凡五十七篇。〔註22〕

　　瑗工書，小篆、章草尤爲精妙。小篆學李斯，點畫堅實，所書〈張平子（衡）碑〉，吾丘衍謂「多用隸法」，〔註23〕今已不存。章草師法杜度，精於用筆，點畫調暢，唯結體稍寬鬆；〔註24〕袁昂以「如危峰阻日，孤松一支，有絕望之意」評之，〔註25〕王隱則謂之「草賢」。〔註26〕《淳化閣帖》中收有崔瑗〈賢女帖〉一件（圖六五），黃伯思定爲「唐人書」，〔註27〕非瑗手筆。

　　崔瑗〈草書勢〉，收於衛恆〈四體書勢〉中，採騈賦形式，談論草書形成之社會條件與其實用功效，並敘述草書的形象美。〔註28〕爲第一篇歌頌書法美之作品。

八，至京師，從侍中賈逵質正大義。逵善待之，瑗因留游學，遂明天官、歷數、《京房易傳》、六日七分，諸儒宗之。與扶風馬融、南陽張衡特相友好。」見：范曄，前引書，卷五二。

〔註22〕《後漢書・崔駰傳》：「瑗高於文辭，尤善爲書、記箴、銘；所著賦、碑、銘、箴、頌、〈七蘇〉、〈南陽文學官志〉、〈歎辭〉、〈移社文〉、〈悔祈〉、〈草書勢〉、七言，凡五十七篇。」見：范曄，前引書，卷五二。

〔註23〕李嗣眞〈書後品・上上品〉：「崔瑗，小篆。……崔氏爰效李斯，點畫皆如鐵石。」見：張彥遠，前引書，卷三。又，張懷瓘《書斷》卷中〈神品〉：「崔瑗……又妙小篆，今有〈張平子碑〉。」見：張彥遠，前引書，卷八。又，吾丘衍《學古編》下卷〈合用文集品目、四、碑刻品〉：「崔瑗〈張平子碑〉，字多用隸法，不合《說文》，卻可入印，篆全是漢。」見：《藝術叢編》，第一集，第廿七冊之一，臺北，世界書局，民國62年3月三版。

〔註24〕衛恆〈四體書勢〉：「崔氏甚得筆勢，而結字小疏。」見：房玄齡等，前引書，卷三六，〈衛恆傳〉引。又，王僧虔〈論書〉：「崔瑗筆勢甚快，而結字小疏。」見：張彥遠，前引書，卷一。又，張懷瓘《書斷》卷中〈神品〉：「崔瑗……善章草，師於杜度，點畫之間，莫不調暢。」見：張彥遠，前引書，卷八。

〔註25〕袁昂〈古今書評〉，張彥遠，前引書，卷二。

〔註26〕張懷瓘《書斷》卷中〈神品〉，張彥遠，前引書，卷八。又，陳振濂，〈「草賢」崔瑗考述〉，《書譜》，第十卷第4期（民國73年），頁74至77。

〔註27〕黃伯思《東觀餘論・法帖刊誤》：「崔子玉書云：『數附書知聞以解其憂。』唐人書也，字亦非漢。」臺北，漢華文化公司，民國63年8月初版。

〔註28〕參見本章第三節。

圖六五　（傳）崔瑗〈賢女帖〉（局部）

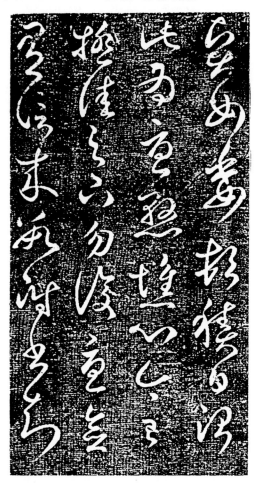

四、崔　寔

　　崔寔，字子眞，一名台，字元始；東漢涿郡安平縣人。爲崔瑗之子，沈靜好學，明於政治之道，官至尚書。生年不詳，卒於靈帝建寧中（約爲西元169年至170年，〔註29〕）。

〔註29〕《後漢書・崔駰傳》：「瑗……臨終，顧命子寔。……寔字子眞，一名台，字元始，少沈靜，好典籍。……明於政體，吏才有餘，論當世便事數十條，名曰〈政論〉，指切時要，言辯而确，當世稱之。……召拜尚書，……數月免歸。……建寧中病卒。」見：范曄，前引書，卷五二。另，韓復智〈崔寔研究〉一文，討論崔寔之家世及生平、著作、政治思想、《四民月令》，對於瞭解崔寔，甚有助益。見：臺灣大學，《文史哲學報》，第31期，（民國71年12月），頁1至27。

崔寔能文，著有碑、論等十五篇。〔註30〕亦善草書，其章草書克紹父風，西晉張華頗稱譽之。〔註31〕其書跡今並無存，歷代亦乏著錄。

《書斷》將「崔寔」作「崔湜」，當為同音之誤。〔註32〕

五、張　芝

張芝，字伯英，東漢敦煌郡淵泉縣（今甘肅省安西縣布爾吉城之東）人；為張奐長子。〔註33〕奐為太常卿，徙居弘農郡華陰縣。芝生年不詳，約卒於獻帝初平二年或三年（西元 191 或 192 年，〔註34〕）。

芝博學好古，而志趣高尚，太尉辟、朝廷以有道徵，皆不就，世號「張有道」。好書道，勤於練習，有「臨池學書，池水盡黑」之事；〔註35〕其書精瘦有力，變化多端。善章草、今草、行書、隸書。章草學杜度、崔瑗，極講究法度，故為當世所寶，韋誕稱之為「草聖」。〔註36〕

〔註30〕　《後漢書‧崔駰傳》：「（寔）所著碑、論、箴、銘、答、七言、祠、文、表、記、書，凡十五篇。」見：范曄，前引書，卷五二。
〔註31〕　（傳）羊欣〈古來能書人名〉：「瑗子寔，官至尚書，亦能草書。」又，張懷瓘《書斷》卷中〈能品〉：「崔湜，……章草雅有父風，……張茂先甚稱之。」見：張彥遠，前引書，卷一及卷八。
〔註32〕　見前註。
〔註33〕　《後漢書‧張奐傳》：「張奐，字然明，敦煌酒泉人也。……長子芝，字伯英，最知名。芝及弟昶（字文舒），並善草書，至今稱傳之。」見：范曄，前引書，卷六五。錢大昕云：「酒泉，郡名，非縣名，當作『淵泉』。胡三省注《通鑑》云：『奐，敦煌淵泉人。』胡所見本尚未訛也。《漢志》敦煌郡有淵泉縣，《晉志》作『深泉』，蓋避唐諱，章懷本亦當作『深』，後人妄改為『酒』耳。《郡國志》作『拼泉』，『拼』亦『淵』字之訛。」見：錢大昕，《廿二史考異》，卷一二，《錢大昕讀書筆記廿九種》，臺北，鼎文書局，民國 68 年 9 月初版。
〔註34〕　張懷瓘《書斷》卷中〈神品〉：「張芝，……父奐，為太常，徙居弘農華陰。……（芝）以獻帝初平中卒。」見：張彥遠，前引書，卷八。
〔註35〕　《後漢書‧張奐傳》注引，王愔《文志》：「芝少持高操，……太尉辟，公車有道徵，皆不至，號『張有道』。」見：范曄，前引書，卷六五。案：王愔著有《文字志》一書，已佚；張彥遠《法書要錄》卷一惟存其目。〈張奐傳〉注所謂《文志》，當即是《文字志》。另，衛恆〈四體書勢〉：「弘農張伯英者，……臨池學書，池水盡黑。」見：房玄齡等，前引書，卷三六，〈衛恆傳〉引。
〔註36〕　王僧虔〈論書〉：「張芝、索靖、韋誕、鍾會、二衛，並得名於前代，古今既異，無以辯其優劣；惟見其筆力驚絕耳。」又，李嗣真〈書品後〉：「鍾、張則筋骨有餘，膚肉未贍。」又，張懷瓘《書斷》卷中〈神品〉：「伯英章草、草、行入神，隸書入妙。」見：張彥遠，前引書，卷一、卷三及卷八。另，《後漢書‧張奐列傳》注引王愔《文字志》：「芝……尤好草書，學崔、杜之法。」見：范曄，前引書，卷六五。另，衛恆〈四體書勢〉：「弘農張伯英者，下筆

張芝書蹟，歷代多有著錄。庾翼在西晉時曾有張芝章草書十紙，東渡時遺失。〔註 37〕南朝宋時，御府收有「張芝縑素及紙書四千八百廿五字，……又有范仰恆獻上張芝縑素書三百九十八」。〔註 38〕唐開元年間，御府有「張芝……書一卷」。〔註 39〕宋代宣和年間，「御府藏漢張芝草書〈冠軍帖〉及章草〈消息帖〉」。〔註 40〕今日可見者，唯《淳化閣帖》所收之〈冠軍〉、〈終年〉、〈今欲歸〉、〈二月八日〉（即〈消息帖〉）及〈秋涼平善〉五帖，共卅八行，二百五十八字；〔註 41〕且其中除了〈秋涼平善帖〉（見：圖二三）「差近古」之外，其餘大概都是唐人書。〔註 42〕

張懷瓘謂張芝「變爲今草」，〔註 43〕後人有駁之者。然張懷瓘之說恐非全然無據。張芝在草書方面蓋曾賦以新意，或因其名大，遂被目爲今草之祖。〔註 44〕

六、張　昶

張昶，字文舒，東漢敦煌郡淵泉縣（今甘肅省安西縣布爾吉城之東）人，後徙居弘農郡華陰縣；爲張芝之弟。〔註 45〕官至黃門侍郎。生年不詳，卒於獻帝建安十一年（西元 206 年，〔註 46〕）。

昶善章草及隸書。其草書與其兄張芝近似，故有「亞聖」之稱；唯無論是筆力或神彩，皆不及其兄。〔註 47〕

必爲楷則，……寸紙不見遺，至今猶寶其書。韋仲將謂之『草聖』。」見：房玄齡等，前引書，卷三六，〈衛恆傳〉引。

〔註 37〕虞龢〈論書表〉：「翼……因與羲之書云：『吾昔有伯英章草書十紙，過江亡失。』」見：張彥遠，前引書，卷二。

〔註 38〕虞龢，〈論書表〉；張彥遠，前引書，卷二。

〔註 39〕盧元卿，〈法書錄〉；張彥遠，前引書，卷二。

〔註 40〕宣和官修，《宣和書譜》，卷一三，《藝術叢編》，第一集，第一冊之二，臺北，世界書局，民國 64 年 4 月四版。

〔註 41〕二玄社，《淳化閣帖》，卷二，東京，民國 69 年 10 月初版。

〔註 42〕黃伯思，前引書，卷上，〈法帖刊誤〉。

〔註 43〕張懷瓘《書斷》卷上〈章草〉：「章草之書，字字區別；張芝變爲今草，加其流速，拔茅其茹，上下牽連。……世稱一筆書者起自張伯英，即此也。……張伯英即草書之祖也。」見：張彥遠，前引書，卷七。

〔註 44〕參見本文第二章第三節。

〔註 45〕同註 33。

〔註 46〕張懷瓘《書斷》卷中〈妙品〉：「張昶，……爲黃門侍郎，……以建安十一年卒。」見：張彥遠，前引書，卷八。

〔註 47〕張懷瓘《書斷》卷中〈妙品〉：「張昶，……尤善章草，……書類伯英，時人謂之『亞聖』，至如筋骨天姿，實所未逮。……文舒章草入妙，隸入能。」見：張彥遠，前引書，卷八。

張昶書蹟，世傳有〈西嶽碑〉及〈祠堂碑〉兩件刻石，〔註48〕蓋為隸書。南朝宋時，御府猶藏有「張昶縑素及紙書四千七十字」；〔註49〕且當時所謂張芝的草書，有不少是張昶所作。〔註50〕今世則並皆無存。

七、羅　暉

羅暉，一名暐，字叔景，東漢京兆尹杜陵縣（今陝西省西安市東南）人；生平不詳，卒於桓帝永壽年間（西元 155 至 157 年），官至羽林監。〔註51〕

暉善草書，與趙襲並名聞當時，而為張芝所嘲笑。〔註52〕

羅暉書蹟，今世無存者，歷代亦乏著錄。

八、趙　襲

趙襲，字元嗣，東漢京兆尹長安縣（今陝西省西安市人）；為趙岐堂兄；生年不詳，卒於靈帝時（西元 168 至 188 年）。曾任敦煌太守。〔註53〕

襲善草書，與羅暉齊名，而並為張芝所嘲笑。〔註54〕

趙襲書蹟，今世無存者，歷代亦乏著錄。

九、梁　宣

梁宣，字孔達，東漢末年漢陽郡人，生卒年不詳。梁宣學張芝草書甚勤，

〔註48〕張懷瓘《書斷》卷中〈妙品〉：「華岳廟前一碑，建安十年刊也；〈祠堂碑〉，昶造並書。」又，李嗣眞《書品後・中上品》：「文舒〈西嶽碑〉文，但覺妍冶，殊無骨氣。」見：張彥遠，前引書，卷八及卷三。

〔註49〕同註 38。

〔註50〕（傳）羊欣〈古來能書人名〉：「今世云芝草者，多是昶作也。」見：張彥遠，前引書，卷一。

〔註51〕張懷瓘《書斷》卷下〈能品〉：「羅暉，字叔景，京兆杜陵人，官至羽林監，桓帝永壽年卒。」又，庾肩吾〈書品論〉：「羅暉，叔景……。」見：張彥遠，前引書，卷九及卷二。

〔註52〕《後漢書・趙岐傳》注引趙岐《三輔決錄注》：「（趙）襲與羅暉拙書，見蚩於張伯英。英頗自於高，與朱賜書云：『上比崔、杜不足，下方羅、趙有餘。』」見范曄，前引書，卷六四。另，衛恆〈四體書勢〉：「羅叔景、趙元嗣者，與伯英並時，見稱西州，而矜巧自與，眾頗惑之，故伯英自稱『上比崔、杜不足，下方羅、趙有餘。』」見：房玄齡等，前引書，卷三六，〈衛恆傳〉引。趙、衛兩人皆謂張芝嗤羅、趙，唯所述之原因大有不同。

〔註53〕張懷瓘《書斷》卷下〈能品〉：「趙襲，字元嗣，京兆長安人，為燉煌太守。……與張芝素相親善。靈帝時卒。」見：張彥遠，前引書，卷九。「與張芝素相親善」之說甚可疑，盡若張芝眞與趙襲親善，又何以嗤之？另，趙襲為趙岐從兄，見：范曄，前引書，卷六四，〈趙岐傳〉。

〔註54〕同註 52。

而爲當地後學之輩所崇慕；郡太守亦收藏其草書書蹟，以供賞玩。〔註55〕

梁宣書蹟，今世無存者，歷代亦乏著錄。

十、姜 詡

姜詡，字孟穎，東漢末年漢陽郡人，生卒年不詳。與梁宣同爲張芝弟子，學芝草書甚勤，致爲當地後學之輩所崇慕；郡太守亦收藏其草書書蹟，以供賞玩。〔註56〕

姜詡書蹟，今世無存者，歷代亦乏著錄。

十一、張 超

張超，字子並，東漢河間鄚縣（今河北省任丘縣北）人，爲張良後代。靈帝時，官至別部司馬。其生卒年不詳。〔註57〕

超有文才，著賦、頌等十九篇。又善草書，學崔瑗法，而風格險峻，妙絕當世。三國時，吳人以當地草書名家皇象與張超相提並論。〔註58〕

張超書蹟，今世無存者，歷代亦乏著錄。

十二、蔡 琰

蔡琰，字文姬，東漢末年陳留郡（今河南省陳留縣）人；爲蔡邕之女，曾淪陷於匈奴，後爲曹操贖回。生卒年不詳。〔註59〕

琰博學能文，又精通音樂，且能草書。〔註60〕

〔註55〕 趙壹〈非草書〉：「余郡士有梁孔達、姜孟穎者，……慕張生之草書，……口誦其文，手楷其篇，無怠倦焉。於是後學之徒競慕二賢：守令作篇，人撰一卷，以爲祕玩。」又，（傳）羊欣〈古來能書人名〉：「姜詡、梁宣，……皆英弟子，並善草。」見：張彥遠，前引書，卷一。

〔註56〕 同前註。

〔註57〕 《後漢書·張超傳》：「張超，字子並，河間鄚人也，留侯之後也。……靈帝時，從車騎將軍朱巂征黃巾，爲別部司馬。」見：范曄，前引書，卷八〇。

〔註58〕 《後漢書·張超傳》：「張超，……有文才，……著賦、頌、碑文、薦、檄、牋、書、謁文、嘲，凡十九篇。超又善於草書，妙絕時人，世共傳之。」見：范曄，前引書，卷八〇。另，庾肩吾〈書品論〉：「子並崔家州里，頗相仿效。」又，張懷瓘《書斷》卷下〈能品〉：「張超，……工章草，擅名一時，字勢甚峻，……吳人以皇象方之。」見：張彥遠，前引書，卷二及卷九。

〔註59〕 《後漢書·列女傳》：「陳留董祀妻者，同郡蔡邕之女也，名琰，字文姬，……興平中，天下喪亂，文姬爲胡騎取獲，沒於南匈奴左賢王。……曹操素與邕善，痛其無嗣，乃遣使者以金贖之。」見：范曄，前引書，卷八四。

〔註60〕 《後漢書·列女傳》：「文姬，博學有才辯，又妙於音律。……操因問曰：『聞夫人家多墳籍，猶能憶識之否？』……文姬曰：『……乞給紙、筆，眞、草唯

　　《淳化閣帖》卷五收有蔡琰〈我生帖〉一件（圖六六），乃〈胡笳十八拍〉中之兩句。黃庭堅謂「極可觀」；〔註61〕陳直則謂〈胡笳十八拍〉「殆爲六朝人擬托無疑」，而〈我生帖〉「當爲唐人仿章草之游戲作品」。〔註62〕

圖六六　　（傳）蔡琰〈我生帖〉

　　　　命。」見：范曄，前引書，卷八四。

〔註61〕黃庭堅，《山谷題跋》，卷四，〈跋法帖〉，《藝術叢編》，第一集，第廿二冊之
　　　　四，臺北，世界書局，民國81年3月四版。

〔註62〕陳直，〈漢詩眞僞問題〉，《文史考古論叢》，頁56至63，天津，天津古籍出版
　　　　社，民國77年10月第一版第一次印刷。

十三、皇甫規妻

　　皇甫規妻，或云馬氏，爲皇甫規繼室。善於文體，工隸書及草書，常代理皇甫規回答書信，其草書精佳，觀者驚異。〔註63〕

　　皇甫規妻書蹟，今世無存者，歷代亦乏著錄。

貳、佐史級草書作者

　　漢代的簡牘文字大部分未署名，但也有不少簽署職銜和人名者（多僅署名而未加姓）。比對簡牘上所署的職銜、人名和其書蹟，有兩種值得注意的現象。第一種現象爲：連串署名的末者爲不同人，其筆蹟亦不相同。例如：居延新簡之 EPF22.68 簡，署曰：

　　　　掾陽、守屬恭、書佐況。（圖六七）

其 EPF22.71A、B 簡，署曰：

　　　　掾陽、守屬恭、書佐豐。（圖六八）

其 EPF22.462A、B 簡，署曰：

　　　　掾陽、守屬恭、書佐參。（圖六九）

此三簡的「掾」都是同一人，「守屬」也是同一人；惟「書佐」各爲不同人，而其筆蹟亦各自有異。第二種現象爲：連串署名的末者相同，其筆蹟亦相同。例如：居延新簡之 EPT68.56 簡（圖七〇）、EPT68.136 簡（圖七一）、EPF22.38A、B 簡（圖七二）、EPF22.51A、B 簡（圖七三）和 EPF22.53A、B 簡（圖七四），此五簡均署曰：

　　　　掾譚、令史嘉。

此五簡的「掾」都是同一人，「令史」也都是同一人，而其筆蹟亦皆相同。

　　從第一種現象來看，所舉的三簡，應該分別是名爲「況」、「豐」和「參」的三位書佐所寫；而從第二種現象來看，所舉的五簡有可能是「掾譚」所寫，也可能是「令史嘉」所寫；唯因掾的職位高於令史，依一般公文承辦的慣例判斷，應以「令史嘉」所寫爲較合理。而綜合以上的討論，可以得出一項推論，即：在同一件簡牘上的兩個以上的職銜和人名中，簽署於最後的一人，

〔註63〕《後漢書·列女傳》：「安定皇甫規妻，不知何氏女也。規初喪家室，後更娶之妻，善屬文，能草書，時爲規答書記，眾人怪其工。」范曄，前引書，卷八四。另，張懷瓘《書斷》卷中〈妙品〉「衛夫人」條下：「扶風馬夫人，大司農皇甫規之妻也，有才學，工隸書。」見：張彥遠，前引書，卷八。

其職位最低，應是該件簡牘的書寫者。

圖六七　居延漢簡 EPF22.68 簡　　　圖六八　居延漢簡 EPF22.71 A 簡

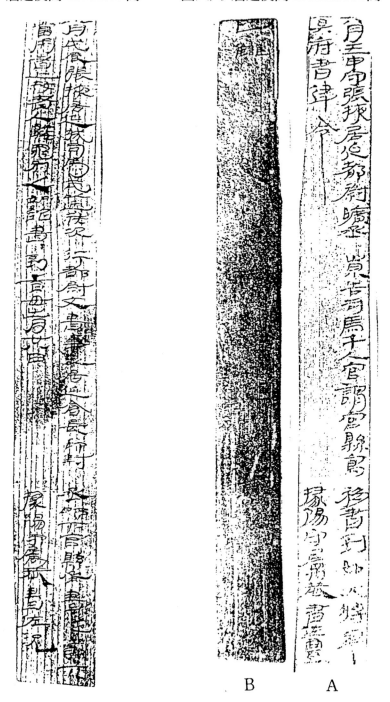

B　　　　　A

圖六九　居延漢簡 EPF22.462 A、B 簡　　　　圖七○　居延漢簡 EPT68.56 簡

B　　　A

圖七一　居延漢簡 EPT68.136 簡　　　圖七二　居延漢簡 EPF22.38 A、B 簡

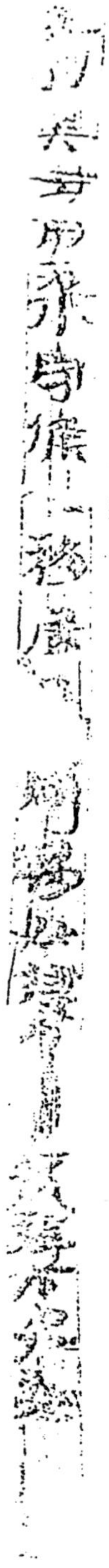

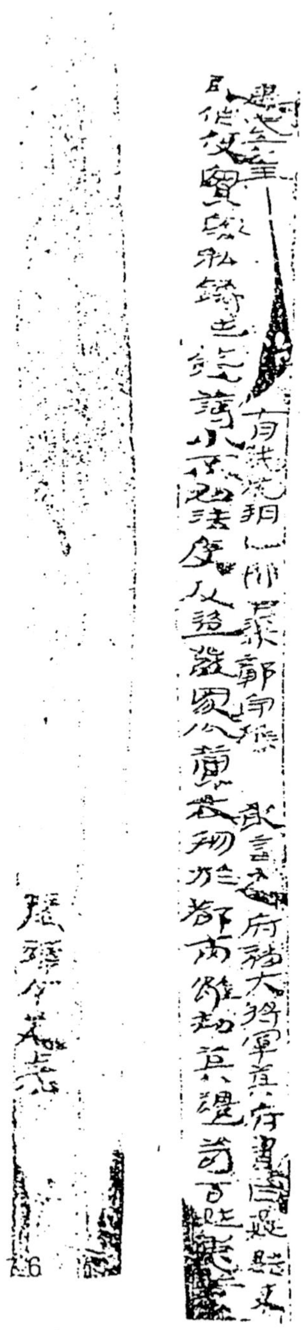

圖七三　居延漢簡 EPF22.51A、B 簡　　圖七四　居延漢簡 EPF22.53A 簡

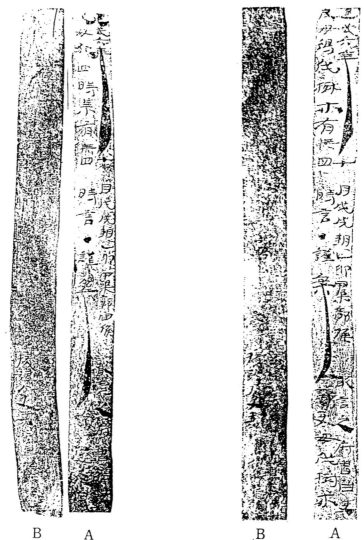

B　　A　　　　　　B　　A

　　根據上述「在同一件簡牘上的兩個以上的職銜和人名之中，簽署於最後
的一人，其職位最低，應爲該件簡牘的書寫者」此一推論，可以從漢代簡牘
中找到若干書寫草書的人名。例如——

　　一、居延漢簡之一〇・四〇（甲一〇〇）簡，〔註64〕署曰：

〔註64〕所引「居延漢簡」各簡，參見：勞榦，《居延漢簡・圖版之部》、《居延漢簡・
　　　　考釋之部》，臺北，中央研究院歷史語言研究所，民國 81 年 3 月景印一版、

　　　掾熹、屬壽、給事佐明。

其上之草書應爲「給事佐明」所寫。

　　二、居延漢簡之二九・七（乙貳貳版）簡，署曰：

　　　令史熹、光、博、尉史賢。

其上之草書應爲「尉史賢」所寫。

　　三、居延漢簡之七一・一三（乙陸伍版）簡，署曰：

　　　掾並、史金城、丞南豐。

其上之草書應爲「丞南豐」所寫。

　　四、居延漢簡之一四○・五A、B（乙壹零肆版）簡，署曰：

　　　嗇夫黨、佐忠。

其上之草書應爲「佐忠」所寫。

　　五、居延漢簡之一七○・三A、B（乙壹貳貳版）簡，署曰：

　　　守令史翊、佐褒。

其上之草書應爲「佐褒」所寫。

　　六、居延漢簡之四三○・七（乙貳伍肆版）簡，署曰：

　　　掾憲、尉史並、守尉史臨。

其上之草書應爲「守尉史臨」所寫。

　　七、居延漢簡之五○五・四二A、B（甲一九八六A、B）簡，署曰：

　　　兼掾□、尉史□、佐哀。

其上之草書應爲「佐哀」所寫。〔註65〕

　　八、居延新簡之EPT4.81A、B簡，〔註66〕署曰：

　　　掾林、令史譚、尉史臨□。

其上之草書應爲「尉史臨」所寫。〔註67〕

　　　民國75年5月出版；及中國社會科學院考古研究所，《居延漢簡甲乙編》，上
　　　海，中華書局，民國69年7月第一版第一次印刷。

〔註65〕居延漢簡五○五・四二A、B與一七○・三A、B同爲「佐褒」所書，唯前者
　　　書於「建平五年」（西元前2年），後者書於「元延二年」（西元前12年），且
　　　彼此字蹟不同，故兩「佐褒」應非同一人。

〔註66〕所引「居延新簡」各簡，參見：甘肅省文物考古研究所等，《居延新簡・甲渠
　　　候官》，北京，中華書局，民國83年12月第一版第一次印刷。

〔註67〕居延漢簡四三○・七號簡爲「守尉史臨」所書，居延新簡EPT4.81AB號簡爲
　　　「尉史臨」所書，前者字形寬扁，後者字體修長，彼此字蹟不同，故兩「臨」
　　　應非同一人。

　　九、居延新簡之 EPT26.23 簡，署曰：

　　　　□潭、令史齊。

其上之草書應爲「令史齊」所寫。

　　十、居延新簡之 EPT50.13A、B 號簡，署曰：

　　　　掾林、令史竟、尉史嚴。

其上之草書應爲「尉史嚴」所寫。

　　十一、居延新簡之 EPT52.96 號簡，署曰：

　　　　掾段昌、卒史利、助府佐賢世。

其上之草書應爲「助府佐賢世」所寫。

　　十二、居延新簡之 EPT53.33A、B 號簡，署曰：

　　　　掾定、屬雲、延壽、書佐德。

其上之草書（B面）應爲「書佐德」所寫。

　　十三、居延新簡之 EPT59.553 號簡，署曰：

　　　　掾□、令史誼、尉史譚。

其上之草書應爲「尉史譚」所寫。

　　十四、居延新簡之 EPF22.56A、B 號簡，署曰：

　　　　掾黨、令史循。

其上之草書（署名爲隸書）應爲「令史循」所寫。

　　十五、居延新簡之 EPF22.173A、B 號簡，署曰：

　　　　兼掾廉、兼屬遷、書佐敞。

其上之草書應爲「書佐敞」所寫。

　　十六、居延新簡之 EPF22.187A、B 號簡，署曰：

　　　　掾譚、尉史堅。

其上之草書應爲「尉史堅」所寫。

　　十七、敦煌漢簡之一二五四號簡，〔註68〕署曰：

　　　　掾恩、屬漢昌。

其上之草書（部分爲潦草隸書）應爲「屬漢昌」所寫。

　　　除了上述十七件可能可以推知書者人名的漢代草書書蹟之外，漢代簡牘當中，尚有爲數更多的未署名草書簡；這些草書，應該也多出於當時的佐、

〔註68〕見：甘肅省文物考古研究所，《敦煌漢簡》，北京，中華書局，民國 80 年 6 月
　　　　第一版第一次印刷。

史級文書人員的手筆。這些佐、史級的文書人員是政府機關中人數最多、職位較低的一群，史書皆無傳載；因此，無論簡牘上是否存其人名，他們的生平事蹟大概都無從知悉。

第二節　大量的草書書蹟

傳世的漢代草書書蹟，數量甚夥；大致可以歸納為三方面：其一為後代傳刻的法帖，其二為漢代人在磚上的刻畫，其三為漢代人書寫於簡牘之上的墨蹟，而以簡牘為大宗。

一、法　帖

後代傳刻的漢代草書法帖，主要收於《淳化閣帖》中，凡八件——

1. 漢章帝書〈千字文斷簡〉（圖七五），章草，九行八十四字。〔註69〕此帖非章帝書，亦非漢時人書，前人已多辨之。〔註70〕
2. 崔瑗〈賢女帖〉，今草，五行卅五字。〔註71〕黃伯思斷為唐人書。〔註72〕
3. 張芝〈冠軍帖〉，今草，六行卅二字。
4. 張芝〈終年帖〉，今草，十六行八十七字。
5. 張芝〈今欲歸帖〉，今草，五行廿七字。
6. 張芝〈二月八日帖〉，今草，五行卅二字。
7. 張芝〈秋京平善帖〉，章草，六行八十字。

以上張芝五帖，〔註73〕黃伯恩謂〈秋涼平善帖〉「差近古，亦疑先賢摹放也」，其餘四帖，則「當是長史（張旭）書二王帖辭章」。〔註74〕

8. 蔡琰〈我生帖〉，章草，二行十四字，〔註75〕陳直謂是唐人書。〔註76〕

然則，後代傳刻的漢代草書法帖中，蓋無真正的漢時人書蹟。

〔註69〕二玄社，《淳化閣帖》，卷一，東京，民國69年5月初版。
〔註70〕見：黃伯思，前引書，〈法帖刊誤〉，第一。及王澍，《淳化祕閣法帖考正》，卷一，臺北，文史哲出版社，民國60年5月景印初版。
〔註71〕二玄社，《淳化閣帖》，卷二。
〔註72〕同註27。
〔註73〕同註71。
〔註74〕同註42。
〔註75〕二玄社，《淳化閣帖》，卷五，東京，民國76年6月初版。
〔註76〕同註62。

圖七五　　（傳）漢章帝〈千字文斷簡〉（局部）

二、磚　刻

漢代的草書磚刻，主要出於曹操宗族墓葬，凡五件——

一、一日持書磚，行草，三行十七字。

二、會稽曹君磚，章草，一行四字。

三、當奈何磚，行草，一行三字。

四、將奈何磚，今草，二行八字。

五、爲蒙恩當報磚，行草，三行十四字。

以上五件漢代草書（含行書）磚刻，〔註77〕其年代約在東漢桓、靈二帝時期，濕坯陰刻；刻畫者「有曹家官衙裏下屬的小吏，其餘爲刑徒、家奴、僱工、從外地徵集來的勞役」。〔註78〕

三、簡　牘

漢代的草書簡牘主要有四大項，即：敦煌漢簡、居延漢簡、武威醫簡和居延新簡。

一、敦煌漢簡，前後四批〔註79〕──

1. 清光緒卅三年（西元 1907 年）英籍匈牙利人斯坦因（Auree Stein, 1862～1943），在敦煌以北漢代長城遺址內發現簡牘七〇二枚。

2. 民國三年，斯坦因再在敦煌漢代遺存中，發現簡牘一六六枚。

3. 民國卅三年，西北科學考察團於敦煌漢代防線遺址上發現簡牘四四枚。

4. 民國六十八年，甘肅文物工作隊於敦煌馬圈灣發現簡牘一二二一枚；此外，懸泉等其他地區發現三五二枚。

合計先後所發現的敦煌漢簡，共計二千四百八十五枚。〔註80〕

二、居延漢簡，民國十九年至二十年，西北科學考察團在今甘肅省額濟旗居延地區，掘得一萬一千餘枚漢代簡牘。〔註81〕

三、武威醫簡，民國六十一年十一月於甘肅省武威縣旱灘坡漢墓出土，竹簡七十八枚，木牘十四枚。〔註82〕

四、居延新簡，民國六十二年至六十三年，居延考古隊於居延破城子等三處發現簡牘一萬九千餘枚，其後又再發現一百九十三枚。〔註83〕

〔註77〕參見本文第三章第四節。

〔註78〕李燦，〈曹操宗族墓碑文書體考略〉，收於：劉正成，《中國書法全書》，第九冊，《秦漢金文陶文》，頁 19 至 21。

〔註79〕參見：甘肅省文物考古研究所，〈敦煌馬圈灣漢代烽燧遺址發掘報告〉，《敦煌漢簡》，附錄二，頁 51 至 134，北京，中華書局，民國 80 年 6 月第一版第一次印刷。

〔註80〕敦煌漢簡的圖版與釋文，參見：甘肅省文物考古研究所，前引書。

〔註81〕居延漢簡出土情形及圖版、釋文，參見，勞榦，《居延漢簡・圖版之部》、《居延漢簡・考釋之部》及中國社會考古研究所，前引書。

〔註82〕參見本文第三章第一節。

〔註83〕居延新簡出土情形及圖版與釋文，參見：甘肅省文物考古研究所等，《居延新

　　上述四項漢代簡牘中，有爲數不少的草書書蹟。以敦煌一地二千四百八十五枚簡牘而言，其書蹟可以確定爲草書的，共有四百六十三枚，包括：釋文號六、七、九、二一、三一、三六、四〇至一七五、一八〇至一八二、一八四至一八六、一八八至一九二、一九五、一九六、二〇二、二〇三、二〇五至二一〇、二一三至二一六、二二六至二二九、二三一、二三三至二四三、二四五、二五〇、二六四、二六六、二六七、二八〇、二八一、三一二至三一七、三二二至三二五、三二八至三三一、三五五、三六二、三六四、三七一、三八六、三九七、三九八、四〇〇、四〇二、四〇五、四〇七、四〇八、四一〇、四一一、四一四至四一六、四一九至四二二、四二四、四二九、四五五、四五六、四七六、四八一、四八四、四八六至四八九、四九一至四九三、四九七、五〇〇至五〇三、五〇六、五〇七、五三九、五四〇、五四七、五五三、五五八、五五九、五六四、五六五、五七六、五七七、五七九、五八一、五八四至五八六、六一四、六一七、六一八、六二〇至六二三、六二五、六三六、六四四至六四六、六四八、六五一、六五三、六五四、六五六、六五九、六六三、六六九、六七〇、六七二、六七五、六八二、七〇四、七〇六、七〇七、七〇九、七一一至七一六、七一九、七二〇、七二三、七二五、七二九、七四二、七四九、七五六、七五九、七六〇、七六六、七七三、七八五、七八八、八〇三、八〇四、八三一、八三四、八三八、八四六、八四九、八五八、八六三、八六七、八七六、九〇六、九三四、九三六、九四一、九四八、九四九、九六二至九六六、九六九至九七六、九八四、九八六、九八八、九九五、九九六、一〇〇〇至一〇〇四、一〇〇六、一〇一〇、一〇二二、一〇二五、一〇二九、一〇三六、一〇四五、一〇五〇、一〇五二、一〇五七、一〇六五、一〇七八、一〇八一、一一一八、一一三一至一一三四、一一三七至一一四一、一一六〇、一一六一、一一六三、一一六七、一一六八、一二〇二、一二〇三、一二〇五、一二一一、一二一二、一二二七、一二二九、一二三一、一二三六、一二四三至一二四五、一二五四、一二六九、一二七九、一二八四、一二九一、一二九四、一三〇〇、一三〇四、一三〇五、一三一四、一三一八、一三二九、一三三二、一四二九、一四三一、一四三二、一四三八、一四四一、一四四九、一四六四、一四六九、一六八四、一七〇八、一七二二、一八一九、一八四七、一八九六至一八九八、一九一八、一九二九、一九三四、一九六

一、一九六八、一九八〇、一九八七、二〇〇二、二〇〇五、二〇一〇、二〇一四至二〇一六、二〇二三、二〇三三、二〇六一、二〇八二、二〇八九、二〇九五、二一七三、二一七四、二一七六、二一八〇、二一八二、二一八七、二二一五、二二二〇、二二二八、二二三一、二二三二、二二五七、二二七一、二二七八、二三〇七、二三一九、二三二〇、二三二二至二三二四、二三四二、二三八二、二三九五、二四〇一、二四〇二、二四〇四、二四〇五、二四一二、二四一八、二四二四、二四三四諸簡。〔註84〕佔敦煌總簡數的百分之十八‧六三。

以敦煌草書簡牘所佔的比例百分之十八‧六三計算，居延地區的簡牘共約三萬枚，其中的草書簡牘當有五、六千枚之多；即使居延地區草書簡牘的比例較低，總不應低於百分之十，則居延地區至少有三千枚草書簡牘，其數量亦相當龐大。

漢代磚刻和簡牘的大量草書書蹟，其書寫者多屬下層文書人員。這批大量的草書書蹟是研究漢代草書極為珍貴的材料，不但可以由此看出漢代草書的真實樣貌及漢代草書一般的書法水準；其中的紀年簡，也可以幫助瞭解漢代草書產生的情形。〔註85〕

第三節　兩篇草書專論

漢代學者中，共有四人曾在著作中論及草書，其一為許慎〈說文解字敘〉，〔註86〕其二為蔡邕的佚文而部分被梁武帝〈草書狀〉所引述者，〔註87〕其三為崔瑗〈草書勢〉，〔註88〕其四為趙壹〈非草書〉。〔註89〕此四者之中，許慎〈說文解字敘〉談說草書的部分僅「漢興，有草書」一句，而蔡邕對於草書

〔註84〕參見本章第一節。

〔註85〕參見本文第一章第三節。

〔註86〕丁福保，前引書，冊一一，頁899。

〔註87〕陳思，《書苑菁華》，卷三。按：《舊唐書‧經籍志》及《新唐書‧藝文志》均列有蔡邕所撰「〈聖草章〉一篇」，見：劉昫等，《舊唐書》，卷四六，臺北，鼎文書局，民國70年元月三版；及歐陽修、宋祁，《新唐書》，卷五七，臺北，鼎文書局，民國70年元月三版。梁武帝所引蔡邕論草書之文字是否出自〈聖草章〉，因該篇已佚，不得而知。

〔註88〕見：房玄齡等，前引書，卷三六，〈衛恆傳〉引。

〔註89〕張彥遠，前引書，卷一。

的敘述，亦只膾片段；眞正稱得上討論草書的專篇，要數崔瑗的〈草書勢〉和趙壹的〈非草書〉。

一、崔瑗〈草書勢〉

崔瑗〈草書勢〉最早爲衛恆〈四體書勢〉所收錄，見《晉書》卷三六〈衛恆傳〉；張懷瓘《書斷》卷上引作〈草勢〉，〔註 90〕章如愚《山堂考索》卷一一引作〈草書體〉，清康熙《佩文齋書畫譜》卷一所收衛恆〈四體書勢〉中亦引作〈草勢〉。《書斷》與《山堂考索》皆爲節引，部分文字且與《晉書》不同；《佩文齋書畫譜》爲全引，惟部分文字仍與《晉書》不同。

茲根據《晉書》等四種資料來源，將崔瑗〈草書勢〉校訂如下——

書契之興，始自頡皇，寫彼鳥跡，以定文章。

爰暨末葉，典籍彌繁，時之多僻，政之多權。官事荒蕪，勦其墨翰。

惟作佐隸，舊字是刪。

草書之法，蓋又簡略。應時諭指，周於卒迫。兼功并用，愛日省力。

純儉之變，豈必古式。

觀其法象，俯仰有儀。方不中矩，員不副規；抑左揚右，望之若崎。

竦企鳥跱，志在飛移；狡獸暴駭，將奔未馳；畜怒怫鬱，放逸生奇。

或黜黥點黷，……狀似連珠，絕而不離。或凌邃惴慄，若據槁臨危；旁點邪附，似蜩螗拘枝。絕筆收勢，餘綎糾結；若杜伯揵毒，看隙緣巇；騰蛇赴穴，頭沒尾垂。是故遠而望之，隺焉若沮岑崩崖；就而察之，一畫不可移。機微要妙，臨時從宜。略舉大較，髣髴若斯。

〈草書勢〉全文最少有二百廿三字，〔註 91〕文體爲駢賦。二句一韻，且韻隨意轉；全文用韻凡四轉，故可據之分爲四段。

第一段自「書契之興」至「以定文章」，計十六字；略謂：倉頡因受鳥獸足跡之啓示，而創造了文字。整段譯成白話爲：

文字的產生，是由倉頡始創的。他模仿了鳥獸的腳印，以書寫文辭篇章。〔註92〕

〔註 90〕張彥遠，前引書，卷七。

〔註 91〕末段「黜黥點黷」句後疑有脫字。參見註 95。

〔註 92〕「書契」一詞，書爲寫字記言，契爲刻木記數；參見：唐蘭，《中國文字學》，頁 57 至 63，臺北，開明書局，民國 82 年 1 月臺九版。蓋即「六藝」中之「書」與「數」。後因文字中亦包含數字，故以「書契」作爲文字之代稱。

第二段自「爰暨末葉」至「舊字是刪」，計卅二字；略謂：後世由於文字的使用量越來越大，為節省書寫所耗費的體力和時間，乃將原本的篆書簡化，而創造出隸書。整段譯成白話為：

> 及至後世，文書更多。時代的走向往往偏離常道，而行政工作又每每因事制宜。公共事務叢錯繁雜，文書處理辛勞不堪。於是隸書被創造出來，它刪減了古字的筆畫。〔註93〕

第三段自「草書之法」至「豈必古式」，計卅二字；略謂：草書又比隸書更加簡化，可以快速書寫，省時省力。整段譯成白話為：

> 草書的寫法，大概又比隸書更為簡略。這是為了應付時效，以求在期限內傳達意念，以便在倉促之間可以救急。如此便能發揮加倍的功效，既省時、又省力。這是使字體不繁雜、趨於簡化的改變，又何必要效法古代的書體呢？〔註94〕

第四段自「觀其法象」至「髣髴若斯」，至少有一百四十三字；〔註95〕略謂：草書的體勢，或肖似人之神態，或如山勢，或如自然界鳥獸之動作；流動之中又富於穩定性，極為精妙。整段譯成白話為：

> 試觀草書書寫的筆法及字體的形貌，其上下起伏，有如人類那種依循禮節而行動的儀態。有時方正，但並不與方矩所畫的形狀相符；有時圓轉，但並不與圓規所畫的圖樣相當。字體左邊壓低，右邊提高，看起來像山勢一樣傾側險峻。又像鳥踮起腳跟，高高地挺立著，一副有意飛動的樣子。還像勇健的猛獸突然驚起，一副快要開跑而尚未起跑的樣子。正如鳥獸一般，當積藏著飽滿之氣時，有蘊結阻滯、無暢快之感；當恣意放蕩時，則又產生千奇百怪、變幻莫測的恣態。有時草書的點法，⋯⋯（文字脫漏），形狀類似連成一串的珠子，各點雖是獨立存在，而整體卻連成一氣，沒有分離。草書的體勢，有時如人越過深谷，心中憂慮害怕，直在發抖；有時如人正靠

〔註93〕段中「勦其墨翰」一句，「勦」字《晉書》原作「剿」；茲據《佩文齋書畫譜》改。勦，辛勞也。《左傳・宣公十二年》：「無及於鄭，而勦其民。」見：杜預注、孔穎達等正義，《春秋左傳正義》，卷二三，《十三經注疏》第六冊，臺北，藝文印書館，民國65年5月六版。

〔註94〕段中「周於卒迫」一句，「周」字《晉書》原作「用」；茲據《山堂考索》改。周，救助。《論語・雍也》：「君子周急不濟富。」見：何晏等注、邢昺疏，《論語注疏》，《十三經注疏》第八冊，臺北，藝文印書館，民國65年5月六版。

〔註95〕段中「黝黝點黸」下疑脫一句，蓋〈草書勢〉全篇二句一韻，此處不當例外。

著枯木，而下臨很高深的懸崖。當在筆畫的側面加點、讓它斜斜地附在一邊時，又像蟬隻屈曲足節，攀在枝上。而在各字末畫停筆時，要收攝筆勢，以作個總結束，此時筆畫的末端，像是一束扭絞紮緊的線繩；猶如蠍子舉起尾端的毒鉤，正窺伺著敵方的疏失，待機進擊；亦如飛蛇正往洞裡去，頭部已不見了，而尾巴還垂在洞外。所以說，草字的書寫，從遠處看去，其體勢險急，好似陡峭的山崖正崩坍下來；就近細看，任何筆畫卻都不能挪動。創作的意念潛藏在作者內心，雖是幽微難知；但草書卻是神妙精巧的，足以針對當時的狀況，將作者意念適當表現出來。以上概括地指出草書大致的情形，其輪廓差不多就是這樣。〔註96〕

崔瑗〈草書勢〉為中國書法史上第一篇討論草書的專文，〈草書勢〉的出現，揭示當時草書書法已成為一門新興的藝術。歷來關於〈草書勢〉的研究，以蕭元〈書法藝術的自覺與崔瑗的《草書勢》〉為最重要。〔註97〕

蕭元〈書法藝術的自覺與崔瑗的《草書勢》〉共三節，分別自「『方不中矩，圓不副規』」、「『志在飛移』和『將奔未馳』」及「『一畫不可移』與『臨時從宜』」三方面強調〈草書勢〉的美學價值。「『方不中矩，圓不副規』」一節略謂：

> 崔瑗……通過生動形象的文學手法所描述的草書藝術的基本意象，是「方不中矩，圓不副規」，……草書的藝術形象……不是自然的簡單模擬和機械反映，而是一種「故意為之的抽象」，這也是一切非寫實性藝術的根本特徵。〔註98〕

其「『志在飛移』和『將奔未馳』」一節略謂：

> 「志在飛移」的提法確實抓住了草書最基本的視覺特徵，使得草書在表面形態上與其他書體嚴格區分開來。……《草書勢》的極高明之處，在于其不僅指出草書「志在飛移」——表現運動的特徵，更重要的是指出了表現的方式——「將奔未馳」。這是一個包含了豐富的視覺心理內容的提法，這一提法指出了以靜態表現動態、製造運

〔註96〕段中「畜怒怫鬱，放逸生奇」原置於「絕而不離」句後；惟語欠倫次，茲依
　　　　上下文意改置於「將奔未馳」句後，蓋本句所述，與時鳥、駭獸相關也。
〔註97〕見：蕭元，《書法美學史》，頁6至19，長沙，湖南美術出版社，民國79年6
　　　　月第一版第一次印刷。
〔註98〕蕭元，前引書，頁11。

動幻覺的重要造型原則。〔註99〕

其「『一畫不可移』與『臨時從宜』」一節略謂：

> 「一畫不可移」，說明了草書是一門有著嚴格的合規律性與合目的性
> 追求的藝術，并將書法藝術與一般文字書寫嚴格區別開來。……緊
> 接著又提出「幾微要妙，臨時從宜」的創作主張，直覺的體會到無
> 意識在藝術創作過程中的作用，很好的保握住了藝術語言規則的限
> 制和言語運用的自由、傳統的繼承和藝術家的創新之間的辯證關
> 係。〔註100〕

對於崔瑗〈草書勢〉的內容作了極佳的詮釋。

二、趙壹〈非草書〉

趙壹〈非草書〉最早收於張彥遠《法書要錄》卷二；其後，宋《太平御
覽》、陳思《書苑菁華》、朱長文《墨池編》、清《古今圖書集成》、《佩文齋書
畫譜》、倪濤《六藝之一錄》亦曾加全錄或節引，其間字句亦或小異。

茲根據相關資料，將趙壹〈非草書〉校訂如下——

> 余郡士有梁孔達、姜孟穎者，皆當世之彥哲也；然慕張生之草書，
> 過於希顏、孔焉。孔達寫書以示孟穎，皆口誦其文、手楷其篇，無
> 怠倦焉。於是後學之徒，競慕二賢，守令作篇，人撰一卷，以為祕
> 玩。余懼其背經而趨俗，此非所以弘道興世也；又想羅、趙之所見
> 嗤沮，故為說草書本末，以慰羅、趙，息梁、姜焉。竊覽有道張君
> 所與朱使君書，稱：「正氣可以銷邪，人無其釁，妖不自作。」誠可
> 謂信道抱真、知命樂天者；若夫褒杜、崔，沮羅、趙，忻忻有自臧
> 之意者，無乃近於矜伎、賤彼貴我哉！
>
> 夫草書之興也，其於近古乎！上非天象所垂，下非河洛所吐，中非
> 聖人所造。蓋秦之末，刑峻網密，官書煩冗，戰攻並作，軍書交馳；
> 羽檄紛飛，故為隸、草，趣急速耳。示簡易之指，非聖人之業也；
> 但貴刪省煩，損複為單，務取易為易知，非常儀也。故其讚曰：「臨
> 事從宜。」而今之學草書者，不思其簡易之旨，直以為杜、崔之法，
> 龜龍所見也；其攣扶柱桎，詰屈天乙，不可失也。齗齒以上，苟任

〔註99〕蕭元，前引書，頁14。

〔註100〕蕭元，前引書，頁17、19。

涉學，皆廢倉頡、史籀，競以杜、崔爲楷。私書相與，猶謂：「就書適迫遽，故不及草。」草本易而速，今反難而遲，失指多矣！

凡人各殊氣血，異筋骨，心有疏密，手有巧拙：書之好醜，在心與手，可強爲哉！若人顏有美惡，豈可學以相若耶？昔西施心瘝，捧胸而顰，眾愚效之，祇增其醜；趙女善舞，行步媚蠱，學者弗獲，失節匍匐。夫杜、崔、張子，皆有超俗絕世之才，博學餘暇，遊手于斯；後世摹焉，專用爲務。鑽堅仰高，忘其罷勞；夕惕不息，仄不暇食，十日一筆，月數丸墨；領袖如皁，唇齒常黑，雖處眾坐，不遑談戲；展指畫地，以草劌壁；臂穿皮刮，指爪摧折，見鰓出血，猶不休輟。然其爲字，無益於工拙；亦如效顰者之增醜、學步者之失節也。

且草書之人，蓋伎藝之細者耳：鄉邑不以此較能，朝廷不以此科吏，博士不以此講試，四科不以此求備，徵聘不問此意，考績不課此字。徒善字既不達於政，而拙草無損於治；推斯言之，豈不細哉！

夫務內者必闕外，志小者必忽大。仰而貫針，不暇見天，俯而捫蝨，不暇見地；天地至大而不見者，方銳精於針蝨，乃不暇焉。第以此篇研思銳精，豈若用之於彼七經？稽曆協律，推步期程；探賾鉤深，幽贊神明；鑒天地之心，推聖人之情；析疑論之中，理俗儒之諍；依正道於邪説，儕雅樂於鄭聲；興至德之和睦，弘大倫之玄清。窮可以守身遺名，達可以尊主致平；以茲命世，永鑒後生，不以淵乎！

〈非草書〉一文，共七百八十五字，可以分五段。

第一段自「余郡士」至「貴我哉」，計一百八十一字，敘述本文寫作之緣起，略謂：同郡梁孔達和姜孟穎兩人，因爲學習張芝草書而見重於當地；且張芝又因善寫草書，遂有自矜之意。趙壹深恐郡中的年輕學子受此影響，而「背經趨俗」，故撰本文。整段譯成白話爲：

與我同郡的讀書人中有兩位叫梁孔達、姜孟穎的，都是當代才智高明之士。但他們對張芝先生草書的仰慕，卻超過了使自己成聖賢、有似顏淵、孔子一般偉大的企盼。孔達寫字給孟穎看時，都還口裡朗誦張芝的文章，筆上效法張芝的書跡，毫不倦息。於是許多有志向學的晚輩，競相仰慕梁、姜二位賢士。郡太守令二人作文章，各寫成草書一卷，拿來作爲珍奇賞玩之物。我擔心世人背離常理，傾

向流俗，這樣是無法弘揚正道、振興世風的。又今羅暉、趙襲受到張芝譏笑、毀謗，所以我爲此而說明草書創始的緣由及演變的結果，以此來安慰羅、趙，並阻止梁、姜的行爲。我個人看過張有道（芝）寫給朱使君（賜）的信件。信上說：「正氣可以化除邪惡，人若自身無疏失之處，則怪異邪惡的事情是不會自己發生的。」他實在是一個篤信常道、保持本性、知曉天命、樂天行理的人。至於他襃揚杜度、崔瑗，毀謗羅暉、趙襲，很得意地自以爲善，這豈不是接近於自負才能、輕人重己的狀況嗎？〔註101〕

第二段自「夫草書」至「失指多矣」，計一百八十八字，〔註102〕略謂：秦代末年，由於文書數量既多，時限又緊迫，所以發展出隸書和草書，以便快速書寫；可是，趙壹同時的人所寫的草書卻是「難而遲」，實在大違草書「易爲易知」的本意。整段譯成白話爲：

草書的出現，想必是在距當今不久的秦末吧！它既非源於上天所垂示的自然現象，也不同於水裏所湧現的〈河圖〉〈洛書〉，更不是聖人所創造的。大致說來，秦末刑罰苛酷，法網嚴密，辦刑案的公文繁多而蕪雜，而且戰端齊發，軍事文書傳遞十分迅速，調動部隊的緊急文件到處飛送，所以才產生了隸書及草書，這只是爲了赴急求快而已。此中顯示出草書的意義在於簡易，並不是聖人的大事。它只重在刪改、簡化繁難的文字，使複雜的字體變得單純而已。這當中所要極力求取的，是它的便於書寫、容易辨識，但這總不是常態啊！所以有這麼一段草書的評論說：「這是便宜行事。」然而當今學草書的人，沒考慮到它那「簡易」的意義，逕自認爲杜度、崔瑗立下的軌範，等同於因神龜、龍馬之出水而現於世的〈洛書〉、〈河圖〉；以爲草書字體那些牽連縈繞、轉折勾趯的特色，是不可拋棄的。七、八歲以上的人，如果聽憑他們去涉獵學習，他們都會拋棄倉頡、史籀所造的正規文字，而爭相以杜、崔二人爲楷模。張芝在私人信件互相往來時，還寫說：「寫這封信時碰巧正匆忙，所以來不及用草書

〔註101〕張芝嘗與朱賜書云：「上比崔、杜不足，下方羅、趙有餘。」「羅」指羅暉，「趙」謂「趙襲」。見註52。

〔註102〕段中「私書相與，猶謂：『就書適迫遽……。』」數句，《法書要錄》原作「私書相與，庶獨就書，云：『適迫遽，……。』」其中，「庶獨就書」一句頗費解。茲依《墨池編》改。

字體寫。」寫草書本來是爲求簡單而迅速的，現在反而變得既困難
又緩慢，眞是大大地喪失了它的意義了。〔註103〕

第三段自「凡人」至「失節也」，計一百九十二字，略謂：心之疏密、手之
巧拙，人各不同；如果沒有杜度、崔瑗和張芝三人「超俗絕世」的才具，而勉
強學其草書，終將如東施效顰、邯鄲學步一般，毫無益處。整段譯成的話爲：

所有人的氣、血、筋、骨都各不相同，心思有粗疏與精密之別，運
筆技巧有巧妙與鈍拙之異，因而字跡的美與醜，端賴作者心思與運
筆技巧的不同，怎麼可能勉強得來呢？好像人的容貌有美醜之分，
又怎可因爲學習而使其相像呢？以前西施心痛時，抱住胸口、皺著
眉頭，許多愚人效法她，只會增加她們的醜惡罷了；趙國的美女精
於舞蹈，走起路來眞是討喜、十分迷人，而學她們的人不得要領，
反而失去原有的步法，變得只會在地上爬行。你看那杜度、崔瑗，
以及張芝先生，他們都有超越凡俗、無人可繼的才光，以閒適遊樂
的態度，動筆創作。後代這些人崇仰他們，專心致志地學習草書，
窮究草書那堅不可犯的法度，景慕三人高妙的書跡，樂此不疲；從
白天忙到晚上，十分敬愼，連午餐都沒空進食；平均每人十天就寫
壞一支筆，每人一個月要用掉好幾丸墨；衣服的領口和袖子都像是
墨布，嘴唇和牙齒也都因爲吮筆而經常沾著墨汁；即使眾人群聚一
堂，也無暇交談、博戲，只顧伸出手指在地上畫來畫去，或以指甲
在壁上刻刮草字，以致手臂破皮了、刮傷了，甚至指甲肉外露了、
出血了，也還不肯休止。但是他們寫出來的字，卻依然是巧者自巧，
拙者自拙，毫無助益。這也正如那些效法皺眉的更加醜陋、學習美
姿者的失其故步那般啊！〔註104〕

───────────

〔註103〕段中「臨事從宜」一句或係就崔瑗〈草書勢〉「機微要妙，臨時從宜」之語而
　　　　發，惟「臨時從宜」謂草書之書寫，乃針對當時狀況，將作者意念適當表現
　　　　出來；「臨事從宜」則謂草書之通行爲從權所致，非常道也。崔氏重藝術，趙
　　　　氏重實用，非僅「時」「事」一字之別而已。另，「攣扶柱桎，詰屈夭乙」，狀
　　　　杜、崔草書講究之處，其義未詳。「攣」字首見於〈非草書〉，音、義均闕，
　　　　或係「攣」字或體。自章草之特色度之，此二句蓋指草書點畫之牽連縈繞及
　　　　轉折勾趯。
〔註104〕段中「不遑談戲」一句，「談戲」指交談與博戲。《晉書·陶侃傳》：「諸參佐
　　　　貳以談戲廢事者，乃命取其酒器、蒱博之具，悉投之于江。」見房玄齡等，
　　　　前引書，卷六六。

　　第四段自「且草書」至「豈不細哉」，計七十五字，略謂：草書乃末道小
伎，無論工拙，皆於政治無所影響。整段譯成白話爲：

　　況且草書對人而言，大致只是瑣細的才藝罷了：地方不以之考校人
　　才；朝廷不以之試驗官員；博士不以此教授及察覈弟子；孝廉四科，
　　不要求它寫得完善；中央徵聘賢者，並不問他這方面的看法；稽覈
　　官吏績效，也不察他這種字體的才藝。光是精於書法，既不能通曉
　　政情；而拙於草字，也不會有礙於治事——由此說來，草書難道不
　　是瑣細的才藝嗎？〔註105〕

　　第五段自「夫務內者」至「不以淵乎」，計一百四十九字，〔註106〕奉勸
同郡的年輕學子不要學寫草書，而將心力轉而用來研習經典，如此則「窮可
以守身遺名，達可以尊主致平」，才有深刻的意義。整段譯成白話爲：

　　致力於自我修養的人必然摒棄流俗；用心在瑣細技藝的人必定忽視
　　大道。抬頭穿針，便無暇看天空；低頭去抓蝨子，便無暇看地面。
　　天地那麼廣大而沒看見，那是因爲他正賣力地穿針和抓蝨子，才會
　　沒空的。只管在草書裡費心思、用精神，哪比得上將心力放在那七
　　種經書上，用來考定曆法，調和樂律；推算天，體運行的規律，制
　　定度量衡的標準；探究幽微的道理，考索深奧的意義；在玄默之中，
　　助行神明之道；由自然的變化明察天地之心；從《周易》的文辭探
　　求聖人之意；辨明疑難的議論，使它平正恰當；釐正俗儒的爭議；
　　立於邪說之中，而獨倚於正道；出於淫聲之上，而以正統音樂齊正
　　人的情性；提倡孝道這種最完善的德行，以至於使人民和諧親密；
　　弘揚人倫，以至於上合於天道。如此一來，失意時可以明哲保身，
　　留名後世；得志時可以尊崇明君，平治天下。以此揚名天下，永遠
　　光照後輩。這種影響何其深遠啊！〔註107〕

〔註105〕段中「四科不以此求備」一句，「四科」指東漢察舉孝廉之四科：儒學、文吏、
　　　　孝悌、能從政者。見：范曄，前引書，卷六一，〈黃瓊傳〉。
〔註106〕段中「仰而貫針，不暇見天；俯而捫蝨，不暇見地，天地至大而不見者，方
　　　　銳精於針蝨」數句，原作「俯而捫蝨，不暇見天，天地至大而不見者，方銳
　　　　精於蟣蝨」。按：劉晝《新論·觀量篇》：「仰而貫針，望不見天；俯而拾蝨，
　　　　視不見地。天地至大而不見者，眸掩於針蝨故也。」其意相近，故據改。見：
　　　　劉晝，《新論》，卷八，《百部叢書集成》一九，《漢魏叢書》之三六、三七，
　　　　臺北，藝文印書館，民國54年出版。
〔註107〕段中「豈若用之於彼七經」句，「七經」即後漢所鐫刻之《周易》、《尚書》、

　　趙壹〈非草書〉一文對於草書之反對和抨擊，並非針對草書的實用性，而是針對其藝術性而發。即就草書之藝術性而言，趙壹亦非否定諸草書書家之藝術成就；而是以爲草書乃小道末伎，致力於此，恐將玩物喪志。子夏曰：

　　　　雖小道，必有可觀者焉；致遠恐泥，是以君子不爲也。〔註108〕

趙壹爲儒生，其心意可謂與子夏相通。〔註109〕

　　蕭元〈掩蓋在反美學表象下的美學思想——趙壹的《非草書》〉，對於趙壹的時代背景和〈非草書〉之「倫理派的書法美學」亦有極精闢的闡述。其論〈非草書〉，略謂：

　　　　趙壹在〈非草書〉中否定的不是草書的實用性和具有實用性的草書
　　　　本身，他反對的是人們「專用爲務」——把草書作爲一門專業技術
　　　　甚至崇高的藝術來追求，這種「專用爲務」顯然有背孔門「游于藝」
　　　　的主張。〈非草書〉便是針對這種背道現象「鳴鼓而攻之」的戰鬥檄
　　　　文。……趙壹的〈非草書〉以歪曲的形態反映了當時草書藝術的自
　　　　覺和人們的審美追求，在其反美學的表象下掩蓋著不少合理的美學
　　　　思想。〔註110〕

　　事實上，趙壹〈非草書〉一文，不只如章建明所謂：「最早提出草書產生的年代及『趨急速耳』的原因」、「第一次提出『書之好醜，在心與手，可強爲哉』的觀點」、「提出書法學習中應人就學的觀點」；〔註111〕同時，對於漢代末年草書流行的盛況，也有很鮮活的描寫。此外，〈非草書〉還反映了漢代末年，以政教效益爲尚的保守人士，對於蓬勃發展的草書藝術之莫明所以。〔註112〕

　　　　《魯詩》、《儀禮》、《春秋》、《公羊傳》和《論語》，見：魏徵，《隋書》，卷三二，〈經籍志〉，臺北，鼎文書局，民國69年6月三版。

〔註108〕《論語‧子張》，何晏等注、邢昺疏，前引書，卷一九。

〔註109〕趙壹生平事蹟，見：范曄，前引書，卷八〇‧下，〈文苑傳〉。

〔註110〕蕭元，前引書，頁21、24。

〔註111〕章建明，〈論趙壹的《非草書》〉，《書法研究》，民國76年，第2期，頁61至68。其中，謂趙壹「最早提出草書產生的年代」一點有誤；蓋最早提出草書產生的年代者爲許慎。參見本文第一章第三節。

〔註112〕參見：郭伯佾，〈趙壹《非草書》所映現的草書世界〉，中華民國書法教育學會，《一九九三年書法論文選集》之伍，頁1至25，臺北，民國82年12月一版。

結　論

在中國的篆、隸、草、行、正各種書體之中，草書的點畫最爲簡略、揮運最爲迅疾，且字形結構變化巧妙，意態豐富；故在實用方面可以發揮省時省力的赴急功效，在藝術表現方面的自由度和強度上，也遠大於其他書體。

漢代草書是中國文字第二次大幅度簡化的結果，也是中國文字第一次普遍草化成熟的產物。「漢代草書上承古文草字，……下啓今草草法，……因此，研究漢代草書，如據草書發展之津梁，上窺古文奇字奧妙，下探今草狂草遞遭玄理，其重要性自不言可喻」。

根據河南舞陽賈湖出土的甲骨文，中國文字的創始，當早於距今七、八千年之前；且大概自始創以來，中國文字的形體即開始潦草化。張栻所謂「草書……必自筆箚已來便已有之」，即指初期「但寫得不謹」的潦草書蹟。而根據傳世的古代書蹟分析結果造成文字形體潦草化的原因可以歸納爲：技法生疏、心理輕忽、時間緊迫、字數繁多和一味求快五項。初期「但寫得不謹」的潦草書蹟，大概是技法所限或稍涉散漫的無心之結果。商代甲骨文以後，則可以發現明顯基於心理輕忽等其餘四項原因而刻意求快所造成的潦草書蹟。

中國文字潦草化的情形，到了春秋戰國時代明顯較前激烈。在此一時期的書蹟，如：侯馬盟書、曾侯乙墓竹簡以及望山、包山等地出土的楚簡，不但有各種縮短筆畫、減省筆畫和連接筆畫的草略寫法，也看到了草書書體的一項重要特徵，即牽帶筆畫的作法，包括順向牽帶和逆向牽帶。只是，此一時期的潦草書蹟，其書體仍是篆書，因爲其中雖然有少數明顯草化的文字，但其餘絕大部分的文字依然未脫篆書形體。

　　關於草書書體出現的年代，歷代論者所提出的答案，大致可以歸納爲四種：其一爲許愼所提「漢興」之說，其二爲蔡邕所提「秦之時」或趙壹所提「秦之末」之說，其三爲王愔所提「漢元帝時」之說，其四爲韋續所提「（漢）章帝」時之說。其中，許愼所謂「漢興」，根據漢代人的用法及〈說文解字敘〉上下文判斷，乃指漢代建立之後至宣帝之前的這一段時期；而無論是從文獻看，或從傳世的書蹟看，許愼「漢興，有草書」的說法都最信實可從。

　　草書書體在漢代就名喚「草書」或「艸書」，「草書」一名最早見於許愼〈說文解字敘〉；〈草〉假借字「穁」，「草書」即穁書，蓋謂其爲粗略之書體。這種粗略的書體本應稱作「穁書」，唯因當時尚未造出「穁」字，乃假借讀音近似的「草」字或「艸」字爲之。

　　漢代的草書，後世稱爲「章草」。「章草」一名可能在東晉時便已存在，是在新體草書發展完成且逐漸流行之後，爲清楚區別起見，乃將舊體草書稱爲「章草」；原本的「草書」一名則轉以指稱新體草書。而舊體草書之所以稱爲「章草」，最少有五種解釋，以劉延濤「似章程書之草書」之說爲較合理。

　　繼章草之後而發展形成的新體草書亦稱爲「今草」。「今草」一名首見於唐人著作中。今草與章草不同之處有二，即：體勢相連與不分波磔。此種體勢相連且不分波磔的新體書草，歐陽詢等人說是東晉初年王羲之等人所變爲，張懷瓘則主張是東漢末年張芝所創造。而根據文獻資料及傳世書蹟，東漢末年應已產生了今草此種新體草書。

　　在中國歷代的書學論著中，所有論及草書書體所以產生之原因者，大都認爲是爲達快速書寫的目的。達到快速書寫的目的，確爲草書所以產生之原因；而快速書寫的動機則包括：心理輕忽、時間緊迫、字數繁多與一味求快四項。此四項動機，正是促使漢代草書產生的四項動力性原因。此外，草書之所以產生於漢代，而不在別的朝代，其決定性原因則爲文字草化之適時成熟。

　　「心理輕忽」是指當人們對所書寫之文件認爲較不重要時，便散漫爲之或採取較快的書寫速度，而導致書蹟潦草化。心理輕忽的書寫，最典型者爲作文打草稿，其次爲「日用文字」，如：書信、次要公文及備忘資料。在漢代簡牘中皆可以找到相關的例證。

　　「時間緊迫」是指文書書寫的時間緊迫，書者在急於完成的壓力之下，勢必加快書寫的速度，而無暇顧及工拙。時間緊迫的書寫，以羽檄等軍事文

書爲最具代表性。在漢代簡牘中可以找到調集軍隊和報告軍情的軍事文書，其書體或爲近乎草書的潦草隸書，或爲草書。

「字數繁多」是指所書寫的字數繁多，會造成書寫者身體的勞累和心理的不耐煩，因此，往往會加快書寫的速度，而導致書蹟的潦草化。字數繁多的書寫，以官獄文書爲代表。官獄文書字數繁多爲隸書產生的主要原因，也是促成漢代草書產生的原因之一。近世出土的秦簡中，有爲數不少的官獄文書，都是以秦隸書寫；而在漢代簡牘的官書中，如定期性帳簿的「日跡簿」，其書體有隸書、有潦草的隸書、有隸書介乎草書者、也有草書。

「一味求快」是指並非心理輕忽、時間緊迫或字數繁多，而僅是由於習慣了較爲急促的書寫節奏，是以一味求快。而影響書寫一味求快的原因，除了人類社會事務越來越複雜、生活步調越來越緊張之外，就是急促的書寫節奏所帶來的快感。戰國時期楚系的文字書寫者，大都比較習慣於較爲急促的書寫節奏；至於漢代因一味求快而造成的潦草書蹟，則以長安男子張碏等碑文爲代表。

「草化成熟」是指文字形體的潦草化到達某個程度，因而具備了與篆書和隸書清楚區別的特徵。草書書體的出現，其最後之關鍵在於文字的普遍草化成熟，亦即大多數文字之潦草化達到了法度化和系統化的階段。最後直接有效證成文字普遍草化成熟的證據，就是「草書」一名的出現；因爲必須文字普遍草化成熟，而成爲一種新興的書體，爲了將此新興的書體與原先的篆書和隸書區分，始造立「草書」一名。據目前所知，「草書」一名的最早出處爲東漢和帝永元十二年完成的《說文解字》一書，因此，永元十二年就是中國文字普遍草化成熟的最後斷限。

草書的字形，每每與正體字有甚大差異；如欲眞正明白草字形體之所以然，可以有二法，一爲認識其字形淵源，二爲瞭解其筆畫演變。

漢代草書的字形淵源大致可以歸納爲三項：包括：一、自篆書來，二、自隸書來，三、自篆、隸來。

漢代草書，有不少字形來自篆書的例子，如：「元」、「天」、「苦」、「芩」、「往」、「干」、「丈」、「放」、「罪」、「亡」以及「若」、「名」、「吾」、「君」、「召」、「和」、「各」、「律」、「言」……等字，其文字形體皆源於篆書。

漢代草書中，字形來自隸書的例子最多，如：「禁」、「蘇」、「半」、「右」、「赴」、「迹」、「博」、「丞」、「永」、「持」以及「吏」、「禱」、「中」、「藥」、「物」、

「道」、「行」、「器」、「奉」、「兵」、「具」、「史」、「寸」、「將」、「相」、「自」、「羊」、「簿」、「合」、「麥」、「木」……等字，其文字形體皆源於隸書。

漢代草書中，亦有部分字形自篆、隸一路來，即該字篆書與隸書之文字構成無顯著差別者，例如：「章」、「刑」、「之」、「身」、「尺」、「在」、「界」、「五」、「丙」、「壬」以及「一」、「上」、「下」、「三」、「王」、「小」、「止」、「十」、「又」、「反」、「曰」、「井」、「久」、「國」、「日」、「北」、「二」、「土」……等字，其文字形體皆源於篆、隸。

漢代草書的筆畫演變大致可以歸納為縮短筆畫、減省筆畫、連接筆畫和牽帶筆畫四種方式。

「縮短筆畫」是指將文字的某些筆畫的長度減短，一方面加快文字書寫的速度，一方面使文字形體更顯疏朗。漢代草書縮短筆畫的方式有五種不同的途徑，包括：一、截去超出橫畫之上的豎畫，如「車」、「也」、「奉」……等字是；二、截去貫穿橫畫下方的豎畫，如：「胡」、「他」、「恙」……等字是；三、變橫向斜曲筆畫為橫畫，如：「吏」、「各」、「記」……等字是；四、變縱向斜曲筆畫為豎畫，如：「尉」、「忘」、「已」……等字是。五、變長筆畫為點，如：「君」、「留」、「赤」……等字是。

「減省筆畫」是指直接將文字的某些筆畫省除，使該文字的總筆畫減少；一方面加快文字書寫的速度，一方面使筆畫繁複的文字形體變得較為清楚。漢代草書減省筆畫的方式有五種不同的途徑，包括：一、刪減上下重疊的橫向筆畫，如：「律」字是；二、刪減左右並排的縱向筆畫，如：「此」字是；三、刪減文字中段繁複的筆畫，如：「當」字是；四、刪減文字上部的筆畫，如：「長」字是；五、刪減文字左旁的筆畫，如：「陽」字是。

「連接筆畫」是指將文字中原本分離的若干筆畫連作一畫書寫，以減少運筆過程的起止，進而加快文字書寫的速度。漢代草書的筆畫連接方式有兩種不同的途徑，包括一、由左至右的順向連接筆畫，如：「門」、「少」、「計」……等字是；二、由上至下的順向連接筆畫，如：「守」、「侯」、「落」……等字是。

「牽帶筆畫」是指在書寫文字時，對前後筆畫作了虛筆的綴續。「牽帶筆畫」與「連接筆畫」的不同之處有二，其一，連接筆畫是實筆的綴續，牽帶筆畫則是虛筆的綴續；其二，連接筆畫都是順向綴續，牽帶筆畫則可能是順向綴續，也可能是逆向綴續。漢代草書的牽帶筆畫方式有四種不同的途徑，包括：一、由上至下的順向牽帶筆畫，如：「樂」、「有」、「會」……等字是；

二、由左至右的順向牽帶筆畫，如：「頃」、「朔」、「識」……等字是；三、由
左下至右上的逆向牽帶筆畫，如：「尙」、「前」、「雜」……等字是；四、由右
下至左上的逆向筆畫，如：「校」、「出」、「傳」……等字是。

　　草書書體產生之後，在滿足赴急的實用需求同時，亦逐漸講究書寫的規則
法度，追求美感的表現；是以日益受到寫字者的喜愛，而成爲繼隸書之後的一
種流行書體。漢代四百餘年之間，不但出現了眾多的草書書人，也留下了大量
的草書書蹟，以及兩篇草書專論，在在都揭示著草書在漢代流行的事實。

　　根據歷代文獻所載，漢代的草書書人涵蓋了皇室、文士和婦女，其著名
者共有十三人，包括：劉睦、杜度、崔瑗、崔寔、張芝、張昶、羅暉、趙襲、
姜詡、梁宣、張超、蔡琰和馬氏；而從近世出土的漢代草書簡牘上，則找到
十七位可能使用草書的佐史級文書人員之名字，包括：給事佐明、尉史賢、
丞南豐、佐忠、佐襃（元延二年）、守尉史臨、佐襃（建平五年）、尉史臨、
令史齊、尉史嚴、助府佐賢世、書佐德、尉史譚、令史循、書佐敞、尉史堅、
屬漢昌。

　　傳世的漢代草書書蹟，數量甚夥；大致可以歸納爲三方面，其一爲後代
傳刻的法帖，出於《淳化閣帖》，凡八件，蓋皆非眞；其二爲漢代人在磚上的
刻畫，出於曹操宗族墓葬，凡五件，其年代約在東漢桓、靈二帝時期；其三
爲漢代人書寫於簡牘上的墨蹟，主要有爲敦煌漢簡、居延漢簡、武威醫簡和
居延新簡，其草書簡牘的數量當在三千枚以上。

　　崔瑗〈草書勢〉與趙壹〈非草書〉爲漢代兩篇討論草書的專文。〈草書勢〉
全文有二百廿三字，分爲四段，第一段略謂倉頡因受鳥獸足跡之啟示，而創
造文字。第二段略謂後世由於文字的使用量越來越大，爲節省書寫所耗費的
體力和時間，乃將篆書簡化而創造出隸書。第三段略謂草書又比隸書更加簡
化，可以快速書寫，省時省力。第四段略謂草書的體勢，或肖似人之神態，
或如山勢，或如鳥獸之動作，流動之中又富於穩定性，極爲精妙。趙壹〈非
草書〉全文有七百八十五字，分爲五段，第一段略謂同郡梁孔達和姜孟穎兩
人，因學習張芝草書而見重於當地；而張芝亦因善寫草書，遂有自矜之意。
趙壹深恐郡中後學受此影響而「背經趨俗」，故撰此文。第二段略謂秦代末年，
由於文書數量既多，時間又緊迫，所以發展出隸書和草書，以便快速書寫；
可是趙壹同時的人所寫的草書卻是「難而遲」，實在大違草書「易爲易知」的
本意。第三段略謂心之疏密、手之巧拙，人各不同；如果沒有杜度、崔瑗和

張芝三人「超俗絕世」的才具，而勉強學其草書，將如東施效顰、邯鄲學步一般，毫無益處。第四段略謂草書乃末道小伎，無論工拙，皆於政治無所影響。第五段略謂同郡的年輕學子應該不要學草書，將心力轉而用來研習經典，如此則「窮可以守身遺名，達可以尊主致平」，才有深刻的意義。

本文在彙整前賢的說法之外，尚有若干小成果值得提出，包括：

一、在第一章第二節裡，以牽帶筆畫（含順向牽帶與逆向牽帶）為春秋戰國時期文字明顯草化的具體特徵。

二、在第一章第三節裡，根據漢代人對「漢興」一詞的用法，指出「漢興，有草書」乃敘述西漢宣帝之前的事蹟；並根據武帝、昭帝時期的潦草書蹟，而指出「漢興，有草書」可能是正確的說法。此外，筆者所發現的漢武帝元光二年簡，較諸原先所知紀年簡中最早之元朔二年簡早了六年。

三、在第二章第一節裡，提出「草書」假借為「糙書」的說法，並證成之。

四、在第三章裡，基於「崒啄同時」的理念，將促成漢代草書產生的原因歸納為「心理輕忽」、「時間緊迫」、「字數繁多」、「一味求快」和「草化成熟」五項。

五、在第四章裡，強調認識字形淵源與筆畫演變對於學習草書的重要性。

六、在第六章第一節裡，作成「在同一件簡牘上的兩個以上的職銜和人名中，簽署於最後的一人，其職位最低，應該是該件簡牘的書寫者」之推論。

七、在第六章第三節裡，將〈草書勢〉與〈非草書〉兩篇漢代草書專論翻譯成白話文。

最後，筆者期待更多的出土簡牘能儘快發表（如新發現居延漢簡肩水金關部分），尤其是希望能有機會直接就簡牘原件而非圖版繼續做相關的研究。

徵引與參考書目

（依作者姓名筆畫排列）

壹、徵引書目

一、基本史料

（一）中文部分

1. 丁度等，《集韻》，一○卷，《四部備要》，經部八六，臺北，臺灣中華書局，民國 54 年臺一版。

2. 丁福保，《說文解字詁林》，一二冊，臺北，鼎文書局，民國 72 年 4 月二版。

3. 中國社會科學院考古研究所、陝西省西安半坡博物館，《西安半坡》，北京，文物出版社，民國 52 年 9 月第一版第一次印刷，320 頁，圖版 200 頁。

4. 中國社會科學院考古研究所，《居延漢簡甲乙編》，二冊，北京，中華書局，民國 69 年 12 月第一版第一次印刷。

5. 中國社會科學院考古研究所，《曾侯乙墓》，二冊，北京，文物出版社，民國 78 年 7 月第一版第一次印刷。

6. 孔安國傳、孔穎達等正義，《尚書正義》，一○卷，《十三經注疏》，第一冊，臺北，藝文印書館，民國 65 年 5 月六版。

7. 毛亨傳、鄭玄箋、孔穎達等正義，《毛詩正義》，七○卷，《十三經注疏》，第二冊，臺北，藝文印書館，民國 65 年 5 月六版。

8. 王先謙，《漢書補注》，一○○卷，《國學基本叢書》，第三八四至三八九冊，臺北，臺灣商務印書館，民國 57 年 12 月臺一版。

9. 王先謙集解、久保愛增注、豬飼彥博補遺,《增補荀子集解》,二〇卷,臺北,蘭臺書局,民國 61 年 9 月初版。

10. 王宏、賈永來,《海外藏晉人紙本墨跡——樓蘭文書簡牘殘紙》,天津,古籍書店,民國 80 年 5 月第一版第一次印刷,圖版四一幀。

11. 王國維,《觀堂集林》,二二卷,北京,中華書局,民國 80 年 12 月第一版第五次印刷。

12. 王弼、韓康伯注、孔穎達等正義,《周易正義》,一〇卷,《十三經注疏》,第一冊,臺北,藝文印書館,民國 65 年 5 月六版。

13. 王夢鷗,《漢簡文字類編》,臺北,藝文印書館,民國 63 年 10 月初版,123 頁。

14. 王澍,《淳化祕閣法帖考正》,一二卷,臺北,文史哲出版社,民國 60 年 5 月景印初版。

15. 北宋宣和官修,《宣和書譜》,二二卷,《藝術叢編》,第一集,第一冊之四,臺北,世界書局,民國 64 年 4 月四版。

16. 司馬遷,《史記》,一三〇卷,臺北,臺灣商務印書館,民國 77 年 1 月臺六版。

17. 左丘明傳、杜預注、孔穎達疏,《左傳正義》,六〇卷,《十三經注疏》,第六冊,臺北,藝文印書館,民國 65 年 5 月六版。

18. 永瑢等,《合印四庫全書總目提要及四庫未收書目禁燬書目》,二〇五卷,臺北,臺灣商務印書館,民國 60 年 7 月增訂出版。

19. 甘肅省文物考古研究所等,《居延新簡・甲渠候官》,二冊,北京,中華書局,民國 83 年 12 月第一版第一次印刷。

20. 甘肅省文物考古研究所,《敦煌漢簡》,二冊,北京,中華書局,民國 80 年 6 月第一版第一次印刷。

21. 安井衡,《管子纂詁》,二四卷,臺北,河洛圖書出版社,民國 65 年 3 月臺景印初版。

22. 朱熹,《四書集注》,臺北,世界書局,民國 62 年 9 月十八版,219 頁。

23. 朱熹,《朱子全書》,六六卷,臺北,廣學社印書館,民國 66 年 2 月初版。

24. 何晏等注、邢昺疏,《論語注疏》,二〇卷,《十三經注疏》,第八冊,臺北,藝文印書館,民國 65 年 5 月六版。

25. 吾丘衍,《學古編》,二卷,《藝術叢編》,第一集,第廿七冊之一,臺北,世界書局,民國 62 年 3 月三版。

26. 宋高宗,《翰墨志》,一卷,《藝術叢編》,第一集,第二冊之八,臺北,世界書局,民國 61 年 10 月再版。

27. 李百藥,《北齊書》,五〇卷,臺北,鼎文書局,民國 69 年 3 月三版。

28. 李延壽，《南史》，八〇卷，臺北，鼎文書局，民國 70 年元月三版。

29. 李延壽，《北史》，一〇〇卷，臺北，鼎文書局，民國 69 年 12 月三版。

30. 沈家本，《漢律撫遺》，二二卷，臺北，臺灣商務印書館，民國 65 年 9 月初版。

31. 汪砢玉，《珊瑚網》，四八卷，《國學基本叢書》，一五三、一五四，臺北，臺灣商務印書館，民國 57 年 12 月臺一版。

32. 里仁書局，《侯馬盟書——新出土春秋時期晉國盟誓玉石片》，臺北，民國 69 年 10 月初版，436 頁。

33. 周法高等，《金文詁林》，一六冊，香港，中文大學，民國 64 年出版。

34. 房玄齡等，《晉書》，一三〇卷，臺北，鼎文書局，民國 69 年 8 月三版。

35. 林廷勳，《鉥印集林》，臺北，文史哲出版社，民國 62 年 9 月初版，130 頁。

36. 金祥恆，《續甲骨文編》，臺北，藝文印書館，民國 82 年 9 月初版二刷，2674 頁。

37. 故宮博物院，《唐孫虔禮書譜序》，《故宮法書》，第二輯，臺北，民國 76 年 10 月五版，32 頁。

38. 故宮博物院，《唐顏眞卿書祭姪文稿》，《故宮法書》，第五輯，臺北，民國 62 年 8 月再版。

39. 段玉裁，《説文解字注》，三二卷，臺北，黎明文化事業公司，民國 74 年 3 月十一版。

40. 洪昇，《長生殿》，北京，人民文學出版社，民國 69 年 5 月第一版第二次印刷，241 頁。

41. 洪鈞陶，《草字編》，北京，文物出版社，民國 78 年 4 月第一版第一次印刷，1087 頁。

42. 范曄，《後漢書》，一三〇卷，臺北，臺灣商務印書館，民國 70 年 1 月臺五版。

43. 袁仲一、劉鈺，《秦文字類編》，西安，陝西人民教育出版社，民國 82 年 11 月第一版第一次印刷，761 頁。

44. 孫岳頒等，《佩文齋書畫譜》，一〇〇卷，臺北，新興書局，民國 71 年 9 月初版。

45. 容庚，《金文編》，一四卷，附錄二卷，臺北，洪氏出版社，民國 63 年 9 月再版。

46. 容庚，《金文續編》，一四卷，附錄一卷，臺北，洪氏出版社，民國 63 年 9 月再版。

47. 容庚，《秦漢金文錄》，七卷，臺北，洪氏出版社，民國 63 年 6 月初版。

48. 唐順之，《稗編》，一二○卷，臺北，新興書局，民國 61 年 2 月出版。

49. 班固，《漢書》，一○○卷，臺北，臺灣商務印書館，民國 77 年 1 月臺六版。

50. 韋續，《墨藪》，二一篇，《藝術叢編》，第一集，第一冊之三，臺北，世界書局，民國 64 年 4 月四版。

51. 高明、葛英會，《古陶文字徵》，北京，中華書局，民國 80 年 12 月第一版第一次印刷，374 頁。

52. 庚信，《庚子山集》，《四部叢刊》，初編，集部○三四，臺北，臺灣商務印書館，民國 64 年 6 月臺三版。

53. 張自烈編、廖文英補，《正字通》，二冊，北京，國際文化出版公司，民國 85 年第一版第一次印刷。

54. 張彥遠，《法書要錄》，一○卷，《藝術叢編》，第一集，第一冊之二，臺北，世界書局，民國 64 年 4 月四版。

55. 張萱，《疑耀》，七卷，《百部叢書集成》九三，《嶺南遺書》之二一、二二，臺北，藝文印書館，民國 54 年出版。

56. 章如愚，《山堂考索》，二○二卷，北京，中華書局，民國 81 年 10 月第一版第一刷。

57. 郭若愚，《戰國楚簡文字編》，上海，上海書畫出版社，民國 83 年 2 月第一版第一刷，127 頁。

58. 郭璞注、邢昺疏，《爾雅注疏》，一○卷，《十三經注疏》，第八冊，臺北，藝文印書館，民國 65 年 5 月六版。

59. 陸德明，《經典釋文》，三○卷，臺北，漢京文化公司，民國 69 年 2 月初版。

60. 陸錫興，《漢代簡牘草字編》，上海，上海書畫出版社，民國 78 年 12 月第一版第一次印刷，314 頁。

61. 陳奇猷校注，《韓非子集釋》，二五卷，臺北，河洛圖書出版社，民國 63 年 9 月再版。

62. 陳奇猷，《呂氏春秋校釋》，二六卷，臺北，華正書局，民國 77 年 8 月初版。

63. 陳建貢、徐敏，《簡牘帛書字典》，上海，上海書畫出版社，民國 80 年 12 月第一版第一次印刷，987 頁。

64. 陳思，《書苑菁華》，二○卷，《文淵閣四庫全書》，第八一四冊，臺北，臺灣商務印書館，民國 72 年 10 月初版。

65. 陳思，《書小史》，一○卷，《藝術叢編》，第一集，第二冊之一一，臺北，世界書局，民國 61 年 10 月再版。

66. 陳壽，《三國志》，臺北，臺灣商務印書館，民國 77 年 1 月臺六版。

67. 勞榦，《居延漢簡・考釋之部》，臺北，中央研究院歷史語言研究所，民國 75 年 5 月出版，釋文 240 頁，考證 76 頁，英文簡介 145 頁。

68. 勞榦，《居延漢簡・圖版之部》，臺北，中央研究院歷史語言研究所，民國 81 年 3 月景印一版，605 頁。

69. 湖北省文物考古研究所、北京大學中文系，《望山楚簡》，北京，中華書局，民國 84 年 6 月第一版第一次印刷，151 頁。

70. 湖北省荊沙鐵路考古隊，《包山楚簡》，北京，文物出版社，民國 80 年 10 月第一版第一次印刷，文 78 頁，圖版一七七幀。

71. 黃伯思，《東觀餘論》，二冊，臺北，漢華文化公司，民國 63 年 8 月初版。

72. 黃庭堅，《山谷題跋》，《藝術叢編》，第一集，第二二冊之四，臺北，世界書局，民國 81 年 3 月四版。

73. 楊倫，《杜詩鏡銓》，二三卷，臺北，正大印書館，民國 63 年 6 月臺一版。

74. 楊慎，《升庵外集》，一○○卷，臺北，學生書局，民國 60 年 5 月景印初版。

75. 漢華文化公司，《漢雁門太守鮮于璜碑》，臺北，民國 69 年元月初版，62 頁。

76. 睡虎地秦墓竹簡整理小組，《睡虎地秦墓竹簡》，北京，文物出版社，民國 79 年 9 月第 1 一版第一次印刷，圖版 142 頁，釋文註釋 252 頁。

77. 趙岐注、孫奭疏，《孟子正義》，一四卷，《十三經注疏》，第八冊，臺北，藝文印書館，民國 65 年 5 月六版。

78. 趙宧光，《寒山帚談》，二卷，《藝術叢編》，第一集，第三冊之一九。臺北，世界書局，民國 62 年 7 月三版。

79. 銀雀山漢墓竹簡整理小組，《銀雀山漢墓竹簡》（壹），北京，文物出版社，民國 74 年 9 月第一版第一次印刷，376 頁。

80. 劉正成，《中國書法全集》，第九冊，《秦漢金文陶文》，北京，榮寶齋，民國 81 年 10 月第一版第一次印刷，278 頁。

81. 劉向，《戰國策》，三三卷，臺北，里仁書局，民國 71 年 1 月出版。

82. 劉安撰、高誘注，《淮南子》，二一卷，臺北，臺灣中華書局，民國 60 年 9 月臺二版。

83. 劉昫等，《舊唐書》，二○○卷，臺北，鼎文書局，民國 70 年元月三版。

84. 劉勰著、王更生注譯，《文心雕龍讀本》，一○卷，臺北，文史哲出版社，民國 72 年 11 月初版。

85. 劉畫，《新論》，一○卷，《百部叢書集成》一九，《漢魏叢書》之三六、三七，臺北，藝文印書館，民國 54 年出版。

86. 劉熙，《釋名》，八卷，王先謙疏證補，臺北，臺灣商務印書館，民國 57 年 12 月臺一版。

87. 劉熙載，《藝概》，六卷，臺北，華正書局，民國 74 年 4 月六版。

88. 鄭玄注、賈公彥疏，《周禮注疏》，四二卷，《十三經注疏》，第三冊，臺北，藝文印書館，民國 65 年 5 月六版。

89. 鄭玄注、孔穎達疏，《禮記正義》，六三卷，《十三經注疏》，第五冊，臺北，藝文印書館，民國 65 年 5 月六版。

90. 鄭杓，《衍極》，五卷，《藝術叢編》，第一集，第二冊之一二，臺北，世界書局，民國 61 年 10 月再版。

91. 蔡邕，《蔡中郎集》，六卷，臺北，新興書局，民國 48 年 12 月初版。

92. 歐陽修、宋祁，《新唐書》，二二五卷，臺北，鼎文書局，民國 70 年元月三版。

93. 歐陽修，《歐陽修全集》，臺北，河洛圖書出版社，民國 64 年 3 月初版。

94. 錢大昕，《廿二史考異》，一○○卷，《錢大昕讀書筆記廿九種》之一至二二，臺北，鼎文書局，民國 68 年 9 月初版。

95. 聯貫出版社，《互註校正宋本廣韻》，臺北，民國 63 年 10 月初版，768 頁。

96. 韓愈，《韓昌黎全集》，四○卷，臺北，新興書局，民國 56 年 9 月新一版。

97. 魏收，《魏書》，一一四卷，臺北，鼎文書局，民國 69 年 6 月三版。

98. 魏徵等，《隋書》，八五卷，臺北，鼎文書局，民國 69 年 6 月三版。

99. 羅振玉、王國維，《流沙墜簡》，北京，中華書局，民國 82 年 9 月第一版第一次印刷，294 頁。

100. 藝文印書館，《校正甲骨文編》，臺北，民國 63 年 10 月再版，976 頁。

101. 顧炎武，《日知錄》，三二卷，臺南，平凡出版社，民國 63 年 9 月再版。

102. 顧藹吉，《隸辨》，八卷，臺北，世界書局，民國 54 年出版。

（二）日文部分

1. 二玄社，《淳化閣帖》，卷一，東京，民國 69 年 5 月初版，293 頁。

2. 二玄社，《淳化閣帖》，卷二，東京，民國 69 年 10 月初版，319 頁。

3. 二玄社，《淳化閣帖》，卷五，東京，民國 76 年 6 月初版，196 頁。

4. 二玄社，《漢禮器碑》，《書跡名品叢刊》三，東京，民國 47 年 12 月初版，民國 71 年 9 月第三○刷，80 頁。

5. 二玄社，《周石鼓文》，《書跡名品叢刊》四，民國 47 年 12 月初版，70 年 10 月二二刷，61 頁。

6. 二玄社，《漢曹全碑》，《書跡名品叢刊》五，東京，民國 40 年 1 月初版，

69 年 5 月第三二刷，56 頁。

7. 二玄社，《秦泰山刻石／瑯邪臺刻石》，《書跡名品叢刊》一四，東京，民國 48 年 7 月初版，民國 68 年 12 月第十三刷，49 頁。

8. 二玄社，《秦權量銘》，《書跡名品叢刊》一五，東京，民國 48 年 7 月初版，68 年 12 月第十三刷，57 頁。

9. 二玄社，《漢張遷碑》，《書跡名品叢刊》一六，東京，民國 48 年 7 月初版，70 年 11 月第二五刷，73 頁。

10. 二玄社，《漢西狹頌》，《書跡名品叢刊》二八，東京，民國 49 年 1 月初版，72 頁。

11. 二玄社，《漢石門頌》，《書跡名品叢刊》三一，東京，民國 49 年 3 月初版，70 年 8 月第二○刷，90 頁。

12. 二玄社，《漢尹宙碑》，《書跡名品叢刊》三九，東京，民國 49 年 7 月初版，71 年 10 月第十三刷，54 頁。

13. 二玄社，《漢開通褒斜道刻石》，《書跡名品叢刊》四二，東京，民國 49 年 8 月初版，71 年 2 月改訂一版，68 頁。

14. 二玄社，《漢嵩山三闕銘》，《書跡名品叢刊》四六，東京，民國 49 年 10 月初版，62 年 12 月第八刷，87 頁。

15. 二玄社，《漢乙瑛碑》，《書跡名品叢刊》四九，東京，民國 50 年 4 月初版，民國 67 年 3 月第九刷，48 頁。

16. 二玄社，《漢刻石八種》，《書跡名品叢刊》五八，東京，民國 50 年 5 月初版，民國 70 年 12 月第十一刷，61 頁。

17. 二玄社，《漢北海相景君碑》，《書跡名品叢刊》六九，東京，民國 50 年 10 月初版，民國 67 年 3 月第九刷；71 頁。

18. 二玄社，《漢西嶽華山廟碑》，頁 18，《書跡名品叢刊》七一，東京，民國 50 年 11 月初版，73 年 2 月改訂一刷，63 頁。

19. 二玄社，《漢史晨前後碑》，《書跡名品叢刊》八五，東京，民國 51 年 5 月初版，72 年 4 月第十六刷，79 頁。

20. 二玄社，《漢楊淮表記》，《書跡名品叢刊》八七，東京，民國 51 年 7 月初版，69 年 4 月第一○刷，42 頁。

21. 二玄社，《隋·智永·關中本千字文》，《書跡名品叢刊》九九，東京，民國 52 年 1 月初版，73 年 5 月二○刷，53 頁。

22. 二玄社，《金文集·四·列國》，《書跡名品叢刊》一二三，東京，民國 69 年 7 月初版一三刷，105 頁。

23. 二玄社，《漢封龍山頌／張壽殘碑》，《書跡名品叢刊》一二七，東京，民國 58 年 1 月初版，65 年 4 月第五刷，63 頁。

24. 二玄社，《隋孟顯達碑／龍華寺碑》，《書跡名品叢刊》，一三二，東京，民國 58 年 4 月初版，66 年 9 月五刷，63 頁。

25. 二玄社，《漢孟琁殘碑／張景造土牛碑》，《書跡名品叢刊》，一六三，東京，民國 60 年 3 月初版，64 年 8 月第四刷，45 頁。

26. 二玄社，《漢魯峻碑》，《書跡名品叢刊》，一七二，東京，民國 61 年 2 月初版，69 年 2 月第五刷，83 頁。

27. 二玄社，《漢武氏祠畫像題字》，《書跡名品叢刊》，二〇五，東京，民國 68 年 7 月初版，民國 70 年 4 月第三刷，110 頁。

28. 二玄社，《漢韓仁銘／夏承碑》，《書跡名品叢刊》二〇六，東京，民國 68 年 12 月初版，70 年 4 月第三刷，76 頁。

29. 北川博邦，《章草大字典》，東京，雄山閣，民國 83 年 5 月初版，588 頁。

30. 伏見沖敬，《書法字典》，臺北，文泉出版社，民國 72 年 1 月再版，1231 頁。

二、一般論著

1. 于右任，《標準草書》，第八次修正本，臺北，中央文物供應社，民國 42 年 6 月出版，68 頁。

2. 于省吾，《殷契駢枝》，臺北，藝文印書館，民國 60 年 1 月再版，126 頁。

3. 中國科學院考古研究所，《長沙發掘報告》，北京，科學出版社，民國 46 年 8 月第一版第一次印刷，174 頁，圖版 107 頁。

4. 中國社會科學院歷史研究所戰國秦漢史研究室，《簡牘研究譯叢》，第一輯，北京，中國社會科學出版社，民國 72 年 4 月第一版第一次印刷，256 頁。

5. 中國社會科學院歷史研究所戰國秦漢史研究室，《簡牘研究譯叢》，第二輯，北京，中國社會科學出版社，民國 76 年 5 月第一版第一次印刷，492 頁。

6. 王壯爲，《書法研究》，臺北，臺灣商務印書館，民國 68 年 10 月六版。

7. 史宗周，《中國文字論叢》，臺北，國立編譯館，民國 67 年 8 月出版，498 頁。

8. 向夏，《說文解字敘講疏》，香港，中華書局，民國 63 年 2 月出版，209 頁。

9. 朱芳圃，《殷周文字釋叢》，三卷，臺北，學生書局，民國 61 年 8 月景印版。

10. 余紹宋，《書畫書錄解題》，一二卷，臺北，臺灣中華書局，民國 69 年 11 月二版。

11. 李孝定，《甲骨文字集釋》，臺北，中央研究院歷史語言研究所，民國 71

年 6 月四版。

12. 李孝定,《漢字史話》,臺北,聯經出版公司,民國 66 年 7 月初版,68 年 5 月第三次印行,63 頁。

13. 李孝定,《讀說文記》,臺北,中央研究院歷史語言研究所,民國 81 年 1 月初版,340 頁。

14. 唐蘭,《中國文字學》,頁 159,臺北,開明書店,民國 82 年 11 月臺九版,192 頁。

15. 馬敘倫,《馬敘倫學術論文集》,北京,科學出版社,民國 47 年 1 月第一版第一次印刷,228 頁。

16. 馬敘倫,《讀金器刻辭》,北京,中華書局,民國 51 年 12 月第一版第一次印刷。

17. 高二適,《新定急就章及考證》,三卷,臺北,華正書局,民國 73 年 2 月初版。

18. 高尚仁,《書法心理學》,臺北,東大圖書公司,民國 75 年 4 月初版,311 頁。

19. 高鴻縉,《中國字例》,臺北,呂青士,民國 58 年 9 月,723 頁。

20. 高鴻縉,《散盤集釋》,90 頁,出版時地版次不詳。

21. 徐錫臺,《周原甲骨文綜述》,西安,三秦出版社,民國 76 年出版,447 頁。

22. 張其昀,《中華五千年史》,第八冊,《秦代史》,臺北,中國文化大學出版部,民國 70 年 3 月出版,172 頁。

23. 張舜徽,《說文解字約注》,三〇卷,臺北,木鐸出版社,民國 73 年 7 月初版。

24. 張麗生,《急就篇研究》,臺北,臺灣商務印書館,民國 72 年 6 月初版,456 頁。

25. 啟功,《古代字體論稿》,北京,文物出版社,民國 53 年 8 月第一版第二次印刷,48 頁,圖九七幀。

26. 梁披雲,《中國書法大辭典》,二冊,香港,書譜出版社,民國 73 年 10 月初版。

27. 盛成,《中國美術論集》,二冊,臺北,中華文化事業委員會,民國 44 年 11 月初版。

28. 許進雄,《中國古代社會——文字與人類學的透視》,臺北,臺灣商務印書館,民國 84 年 2 月修訂版第一次印刷,705 頁。

29. 郭沫若,《殷契粹編》,北京,科學出版社,民國 54 年 5 月新一版第一次印刷,778 頁。

30. 郭沫若，《甲骨文字研究》，香港，中華書局，民國 65 年 5 月港版，336 頁。

31. 陳直，《文史考古論叢》，天津，天津古籍出版社，民國 77 年 10 月第一版第一次印刷。

32. 陳振濂，《書法學》，臺北，建宏出版社，民國 83 年 4 月初版一刷，1476 頁。

33. 陳新雄，《聲類新編》，臺北，學生書局，民國 74 年 3 月再版，178 頁。

34. 陳夢家，《漢簡綴述》，北京，中華書局，民國 69 年 12 月第一版第一次印刷，317 頁。

35. 葉玉森，《殷虛書契前編集釋》，臺北，藝文印書館，民國 55 年出版，366 頁。

36. 董作賓，《平廬文存》，二冊，臺北，藝文印書館，民國 52 年 10 月初版。

37. 劉延濤，《草書通論》，臺北，中國文化大學出版部，民國 72 年 11 月再版，170 頁。

38. 黎泉，《簡牘書法》，上海，上海書畫出版社，民國 74 年 4 月第一版第一次印刷，86 頁。

39. 蔣伯潛，《文字學纂要》，臺北，正中書局，民國 70 年 11 月臺二六版，198 頁。

40. 蕭元，《書法美學史》，長沙，湖南美術出版社，民國 79 年 6 月第一版第一次印刷，361 頁。

三、期刊論文

1. 于省吾，〈關于古文字研究的若干問題〉，《文物》，民國 62 年，第 3 期，頁 32 至 35。

2. 中醫研究院醫史文獻研究室，〈武威漢代醫藥簡牘在醫學史上的重要意義〉，《文物》，民國 62 年，12 期，頁 23 至 29。

3. 王冬齡，〈論草書藝術的現代表現力〉，《書法研究》，民國 76 年，第 1 期，總第二七輯，頁 82 至 90。

4. 王遠，〈章草典型概述〉，《書法研究》，民國 70 年，第 3 期，總第五輯，頁 17 至 23。

5. 弘一，〈江陵鳳凰山十號漢墓簡牘初探〉，《文物》，民國 63 年，第 6 期，頁 78 至 84。

6. 甘肅居延考古隊，〈居延漢代遺址的發掘和新出土的簡冊文物〉，《文物》，民國 67 年，第 1 期，頁 1 至 25。

7. 吳保合，〈中國書學與書風的演變〉，《文藝復興》，140 期，（民國 72 年 3 月），頁 34。

8. 河南文物研究所,〈河南舞陽賈湖新石器時代遺址第二至第六次發掘簡報〉,《文物》,民國 78 年,第 1 期,頁 1 至 14。

9. 高明,〈論陶符兼談漢字的起源〉,《北京大學學報》,民國 73 年,第 6 期,頁 47 至 60。

10. 章建明,〈論趙壹的《非草書》〉,《書法研究》,民國 76 年,第 2 期,頁 61 至 68。

11. 郭沫若,〈古代文字之辨證的發展〉,《考古》,民國 61 年,第 3 期,頁 11 至 13。

12. 湖北省文物考古研究所等,〈雲夢龍崗六號秦墓及出土簡牘〉,《考古學集刊》,(民國 83 年 12 月),第八集,頁 87 至 122。

13. 勞榦,〈漢代的「史書」與「尺牘」〉,《大陸雜誌》,一卷,1 期,民國 60 年 7 月,頁 69 至 72。

14. 董作賓,〈中國文字的起源〉,《大陸雜誌》,第五卷,第 10 期(民國 41 年 11 月),頁 28 至 38。

15. 裘錫圭,〈從馬王堆一號漢墓「遺冊」談關於古隸的一些問題〉,《考古》,民國 63 年,第 1 期,頁 46 至 55。

16. 趙平安,〈釋易與匜——兼釋史喪尊〉,《考古與文物》,民國 80 年,第 3 期,頁 71 至 73。

17. 顧鐵符,〈有關信陽楚墓銅器的幾個問題〉,《文物參考資料》,民國 47 年,第 1 期,頁 6。

貳、參考書目

一、基本史料

(一)中文部分

1. 山東文物管理處、濟南市博物館,《大汶口》,北京,文物出版社,民國 63 年 12 月第一版第一次印刷,164 頁,圖版 111 頁。

2. 甘肅省博物館、武威縣文化館,《武威漢代醫簡》,北京,文物出版社,民國 64 年 10 月第一版第一次印刷,33 頁。

3. 書藝出版社,《放大王羲之草訣歌》,臺北,民國 78 年 4 月出版,114 頁。

4. 張栻,《南軒文集》,廿八卷,臺北,故宮博物院,民國 70 年出版。

5. 張栻,《南軒集》,四〇卷,臺北,臺灣商務印書館,民國 72 年 10 月初版。

6. 郭沫若等,《甲骨文合集》,一三冊,上海,中華書局,民國 71 年 10 月第一版第一次印刷。

7. 湖北省荊沙鐵路考古隊,《包山楚墓》,二冊,北京,文物出版社,民國81 年 10 月一版一刷。

8. 湖南省博物館、中國科學院考古研究所,《長沙馬王堆一號漢墓》,二冊,北京,文物出版社,民國 62 年 10 月出版。

（二）日文部分

1. 赤井清美,《馬王堆漢簡》,《漢簡》第十二卷,東京,東京堂,民國 66 年 8 月初版。

二、一般論著

（一）中文部分

1. 甘肅省文物工作隊、甘肅省博物館,《漢簡研究文集》,蘭州,甘肅省人民出版社,民國 73 年 9 月第一版,第一次印刷,513 頁。

2. 甘肅文物考古研究所,《秦漢簡牘論文集》,蘭州,甘肅省人民出版社,民國 78 年 12 月第一版第一次印刷,330 頁。

3. 安作璋、熊鐵基,《秦漢官制史稿》,上冊,山東,齊魯書社,民國 73 年 1 月第一版第一次印刷,491 頁。

4. 安作璋、熊鐵基,《秦漢官制史稿》,下冊,山東,齊魯書社,民國 74 年 6 月第一版第一次印刷,504 頁。

5. 何琳儀,《戰國文字通論》,北京,中華書局,民國 78 年 4 月第一版第一次印刷,301 頁。

6. 李學勤,《東周與秦代文明》,北京,文物出版社,民國 73 年 11 月第二版第二次印刷,407 頁。

7. 那志良,《中國古物通鑑》,臺北,維巍公司,民國 69 年 5 月出版,376 頁。

8. 林劍鳴,《簡牘概述》,臺北,谷風出版社,民國 76 年 9 月初版,182 頁。

9. 張永明,《篆書與篆書筆法》,一二冊,北京,北京體育學院出版社,民國 76 年 5 月一版一刷,108 頁。

10. 陳垣,《二十史朔閏表》,臺北,藝文印書館,民國 66 年 4 月三版,246 頁。

11. 陳槃,《漢晉遺簡識小七種》,二冊,臺北,中央研究院歷史語言研究所,民國 64 年 6 月出版。

12. 勞榦,《勞榦學術論文集甲編》,二冊,臺北,藝文印書館,民國 65 年初版。

13. 湖南省博物館等,《長沙馬王堆一號墓發掘簡報》,北京,文物出版社,民國 61 年 7 月出版。

14. 湖南省博物館,《馬王堆漢墓研究》,長沙,湖南人民出版社,民國70年8月一版一刷,413頁。

15. 董文,《草書概論》,錦州,遼寧人民出版社,民國77年一版一刷,185頁。

16. 董作賓,《甲骨學六十年》,臺北,藝文印書館,民國54年6月初版,166頁。

17. 楊再春,《草書筆法與符號》,北京,北京體育學院出版社,民國76年6月第一版第一次印刷。

18. 蔣星煜,《顏魯公之書學》,一二章,《藝術叢編》,第一集,第六冊,第四七種,臺北,世界書局,民國63年4月三版。

19. 鄭惠美,《漢簡文字的書法研究》,臺北,故宮博物院,213頁。

20. 錢存訓,《中國古代書史》,香港中文大學,民國64年3月初版,187頁,圖版二八幀。

21. 蕭忠籲、黃湘馴,《草法金針》,長沙,湖南美術出版社,民國77年一版三刷,132頁。

（二）日文部分

1. 大庭脩,《木簡》,東京,學生社,民國68年4月,第一版重刷,243頁。

2. 中田勇次郎,《中國書論大系》,第一卷,東京,二玄社,民國67年7月初版,81年5月三刷,380頁。

三、期刊論文

（一）中文部分

1. 于豪亮,〈釋青川木牘〉,《文物》,民國71年,1期,頁22至24。

2. 文物局古文獻研究室等,〈阜陽漢簡簡介〉,《文物》,民國72年,第2期,頁21至23。

3. 《文物》編者,〈座談長沙馬王堆一號漢墓〉,《文物》,民國61年,第9期,頁52至73。

4. 毛惠明,〈從天水秦簡看秦統一前的文字及其書法〉,《書法》,民國79年,第4期,頁23至43。

5. 王壯為,〈東周書體的變化〉,《中央月刊》,第五卷,第9期,（民國62年7月）,頁179至182。

6. 王壯為,〈漢唐間書法藝術理論之發展〉,《藝壇》,154期,（民國70年1月）,頁10至14。

7. 四川省博物館等,〈青川縣出土秦更修田律木牘——四川青川縣戰國墓發掘簡報〉,《文物》,民國71年,第1期,頁1至13。

8. 甘肅省博物館、甘肅武威縣文化館,〈武威旱灘坡漢墓發掘簡報——出土大批醫藥簡牘〉,《文物》,民國62年,第12期,頁18至21。

9. 石璋如,〈殷代的車〉,《大陸雜誌》,卷三六,10期(民國57年5月),頁317至320。

10. 甘肅省博物館、秦安縣博物館大地灣發掘組,〈一九八〇年大地灣一期文化遺存發掘簡報〉,《考古與文物》,民國71年,第3期,頁4。

11. 何雙全,〈天水放馬灘秦簡綜述〉,《文物》,民國78年,第2期,頁23至31。

12. 任政,〈隸書概論〉,《書法研究》,民國70年,第3期(總第五輯),頁1至15。

13. 宋后玲,〈草書與寫意畫〉,《故宮文物》,第三卷,第10期(民國75年1月),頁107至111。

14. 李孝定,〈從幾種史前及有史早期陶文的觀察蠡測中國文字的起源〉,《南洋大學學報》,民國58年,第3期,頁1至28。

15. 李郁周,〈楷書稱名及其書體源起淺探〉(上、下),《美育》,第37期,頁34至43;第38期,頁18至26(民國82年7月、8月)。

16. 李學勤,〈青川郝家坪木牘研究〉,《文物》,民國71年,第10期,頁68至72。

17. 金立,〈江陵鳳凰山八號漢墓竹簡試釋〉,《文物》,民國65年,第6期,頁69至75。

18. 長江流域第二期文物考古工作隊人員訓練班,〈湖北江陵鳳凰山西漢墓發掘簡報〉,《文物》,民國63年,第6期,頁41至61。

19. 紀南城鳳凰山一六八號漢墓發掘整理組,〈湖北江陵鳳凰山一六八號漢墓發掘簡報〉,《文物》,民國64年,第9期,頁1至7。

20. 馬國權,〈學草偶得〉,《書法研究》,民國68年,第11期(總第二輯),頁20至34。

21. 高廣仁,〈大汶口文化的社會性質與年代〉,《光明日報》,民國67年4月27日。

22. 張光賓,〈書體衍變與書法之發展〉,《孔孟月刊》,第二〇卷,第1期(民國70年9月),頁38至42。

23. 郭伯佾,〈八分名義考釋——王愔「字方八分」說的再肯定〉,《一九九〇年書法論文徵選入選論文集》之五,頁1至11,臺北,中華民國書法教育學會,民國79年11月初版。

24. 郭伯佾,〈行書的起源及其特質——從「典藏行草展」說起〉,《現代美術》,第36期(民國80年6月),頁59至64。

25. 郭伯佾,〈標準草書的實用價值〉,《現代美術》,第34期,(民國80年2

月），頁 90 至 94。

26. 郭伯佾，〈趙壹《非草書》所映現的草書世界〉，中華民國書法教育學會，《一九九三年書法論文選集》之伍，頁 1 至 25，臺北，民國 82 年 12 月一版。

27. 陳昭容，〈從陶文探索漢字起源問題的總檢討〉，《中央研究院歷史語言研究所集刊》，五十七本第四分（民國 75 年 12 月），頁 669 至 762。

28. 湖北省文物考古研究所等，〈雲夢龍崗六號秦墓及出土簡牘〉，《考古學集刊》，第八集，頁 87 至 122，北京，科學出版社，民國 83 年 12 月出版。

29. 湖南省博物館等，〈長沙馬王堆二號、三號墓發掘簡報〉，《文物》，民國 63 年第 7 期，頁 39 至 48。

30. 黃崇鏗，〈中國草書的藝術〉，中國文化學院藝術研究所碩士論文，民國 63 年 6 月，162 頁。

31. 熊鐵基，〈釋《南郡守騰文書》──讀「雲夢秦簡」〉，《中國史研究》，民國 68 年，第 3 期，頁 159 至 160。

32. 虞錫雄，〈草書雜談──兼與馬國權先生商榷〉，《書法研究》，民國 71 年，第 2 期（總第八輯），頁 104 至 113。

33. 楊劍虹，〈居延漢簡所見的佐史〉，《西北史地》，民國 74 年第 1 期，頁 71 至 75。

34. 鳳凰山一六七號漢墓發掘整理小組，〈江陵鳳凰山一六七號漢墓發掘簡報〉，《文物》，民國 65 年，第 10 期，頁 31 至 37。

35. 曉真，〈字體、書體、書風〉，《書法研究》，民國 72 年，第 2 期（總第十二輯），頁 119 至 120。

36. 戴靜山，〈部份代表全體的象形〉，臺灣大學，《文史哲學報》，第 10 期，頁 39 至 43。

37. 韓復智，〈崔寔研究〉，臺灣大學，《文史哲學報》，第 31 期，（民國 71 年 12 月），頁 1 至 27。

（二）日文部分

1. 西川寧，〈草書入門〉，《西川寧著作集》，第七卷，頁 48 至 68，東京，二玄社，民國 81 年 6 月初版初刷。

2. 片山智士，〈長沙馬王堆一號漢墓出土の文字資料〉，《書論》，第十八號，（民國 70 年春），頁 89 至 110。

3. 舟橋明男、池田哲也，〈顏眞卿祭姪文稿の推敲過程〉，《書論》，第十號，（民國 66 年春），頁 176 至 185。

4. 赤堀昭，〈新出土醫學資料──馬王堆醫帛と武威醫簡〉，《書論》，第十八號，（民國 70 年春），頁 111 至 119。